创 新 赋

李牧童

混沌初开，演乾坤之爻变；阴阳交感，成宇宙于日新。毓六根之情性，生万类于絪缊。始怀仁以求是，终明易而通神。尔乃懋修德业，博取物身。随异时以裁度，施满腹之经纶。匡世济民，常领先于创举；移风矫俗，每革弊于陈因。乃知大道之行，必新可久；溥天之众，唯适堪存。

维我泱泱浙大，赫赫上庠。鹏抟禹甸，岳峙钱塘。虽滥觞于光绪，实踵迹于羲皇。笑览三千世界，饱经百廿沧桑。方其兴黉舍于普慈，延师启智；拯士风于科举，矢志图强。崇实求真，谋专精于术业；励操敦品，摒利禄于行藏。比及竺公受任，锐意更张。敬业乐群，改官僚之习气；尊师重道，充智慧之资粮。见闻多其弥笃，教学乐而互彰。既罹忧于兵燹，乃避难于他乡。辗转西迁，遗善行于赣地；迢遥东顾，播文种于黔疆。格物致知，学尽穷研之力；安贫乐道，居留瓢饮之香。遂开一时气象，而引无限风光。行正道于人间，龙骧虎步；铸贤才于海内，日盛月昌。

嗟哉！夫育材之庠序，乃济世之梯航。弘人本之方针，兼修道器；固德才之基石，广蓄栋梁。博学睿思，承菁华于往代；深谋远虑，造时势于前方。极数推来，拓新阶于诸域；秉诚知化，驱原创于各行。明治道之所宜，通权达变；率潮流于应向，内圣外王。扶国政于中庸，教敷百姓；导民心于至善，和洽万邦。皇皇大道，熠熠斯芒。惟新厥德，永发其祥！

浙大飞语

校园廿载光影里的青春足迹

吴雅兰 ◎ 编著

这是一部属于浙大学子的
青春纪念册 ——
记录启尔求真的研究成果
体悟知行合一的实践真知
演绎缤纷多姿的校园生活
创造独一无二的华彩人生

ZHEJIANG UNIVERSITY PRESS
浙江大学出版社

图书在版编目（CIP）数据

浙大飞语：校园廿载光影里的青春足迹 / 吴雅兰编
著 . — 杭州：浙江大学出版社，2017.5
ISBN 978-7-308-16808-3

Ⅰ．①浙… Ⅱ．①吴… Ⅲ．①浙江大学-大学生-
生平事迹 Ⅳ．①K828.4

中国版本图书馆CIP数据核字（2017）第071641号

浙大飞语：校园廿载光影里的青春足迹

吴雅兰 编著

责任编辑	杨 茜	
责任校对	杨利军 李增基	
装帧设计	程 晨	
出版发行	浙江大学出版社	
	（杭州市天目山路148号 邮政编码 310007）	
	（网址：http://www.zjupress.com）	
排 版	杭州林智广告有限公司	
印 刷	杭州钱江彩色印务有限公司	
开 本	710mm×1000mm 1/16	
印 张	20.5	
字 数	397千	
版 印 次	2017年5月第1版 2017年5月第1次印刷	
书 号	ISBN 978-7-308-16808-3	
定 价	49.00元	

这是一部属于浙大学子的青春纪念册——
记录启尔求真的科研成果
体悟知行合一的实践真知
演绎缤纷多姿的校园生活
创造独一无二的华彩人生

总　序

教育强则国强。求是书院从清末的创办之日起，即确定了"居今日而图治，以培养人才为第一义；居今日而育才，以讲求实学为第一义"的办学宗旨；敢为人先，以引领风云际会之势，贯穿了浙江大学一百二十年办学历程的始终；与时代同呼吸，与国家发展同频共振，是浙江大学一以贯之的精神所在。

曾经，以兴新学而图国强，是那一代知识精英以知识振兴中华的理想和抱负。然而，没有强大的国家为后盾，办学的道路，曲折而多难。一部浙江大学的历史，也就是一部浓缩的中国高等教育和科学技术发展史，更是一部承载了中华民族文化血脉的历史。每当我们回首来时路，每当我们细数家珍，我们都会倍感今日的一切，来之不易。我们是历史的见证者，我们也是历史的创造者。一代又一代怀抱报国理想的中国知识分子，用自己的双手和汗水，为中华的强盛而努力拼搏。

在网络日渐成为人们生活中不可或缺的元素的时候，书卷，依旧是记载历史、呈现文化、讲述故事的最朴素的载体。在建校一百二十周年之际，这套"百廿求是丛书"，从历史，从文化，从教师的成果，从学生的成长，或是黑白或是彩色地用文字和图片呈现纷繁历史中的岁月积淀，或是叙事恢弘，或是微波涟涟，展现浙江大学独特的品格、独特的历史、独特的文化。在历史与现实的互相映照中，告诸往而知来者。浙江大学的家国情怀和社会担当从未懈怠，峥嵘岁月里铸就的浙大故事，历久弥新。

这套丛书共8本，依据"主人翁"的年岁为序，是为《浙大史料》《浙大景影》《浙大口述》《浙大原声》《浙大发现》《浙大戏文》《浙大范儿》《浙大飞语》。有办学史料选集，有校园建筑文化，有老浙大人的情怀，有新浙大人的理想……我们期望能够通过文字，留住过往，呈现历史，以励当下。

《浙大史料》的文字，以求是书院为起点，从"章程"到"规""例"，从"奏请"到"致电"，从"大纲"到"细则"，在史料散失现象十分普遍的情况下，很多是通过抓住点滴线头顺抽细检的方式考订所得，虽只是沧海一粟，但希望以此为起点，能使得我们的积累和研究日渐体系化、专业化。如果要将8本书分个类，《浙大景影》《浙大原声》和《浙大戏文》应当可以与《浙大史料》归在一类，它们共有历史记录的性质，虽然分别是以建筑、原创歌曲和原创校园话剧为主角，但都具有跨年代的积累，都具有浙江大学独一无二的文化烙印。而且，领衔的编著者，是这四方面工作的专业人士，他们用专业的眼光和方法，加之对学校的深深的爱，为读者烹制出原料纯正的精神佳肴。

《浙大口述》《浙大发现》《浙大范儿》和《浙大飞语》的主角是今天的浙大人。《浙大口述》的讲述人，很多已经近90高龄了，他们用平实无华的语句讲述的故事，就是浙大的历史。我们今天的办学成绩，都是在前人砌就的基业上取得的，中华人民共和国成立初期，家底之薄，创业之艰难，如果不是通过他们的讲述，也许我们很难想象。《浙大发现》则是大学办学发展的最好的佐证，浙江大学代代相传的求是印记，在于文化学脉与民族血脉的交融，在于中国知识分子以科学强国为己任的信念。《浙大范儿》是丛书中唯一一本以创业人为采访对象的原创作品集，浙大新一代创业人的感悟和思考，不仅对创业的学生和校友，乃至对高等教育的组织者也有启发和参考作用。《浙大飞语》也同样，青春的校园，记录着青春飞扬的生命。何为"浙大范儿"？就是树我邦国的家国情，开物前民的创新观，永远锐意进取的上进心，追求卓越、造就卓越的勇气和信心！

　　延续一百二十年的浙江大学文化，是岁月淘沙的瑰宝，是大学精神的底蕴，是共同价值的灵魂。传承和弘扬求是文脉，不忘前事，启迪后人。在新的历史时期，我们记述和表达的是今天的浙大人，扎根中国大地，为实现中华民族伟大复兴的中国梦而奋力前行的信念和脚步。

"百廿求是丛书"编委会

2017年4月20日

卷首语: 静听花开

云的飞语，说出天空之广袤；鸟的飞语，道出山川之辽阔；《浙大飞语》，不说天不论地，只为记录"浙"里开的鲜花，"浙"里飞的香气。为此，我们在各路媒体对浙大学生的海量报道中，选取了近百篇最能体现浙大精神、浙大特色和浙大气质的报道，辑选为"求是创新""知行合一""缤纷校园"和"热血青春"等篇目，以留住繁花，放飞梦想。

如果你曾经在"浙"里，你一定会觉得十分熟悉和亲切。

如果你即将在"浙"里，你一定会充满期待和向往。

如果你有意看"浙"里，你一定会嗅到芬芳，感慨于它们的多姿鲜艳。

如果你爱花、惜花，请你聆听它们的绽放，也随它们起飞，在春光之中。

【求是创新篇】深深扎根，亭亭净植

研学如扎根，扎得越深，才越能发现潜藏最深的营养秘密。

在"浙"里，浙大人把"科学殿堂"装饰成充满乐趣的"游乐园"。破旧立新的课题和生活有千丝万缕的联系，充满挑战的实验结果出人意料，奇思妙想的发明创意艳惊四座。在浓厚的创新氛围里，他们把每一颗想萌发的科研火种都点燃成焰火。

【知行合一篇】香远益播，芳飘万里

实践如芬芳花香，不需多言，就可以感染身边的人。

读万卷书，行万里路，在书读百遍的同时，浙大学生也用足迹去丈量世界。大洋彼岸的青年看世界的视角是否与我们不同？边远山区一双双渴望的眼睛，如何被知识满足？红色老区的一砖一瓦，篆刻着怎样的革命记忆？文军长征路上的坎坷，能否用自行车的车辙一一记录？浙大学生去国外交流学习，去山区支教扶贫，去老区寻访红色记忆，去西南重走文军长征路。求是花儿的香气，也散播在大江南北、海内海外。

【缤纷校园篇】花繁似锦，桃粉棠红

"浙"里的日子，如繁花盛开，音乐美术，戏剧人生，遍地开花遍地鲜艳。

对美的追求和享受是浙大人坚持的自我要求，也让求是园充满最丰富和自由的快乐。在光芒四射的大舞台上，慷慨激昂的是校园戏剧中的家国情怀；在明亮空旷的音乐厅里，悠扬婉转的是琴声里的宫商角徵；在万众瞩目的篮球场上，奔跑跳跃的是竞技中的飒爽英姿；在三尺见方的台柜前，妙趣横生的是表演时的说学逗唱。这里有历史悠久的黑白剧社，有渊源深厚的文琴乐团，有引发尖叫的运动比赛，有令人瞠目的吉尼斯挑战，浙大的花儿不是同个模样，梨云杏雨才是真的春天。

【热血青春篇】开花结果，桃李芬芳

感谢这样的春天和这样的花园，让我们看到姹紫嫣红的花儿争奇斗艳。感谢这样努力的花儿，让我们见证一座座奖杯、一枚枚奖章、一条条绶带、一份份沉甸甸的荣誉。感谢这些，伴我们在花海之中撷取美丽的花朵，写下一本锦绣的纪念册。

爱因斯坦说，学校应该永远以此为目标：学生离开学校时是一个和谐的人。"浙"里绽放的每一朵花，都努力把这样的和谐传递给每一个春天。

目　录

第一章　求是创新

目 录

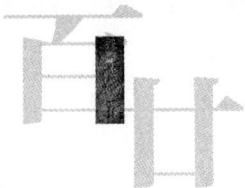

第一章

求是创新

阅读提示：秉承"求是创新"的校训，浙大学子投身科研，耕耘不止。他们叩开国际学界的大门，在理论研究领域，发出了自己的声音。研究生向来是学校科学研究的生力军，现在，本科生也越来越多地投身于科研创新之中。据统计，2009—2015年，仅浙大本科生，以第一作者或者以第二作者但第一作者为其指导老师的身份发表论文达1376篇。

浙大本科生叩开国际权威杂志大门

本报讯　在国际权威杂志《生物信息学》上发表论文，这对生物信息学领域的很多教授来说都是件梦寐以求的事，而浙江大学生命科学学院生物信息学本科生陈晓辉、宁开达，用他们的论文《BNArray：基于贝叶斯网络构建生物芯片基因调控网络的R语言包》叩开了这一权威杂志的大门。

浙大有关部门负责人介绍说，《生物信息学》是国际生物信息学科最顶尖的杂志，其SCI影响因子大于6，这是浙大以在读本科生为第一作者发表的影响因子最高的论文。据了解，一本学术刊物影响因子达到3就已经算是比较高了。

陈晓辉和宁开达分别是浙大2002级、2003级的本科生，陈晓辉今年已毕业。现读大四的宁开达告诉笔者，这是他们在去年7月启动的一个课题。这篇论文的主要内容是对大规模基因芯片的数据进行基因调控网络的预测和构建，基于贝叶斯网络方法，他们改进了相关的算法，并编写了一套R语言程序，通过运行这套程序进行数据分析，可以得到多个基因之间的调控关系。而按照传统的处理方法，只能得到单个基因之间的调控关系。两位学生的导师陈铭教授告诉笔者，研究多个基因之间的调控关系是当前生命科学研究的趋势和热点。

宁开达回忆起一年多来的科研经历非常感慨。她说，搞科研很辛苦，我们查阅了近百篇国内外文献，特别是外文原著，来了解最新进展，启发和拓展思维，然后进行酝酿、讨论、总结，一有新的想法，马上到陈老师的实验室进行研究，编写程序，然后进行反复调试，修改漏洞。陈铭教授说，本科生也要敢于去做前沿的科学研究，他们能发表这么高水平的论文，一方面得益于两人非常扎实的学科基础，一方面也是因为他们在研究上也非常努力。

对于这个课题的未来，宁开达说，这个R语言程序包是一个用于科研的程序，他们打算无偿开放，供科学研究使用。目前已经有一所美国高校的教授和他们接触过，希望能使用这个程序包来辅助进行生物芯片研究。

据了解，浙大生命科学学院的每一位本科学生都有研究项目立项，其中70%~80%的学生为项目主持人。学院鼓励本科生参与教师的科研工作，提倡教授亲自指导本科生，并向本科生开放实验室。

（原载于2006年11月3日《浙江日报》第8版，记者：张冬素 通讯员：高楚清 黄琛）

美国《数学评论》杂志请浙大学生当评论员

本报讯 今年春节，浙大数学中心在读博士徐浩过得格外开心，就在春节前几天，他收到一封来自大洋彼岸的邀请函——美国《数学评论》杂志社聘请他做评论员。

"这是一个非常了不起的成绩！"浙大数学中心副主任许洪伟兴奋地告诉记者，国际著名的学术刊物《数学评论》聘请在校学生当评论员，这在全球极为少见，标志着浙大在青年数学人才培养上已进入国际前列。

创刊于1940年的美国《数学评论》杂志，是由美国数学学会主办、在国际数学界享有盛誉的评论性兼文摘性的数学月刊，专门刊载世界范围内新发表的有创新观点的数学和相关领域论著的摘要和评述。每当有新论文发表，《数学评论》都会邀请相应的研究者对论文进行评述。因此在数学研究的各个分支领域，它都会聘请一些学术权威做评论员。

拥有突出的科研成果是徐浩被《数学评论》相中的根本原因。1997年进入浙大的徐浩，目前是博士二年级学生，他从事的是"代数曲线模空间"的研究。在一个名为"预印本"的国际数学网站，他与导师刘克峰合作，先后发表了《曲线模空间相交数的n-点函数》《曲线模空间相交数与稳定曲线自同构》《曲线模空间相交数的新性质》3篇论文。

徐浩与刘克峰合作得到了包含全部曲线模空间相交数信息的n点函数的一个简洁的表达式，从而解决了这一多年来一直悬而未决的问题。这一成果得到了包括菲尔兹奖得主威腾等在内的数位国际著名数学家的高度肯定，模空间领域的国际权威学者、美国斯坦福大学的Vakil（瓦开）教授多次回信高度评价他们的工作。

按照惯例，《数学评论》新聘评论员，需要已担任《数学评论》评论员的人推荐。"到今天为止，我还不知道是谁推荐了我，但可以肯定的是，那位专家之所以推荐我，必然和我的研究成果有关。"徐浩在接受本报记者采访时说，根据《数学评论》杂志的工作流程，今后如果有与他所研究的领域相关的文章，杂志社就会寄论文给他，请他评述。而《数学评论》刊载的论文，大部分出自国内外数学教授之手。

（原载于2007年2月28日《浙江日报》第9版，记者：应建勇）

浙大数学博士生：一文惊动数学"大腕"

不久前，浙江大学数学科学研究中心博士生徐浩收到了《美国科学院院刊》发来的邮件，称他在导师刘克峰教授指导下完成的论文《曲线模空间相交数的新结果》被该期刊录用。据了解，这是新中国成立以来中国内地高校数学界的论文首次被《美国科学院院刊》这本国际一流杂志录用。昨天下午，徐浩告诉记者，他已将论文的"版权声明确认书"寄往美国，发表了其论文的这期杂志也将于近日出版。

"头脑发热"转学数学

"我是1997年考入浙江大学混合班的，最初选的是计算机专业，可是两年后，头脑发热转到了数学系。"昨天，在浙大数学研究中心的一间办公室里，徐浩笑着讲起自己与数学的不解之缘，"现在想来，也许是数学当中奥妙无穷的逻辑关系吸引了我吧。"

2004年徐浩硕士毕业，报考中科院数学所博士，却意外失利。"就在我心灰意冷地以为从此要与数学告别时，偶然听同学说起其与浙大数学系主任刘克峰教授聊天很受启发。于是我鼓起勇气，去了刘老师的办公室。"徐浩回忆，"他热心地问了我的情况，告诉我，如果离开数学，以后再想回来就很困难，还主动提出可以让我在数学中心半工半读，一年后再考博士。"

和刘克峰教授的这次谈话，被徐浩称为人生中最重要的一个转折点。不过，徐浩的考博经历并不顺利，第二年他报考浙大数学系博士再度失利，直到第三年，刘克峰力排众议，录取了他。

在不可能中寻找捷径

徐浩对数学的一片痴心得到了应有的回报。就读浙大数学系博士之后不久，他在导师刘克峰教授的指导下，开始从事曲线模空间相交数理论的研究，该研究课题是国际上最前沿的主流方向之一，是受到高度关注的一个研究领域。

回忆研究过程，徐浩这样告诉记者："传统的数学研究只需要纸和笔，不过受刘老师的启发，我们遇上的一些数学难题，通过计算机编程的辅助解开了。"

他们的研究成果受到国际数学大师丘成桐、著名物理学家威腾、数论大师扎吉尔的好评。著名物理学家、前法国科学院院长布尔金评价他们"得到了强有力的创新结果"，著名意大利代数几何学家阿巴雷罗在看了他们的研究成果后，称赞他们"非常了不起"。此次被《美国科学院院刊》录用的论文，即为他们两年来研究成果的综述报告。

敢问才能创新

"丘成桐先生与刘克峰教授用自己在国际学术界的影响邀请了许多大牌教授来我们数学中心访问讲学，凡是与我研究方向有关的，报告结束后我都会向他们请教。不要担心自己的问题对这些学者来说有多'小儿科'，因为他们通常会耐心地回答，令我们这些晚辈受益良多。"徐浩笑着举例，"记得一天下午，一位美国的著名教授来我们这儿做报告，报告结束时已经很晚了，我壮着胆子上去问了他一个问题，他竟立刻来了精神，甚至给我一个人开起了小灶——当场写了整整两块黑板的公式给我看。直到现在我才发现，其实那个问题非常基本，他完全可以让我自己去翻书，没想到他却不厌其烦地给我做了解答。"

对于自己取得的成果，徐浩非常谦虚，一再表示离不开导师的帮助和集体的力量。

（原载于2007年8月15日《钱江晚报》A2版，通讯员：黄桂树 叶初江
记者：陆毅 吴晶 沈蒙和）

阅读提示：紧随理论研究的步伐，浙大学子在科研实践方面，同样硕果累累。他们怀着保护国家文化遗产的愿望，创造出复原敦煌壁画的计算机技术；他们研发出了用细菌"织"成的能为皮肤降温的神奇衣服。为了鼓励学子们的这些优秀科研成果，学校还在学术年会上特别设立了学生版的十大学术新成果评选，为学子们呐喊助威。

新青年走上敦煌路

本报杭州4月13日讯　在新青年刘建明和秦桦林的心中，敦煌是一个谜，一个梦，蕴含着永远难以企及的智慧——它历经千百年沧桑，在茫茫戈壁沙漠的怀抱中，闪烁着绚丽的光彩。莫高窟、榆林窟、西千佛洞、小千佛洞……是他们一辈子也探不完的敦煌路；舞伎、建筑、彩塑，壁画……是他们一辈子也做不完的飞天梦。

两天前在杭州"百年敦煌文献整理研究"国际学术研讨会上，中国敦煌石窟保护研究基金会向全国12位在读研究生颁发了2009年度"敦煌奖学金"。浙江大学古籍研究所在读硕士研究生秦桦林、计算机科学与技术学院在读博士研究生刘建明名列其中。

"这是我们敦煌学研究生梦寐以求的奖项。"2008年，秦桦林有幸成为浙大古籍所张涌泉教授的学生，并选择了《敦煌吐鲁番黑水城出土刻本》作为自己硕博连读阶段的研究课题。"课题涉及早期中国印刷术的起源问题，本身意义非常重大，获奖更是给自己的一个激励。"敦厚勤奋的秦桦林说。

"其实，对敦煌中国古典文献学的热爱，是源于小时候在书摊上看到的一本敦煌小册子。"从那时起，偏爱文史的秦桦林，便尝试着写些小"豆腐干"的文史短文，投给谁也不认识他的报社编辑。从此，他慢慢积淀下丰富的文史阅读、扎实的古汉语功底，还有那颗耐得住寂寞的心。

　　与咬文嚼字的秦桦林不同，刘建明自2003年9月获得浙江大学计算机专业学士学位、直接攻读计算机应用博士学位以来，主要研究方向是数字文化、图像处理与人工智能。

　　敦煌飞天是莫高窟的名片，在"敦煌莫高窟492个洞窟中，几乎窟窟有飞天。"细数敦煌历史，刘建明心中有做不完的飞天梦——由于长期受外界环境如光照、温湿度的影响，敦煌的许多壁画已程度不同地产生了破损，为了使人们能够欣赏到原作的风貌，刘建明跟随浙江大学以潘云鹤院士为首的课题组，采用计算机来进行模拟和复原，以敦煌莫高窟壁画为应用背景，提出了一个使破损壁画虚拟复原和演变模拟的模型及计算机模拟方法，进行复原性临摹、壁画研究以及壁画保护。根据敦煌保护专家对壁画颜料成分的研究和艺术家积累的经验知识，通过综合利用色彩学知识，图像处理、人工智能等计算机技术，他们成功地把一些变色、褪色、脱落的敦煌壁画复原为最初画成时金碧辉煌的景象，并模拟出其在外界环境因素影响下渐变到现状的过程。

　　虽然复原过程中碰到说不清的艰难困惑，但只要想到一个世纪的大漠风沙都未曾动摇过前辈献身敦煌文化保护的意志，刘建明的内心也一天天强大而坚定起来。而今，一个全新的"数字敦煌"正向人们走来。

　　国际著名敦煌学家、日本京都大学教授高田时雄面对记者，更是难抑兴奋之情："我们在大型纪录片《敦煌》中看到的许多清晰的壁画，便来自他们的奇思妙想。"也正如高田时雄在大型纪录片《敦煌》中所说的那样，现在世界上研究敦煌的学者中，中国学者就占了85%以上，成为敦煌学研究的主力。"敦煌在中国，敦煌学在国外"的说法永远地成了历史。

　　"国家的命运决定了敦煌莫高窟的命运。"刘建明和秦桦林坦言，"我们都很幸福，共同拥有一个领先世界的敦煌学的研究中心，又同时做着一个意义非凡的敦煌梦。"虽然浙江与甘肃远隔千山万水，虽然那些年长的学者有些已经远去，但朝气蓬勃的新青年们也期许着——用辛勤和汗水，用科技和智慧，把自己的名字与敦煌学，永远地嵌入这座深不可测的莫高窟。

【记者采访手记】

有心者志远方

穿过祁连山的飞雪，走进黄风吹沙的大漠戈壁，寻一把先人遗留在那里的石斧，看它是否还能劈出4000多年前的火光。于是，浙江人率先拥有了敦煌——

最早注意到敦煌文献价值并加以保护的是罗振玉，最早对敦煌俗文学作品进行研究的是王国维，敦煌艺术研究所的第一任所长是常书鸿，敦煌研究院的现任院长是樊锦诗，第一部对敦煌文献及艺术进行系统介绍的是姜亮夫，第一部研究敦煌文献词语著作的作者是蒋礼鸿……他们都是浙江人。

追赶丝绸之路落下的夕阳，跋涉在曾经鼓角争鸣的河西走廊，又一代浙江中年学者，一心想找到三苗人留下的陶器，让它盛满历史的冷热和苍茫：

以赵丰为首的敦煌丝绸研究，潘云鹤、鲁东明课题组利用多媒体与智能集成技术进行的敦煌壁画数字化保护，张涌泉、许建平、关长龙历时10年合作撰写的《敦煌经部文献合集》……一次次把敦煌学研究推向世界最前沿。

美丽的敦煌啊，有流光溢彩的故事，有大漠落日的悲怆。我深知，刘建明、秦桦林，还有更多志向高远的新青年们，都想借你反弹琵琶的神韵止住千年黄沙，用你飞天飘逸的梦想照亮未来。

（原载于2010年4月14日《浙江日报》第9版，记者：刘慧）

细菌"织"成的衣服会呼吸
浙大博士生参与设计制作智能服装

本报杭州11月18日讯 沾染了细菌的衣服随处可见，而用细菌制成的衣服却独此一家：美国麻省理工学院BioLogic（生物逻辑）团队制成一件智慧衣服，你流汗越多，它就相应地变得越透气，来为皮肤降温——这一功能是由衣服面料中的细菌实现的。介绍这一成果的视频不久前发布在网络上，获得了惊人的点击量和转发量，人们称之为"会呼吸的衣服""第二皮肤"。

这件神奇衣服的发明者是一个跨界整合、学科交叉的7人团队，其中有5位华人。18日，记者采访了团队成员、浙江大学计算机学院博士研究生王冠云。他所在的浙大创新设计工程实验室已经培养出一大批年轻的工业设计师，并孵化了"云造科技"等创客企业。

王冠云说，团队成员使用纳豆枯草芽孢杆菌来制作这件神奇的衣服。在日本，这种细菌被大量用于发酵黄豆制成食品。"也就是说，这种细菌对人体是安全的。"

纳豆菌有着奇妙的特性，随着外部环境湿度的变化，它会吸水或者放水，由此还会造成自身体积的膨胀或收缩。王冠云说，团队中来自生物工程专业的成员发现，即使纳豆菌死亡，其细胞内所含的一些生物质使这一特性仍可运作。

由此，团队得以将纳豆菌制成一种生物膜，并尝试与其他材料结合成全新的复合材料，以利用这种膨胀—收缩的性质。"研发过程并非一帆风顺，经过多次试验，我们找到了合适的材料——氨纶，并将生物膜多层印刷在上面。"因此，"细菌衣"实际上是由结合了纳豆菌细胞的氨纶制成的。

团队制作的视频显示，当身体发热、出汗时，这种生物合成材料就能做出响应，一片片像鳞片一样的皮瓣开始卷曲。当湿度继续上升时，皮瓣会完全打开，达到最佳的透气性。王冠云表示，成功研发这件智能衣服使人们意识到，我们能够精确地校准生物材料的行为，它成为某种机器，而不是不可预知的生物体。

研究如何快速、批量化地制作纳豆菌生物膜并将其印刷在氨纶上，是王冠云承担的主要任务。加入团队前，王冠云已对3D打印技术颇为熟悉。"我主要负责开发了一套3D打印细胞平台，不仅提升了这种生物材料的制作精度，也大大提升了制作速度。"王冠云说，这套拓展了的3D打印平台也适用于其他材料的研究与制作。

王冠云还承担了一部分设计工作。我们在视频中不仅能看到会呼吸的衣服，还能看到吸水后发生形变来提示茶叶状态的茶叶包、会张合的灯罩等，这些都来自王冠云这样的工业设计师的奇思妙想。早在2011年，王冠云和同学们一起设计的一种可伸缩的帽子，就夺得了德国红点设计大奖的"红点至尊奖"。这种帽子打开就是头顶储物篮，专为非洲、东南亚等地具有用头顶物习俗的人设计。在位于浙大玉泉校区的创新设计工程实验室，王冠云把一串木质框架以螺旋状造型拼搭起来，巧妙地形成一个管道，代替常见的金属灯罩。富有创意的设计使新技术更快、更广泛地进入人们的日常生活。

这件由细菌制成的衣服向人们展示了一个全新的智能化前景：我们终将告别电机或马达，而改用活的生命体。它们能够对水分、温度等自然环境做出反应，潜藏着丰富的可能性，将带来目前许多产品无法实现的功能。王冠云说，纳豆菌还可以与许多其他材料结合，拓展更多应用，不限于变形材料，比如制作能够监测雾霾并将其转化成养分的人造植物。

当我们把视野扩展到更多的生物细胞时，在不远的将来，科学家也许能使生物材料根据人体模型，自主地"长成"一件衣服。

（原载于2015年11月19日《浙江日报》第13版，记者：曾福泉 通讯员：周炜）

在浙江大学学术年会上，有一个"学生版"的十大学术成果评选

学生也能亮相校级学术平台

"最高兴的是学生们表现出的学术热情和科学人的潜质"

在赶往浙江大学学术年会开幕式的路上，大四学生鲍静涵的行李箱拉杆折断了——箱子太重，里头装的管道缝隙检测装置有30多公斤。半小时后，这个"重量级"宝贝作为他和团队的学术成果，在全校老师和同学们面前亮相，收获了许多赞赏。

在每年5月举办的浙大学术年会上，不仅有学校的十大学术进展评选，还有一个学生版的十大学术新成果评选。来自全校各个专业和年级的学生学术成果，通过申报推荐、专家评审和网络投票等环节决出优胜，在学术年会开幕式上与教授们的年度进展同台展示。

今年，有65件学生学术成果角逐校级学生十大学术新成果评选。李浩然教授每年都担任专家评审委员，他说，项目数量每年都在增加，学生们的作品越来越具有原创、自主和学科交叉的特性。"我们最高兴的是学生们表现出的学术热情和科学人的潜质。"

"关键是这个想法来自于你自己"

学生学术新成果评选20进10的时候，浙大机械工程专业博士生殷秀兴的大型风力发电系统基础研究项目，在网上得票数不是很高，跌出了校级学术"十大"，这让科研圈子里的学生们很为他打抱不平，并由此引出了学生们的科研之路究竟应该选"艰深前沿"还是"通俗易懂"的讨论。

"希望自己的研究被认可，这是很基本的愿望。关键是这个想法来自于你自己。"马上就要毕业的博士生张迪铭说，科研的自主性很重要，尝试的是自己的想法，才能让科研变得有趣和持续。

张迪铭选择做了一个酷炫的手机应用：对着手机吹一口气，手机就能告诉你身体的代谢状况。这是他在博士三年级时开始的研究："那时，博士毕业的'规定动作'基本上已经达标，我很想试试自己别的想法。"张迪铭选择从原来的艰深的光学纳米结构转向工程应用，最终成功实现了20进10，也让他相信应用研究拥有广阔前景。

关于前沿艰深的研究和通俗实用的研究哪个更应获奖，在校园里引起了热烈讨论，但一致的观点是：学生学术成果的评选，搭建了一个让不同学科、不同思维特质的学生走到一起的创新平台，彼此倾听，共同成长。

"做科研不要吹牛，要踏踏实实去做事"

两年前，鲍静涵、杨筱钰和刘瑞这3个浙大机械电子工程专业的本科生发现彼此兴趣相投，于是他们迅速组成一个学生科研小组。

他们的指导老师杨克己教授是专门研究管道的超声无损检测技术的，这个学生科研小组就想为这项技术研发一种搭载工具。"管道直径和螺距变化很大，焊缝进行自动检测很有难度。"科研小组的目标，是研发出一辆能吸附并以自由角度贴管道爬行的机器车，专门检测螺旋形焊缝的质量。

第一代模型样机是在寝室的床沿上完成攀爬测试的，"噪音很大，很多同学都来围观。"杨筱钰说，大家的好奇和对噪音的"容忍"鼓励着他们。但床沿是平的，难度太小，他们又把机器拿到厕所的水管去做测试。过了这一关，他们抱着机器去找杨教授。杨教授拿出了直径一米的一段钢管给同学们做测试，大家很激动："终于有符合工程实际的试验台了，而且还是和同专业的研究生师兄们同在一个实验室。"

"我们之前以为，科研只要沿着一个方向走下去，肯定会有一个结果。但做了这个项目后，我们感到科研更像一棵树，你走着走着发现已经走到'叶子'，是末端了，这时候就回过头想一想，最初的动机是什么，有没有更好的'枝杈'？"鲍静涵说，他们也牢记老师经常说的一句话："做科研不要吹牛，要踏踏实实去做事。"

　　浙大学术委员会主任张泽院士认为，三年来，学生十大学术新成果评选影响了不少学生的"人生道路"。其中的缘由，都是因为他们在这个平台上发现了自己真正的优势和兴奋点。跨专业、宽视角的学术之风，必然会吹来让人期待的科学之美。

校长吴朝晖为学生学术新成果获奖选手颁奖（周立超 摄）

（原载于2016年6月20日《人民日报》第20版，作者：周炜 余建斌）

阅读提示：科研实践不仅事关人类文明，更重要的是，还与生活息息相关。工业设计、建筑模型、创意游戏、意念头盔……他们奇思妙想，引发衣食住行的新变革。

看，设计点亮生活

本报杭州5月16日讯　这两天，从白天到晚上，浙大紫金港校区的学生活动中心都很热闹，不断有笑声传出。许多同学和老师特地从别的校区赶来，就想看看在这个"创造永无止境"的展览上，有什么特别的东西。

"工业设计，就是跟工厂和机器打交道。"2007年，当邱懿武第一次学着用针管笔勾画线条时，他这样认为。4年后的今天，当人们站在他设计的可触控"灯光墙"前唤回萤火虫飞舞的记忆，邱懿武发现，手中的画笔早已在不知不觉中勾勒出了比图纸大得多的乐趣和新意。

这是发生在"创造永无止境"——浙江大学工业设计创新成果展上的一幕。在这里，每一束光都会投射到一个充满想象的角落，50件耀动着青春和光芒的作品，一起构成了当代设计文化的生动切片。30名艺术生加20名工科生，这些设计世界的顽童们会擦出怎样的火花？

设计是萤火虫的翅膀，带我们追溯传统，触摸自然

一棵树上"长"满了白色灯光。"摘"下一朵，轻吹一口气，便能控制它的开关。当电量不足时，只要把它放回树上的任意位置就可以充电。这是一棵能感应的能量树。

现实中的手影经过摄像头捕捉，被投影成了生动的影子动画。幕布上，一只只大胖鹅正摇摇晃晃地走来。不仅如此，只要你的手语能被计算机"读"懂，就可以给小动物喂食了。数字媒体的力量，让童年乐趣变得更立体丰富。

左手设计，右手生活——设计让人们更会生活

一辆叫Chicken run的小车实现了电动车造型的最简化，它节能、环保、操控自如、占用空间小，带来全新的骑行体验。它将入驻校园，形成独特的"电动车公交系统"。

一架轻便的轮椅，实现了残疾人"优雅漫步"的愿望。坐在设计者亲手缝制的坐垫上，轻挥手柄，它能带你"翩翩起舞"。这不仅是代步工具，还让残疾人获得旁人尊重的目光。

一块画着锅碗瓢盆、电视桌椅的屏风好比一套五居室的房屋，而奥妙就隐藏在那几盏线条朴实的灯上。随着指尖滑过，暖暖的灯光依次亮起，哦，家用LED时代到来了。

设计情迷传统，也在憧憬未来

可能你不懂音乐，但一样可以享受创作音乐的乐趣。利用超声波探头，你的手就是有魔法的指挥棒，个性化的音符和节奏随之倾泻而出。来，让手指在音乐时空漫步，多美。

也许有些作品看起来抽象，但这并不妨碍它今后被用在医疗、娱乐、教育等方方面面，被赋予全新的形态和生命。而现在，它是美的、真实可触的，散发出一种积极的态度。

"设计学+工业学+人文艺术"的综合教学知识体系，让设计有了灵魂。浙大工业设计系副系主任柴春雷把学科交叉看成创意生产的原动力。"我们要培养复合型创意人才，既要有创新思维，又要有整合技术、实践能力和服务意识。"

除了校内课程的规划，学生也在竞赛中获得成长。2005年以来，工业设计系的学生不断把世界顶级设计奖项揽入囊中，共获得了红点设计概念奖23项、IF设计奖15项，伊莱克斯2020等国际大赛奖项50余项。2008年北京奥运会的火炬和2010年广州亚运会的火炬都是浙大毕业生的杰作。

　　还有不少"头脑风暴"中的闪光点已经变为了产品。据统计，仅2007级工业设计系学生就获得355项专利，平均每人拥有7项。本次展览开展两日来，已有数十家企业闻讯赶来，表达了强烈的合作意向。

　　不论是游戏还是居家，"让生活更美好"是浙大工业设计不变的主题。

（原载于2011年5月17日《浙江日报》第13版，见习记者：吴孟婕　通讯员：周炜）

"用手思考"的追梦人

梅家坞并连体住宅、西湖文化广场运河站、旧厂房改造……浙江大学紫金港校区月牙楼大厅内16个样式新颖、风格多变的建筑模型吸引了众多师生驻足。

它们的主人是浙大建筑系本科大五毕业生杨丁亮，凭借这些作品，杨丁亮成为浙大本科生中举办个人展览的第一人。

"Words failed to express my amaze！（我的惊叹不胜言表！）""好励志，学长你太厉害了，希望有机会向你请教。"……留言簿上，密密麻麻地留下观众的钦佩之情。不管是不是建筑系的学生，看完展览都有相同的感受：原来大学生活还可以排得那么满。

大师工作室的敲门砖

一个旧厂房改造的主题，同时有4个不同的卡纸模型和1个木质模型，足见设计者考虑之精细。

参展的16个建筑模型，大多是杨丁亮大学期间的课程作业。然而，这些作业对于他有着不寻常的意义。两年前，杨丁亮就是凭借着这些作业，成功地"敲开"了建筑大师——沃夫·普瑞克斯的工作室大门，这所名为蓝天组的工作室每年仅向全球招收3～4名有潜力的实习生，而当年杨丁亮得知自己获得半年的实习机会，欣喜异常。

"他特别突出的能力是学习很主动，非常注重对大学生涯的规划。"给杨丁亮上建筑设计课的老师王卡对他印象深刻。在王卡的记忆中，大二时，杨丁亮很执着地希望获得大师工作室的实习机会；大三那年，杨丁亮把之前的课程作业汇集成册，给很多大师寄去实习自荐书。

在蓝天组工作室实习的过程中，有一件事让杨丁亮久久难忘。一次，他计划在复活节外出旅行，结果被蓝天组设计组长狠狠地批评了一顿："方案不做到最好，作为建筑师，我们一刻也不能离开。我们不为钱工作，只为荣誉工作。"一

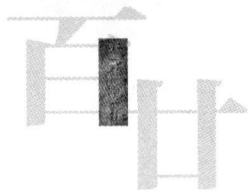

句话，彻底地征服了杨丁亮。

手是灵感的来源

杨丁亮给自己的作品展览起名为"用手思考"。展览的符号是一只张开的大手，这是杨丁亮最喜欢的设计之一，它出自于著名建筑大师柯布西耶设计的"建筑师的手"。

杨丁亮希望把这只手作为展览的符号，借此表达自己认为的"用手"设计建筑的重要性，并向他最崇拜的建筑大师致敬。

在他看来，创意往往是最困难的，也是最核心的。"我并不是什么天才，没有他们那种无穷无尽的创意头脑，有的只是那双愿意多动的手。"

"相比于计算机辅助设计，我更热爱用手实实在在地去感受，这对于空间、形态会有一种更真实、贴切的把握。"杨丁亮说。

"细节决定成败"，这个教训一直让杨丁亮铭记于心。

大二那年，杨丁亮参加浙大的结构设计竞赛，他的团队方案做得很好，可谓胜券在握，但是在决赛阶段，模型因为"矮"了一厘米，瞬间变得非常脆弱，差点失去参加全国竞赛的机会。负责竞赛的姜老师慧眼识才，破例允许他们再比一次，之后他们过关斩将，荣获全国大赛一等奖。

一个临近毕业的夜晚，杨丁亮匆匆收拾好笔记本，赶往东区的一间教室。离毕业还有20天，他还在选修"英国中国经典原著精读"等一系列课程。"在离开母校之前，能多学一点是一点。"

之前，他谢绝了奥地利维也纳蓝天组的工作邀请，在哈佛大学、耶鲁大学、麻省理工学院、宾夕法尼亚大学、哥伦比亚大学、康奈尔大学等6所学校中选择了哈佛大学建筑系，6月下旬将赴美深造。

（原载于2012年6月20日《中国科学报》第8版，通讯员：张弯）

阅读提示：好的设计要关注"人的因素"，好的科研基地也要关注"人的培养"。从对知识的学习中汲取创造理念，于"中国智慧"之处激发创造潜质，秉承中国当代科研发展的目标，浙大人正在为从"中国制造"到"中国创造"的改变而努力。

创新的奥秘：40名学生与80项专利

　　6月8日，浙江大学计算机学院宣布，在刚刚结束的一项全国性的电梯轿厢设计大赛中，工业设计专业2004级本科学生董安、梅郁的作品"人的联系"获得概念组一等奖。

　　和陌生人共用电梯这个封闭狭小的空间，人们往往感到尴尬。"人的联系"的电梯设计初衷，便是让陌生人之间增进交流。当人们进入电梯时，每人脚下的特制地板会出现一块脚形的光斑，而且在各人的光斑之间，又有光带自动互相联结，似乎在拉近人们之间的距离。

　　每一个创新，都能够在一定程度上改变人们的生活。浙江大学工业设计系的师生们计划，今后每年出一本集子，把一次次创意的过程记录下来，名字或许就叫——"创新从这里开始"。

　　现在，他们正为这个"创意"本身感到兴奋，"这会对整个产业，都产生价值"。

创新"则通"——"头脑风暴"诞生了没有腿的椅子

　　浙江大学工业设计系2007届毕业生，这几日正在忙着参加毕业论文的答辩。答辩的地点选在玉泉校区的一幢教学楼里，那个房间有个特别的名字，叫"则通室"。据说就是源于《周易》里的一句话——"变则通，通则久。"

　　"变通就是创新。"作为浙江大学现代工业设计研究所的负责人，应放天副教授反复强调，这个至今仅有17年历史的年轻专业，课程体系"除了设计专业知识和技能的培养外，更强调创新实践，透过对社会、经济与科技领域的理解、反思和批判，领会工业设计的精神"。

今年工业设计系毕业的本科生一共有40名。这40个人，手上的专利共有80项。这些平均年龄仅22岁的年轻人，已经摘取过的国际顶级设计大赛的奖项有：3项德国红点设计大奖、5项IF国际设计大奖、伊莱克斯设计大赛的银奖和第四名……

"吃饭"和"上厕所"，如果能在5分钟内说出两者的10种联系，那意味着你并不缺少创新思维。

这样看似"无厘头"的问题，却是"陈京昌们"经常碰到的。从"走路"和"音乐"之间的联系，他们想到了做一双"钢琴鞋"，每踩一步会发出曼妙的声音。

2006年从浙江大学工业设计系本科毕业后，陈京昌选择了继续攻读本专业的研究生。他们会时常有这样的"头脑风暴"课，大家一起集中讨论一两个问题，短时间内集中最多的想法和创意。

这一天，他又和同学赵巍、胡一川讨论起了"下雨天放雨伞"的问题。

"日常生活中我们怎么解决（这个问题）？""商店进口处，通常会放个水桶或脸盆。"

"设计一个架子怎么样？""要考虑中国人放伞的习惯，不喜欢折。"

"伞顶做个八爪形的支架呢？倒过来可以立在地上。""这适用于长柄伞，现在多数人用三折伞。"

"如果伞可以拧干呢？""那就要用吸水的面料，伞就会很重。"

"如果伞的材料选一点都不吸水的呢？""那要纳米级的材料才可以。"

陈京昌最后想到的是，把伞像花一样吊挂起来。可最终如何实现，他也说不上来。不是每一次"头脑风暴"都一定能有结果，但是每一次，他都可以获得新的想法，收获很多从别人那里传递来的信息。

有的时候，老师们会仅仅把这当作一种训练，不过也常常会有意外的惊喜。在一堂课上，老师要求学生设计一把椅子，几天下来，大家的想法还是脱离不了传统的套路。

于是，老师让他们做"头脑风暴"，做关于"椅子"的名词解释。学生们最后得出的结论是——"椅子就是把人托起来，让人觉得舒服的东西"。

于是，学生们想到了以中国的"8"字绳结为原型，做成流线造型的一体椅身。因为它的特殊造型，还能给人怀抱的感觉。就这样，一把"没有腿的椅子"诞生了。

流浪汉帐篷和盲人魔方——好的创意要关注"人的因素"

2006年的寒假，有一段时间，朱鹏程天天跑去和几个捡垃圾的流浪汉聊天。

这个21岁的女孩子问得很详细：你们从哪儿来，平时到哪里去捡垃圾，会用什么样的工具？几天下来，她发现，其实这些流浪汉有很多的想法，"他们的生活并非完全没有计划"。

那个时候，朱鹏程和她的5个同班同学，想给城市里的流浪人群设计一种工具，主题是"手推车里的遮蔽所"。最初定下来的概念是，既可以用于休息，也可以用于他们的"工作"。

后来，这个名为"1/4部落"的设计，博得了许多赞赏。捡垃圾的时候，它是一辆推车，休息的时候，它是一个帐篷。设计的外形创意取材于中国的红灯笼，每一个帐篷展开来就是四分之一个"灯笼"。

当流浪汉一个人生活的时候，他只能找一个墙角使用这个帐篷，而创意的关键在于，"当四个流浪汉在一起的时候，就可以将帐篷互相依靠，组成一个完整的'灯笼'。"

朱鹏程和她的伙伴们希望，用这样的方式鼓励这些边缘人，有更多的情感交流，与社会有更多的接触。"大红的灯笼，有一种象征意义就是团圆和融合。"她希望用这种方式解决一些社会问题。

应放天说，他从来都认为，"社会责任感"和"商业化"之间并不相互排斥，同样，"学院派与社会也并不脱节"。因此，他特别注重对设计的价值评估。"一个好的设计，首先应考虑人的因素。"

有学生设计了一把好玩的伞，风一吹就会转动起来。那么如果伞上有水，会不会溅到旁边的人？老师们善意地提醒他们，设计不仅仅是为了满足单个人的生活情趣。

学生也学会了时时从小资情愫里走出来，把眼光放到传统产品上，通过智能化的改造，使其功能更加符合人的需求。

他们设计了很多款供盲人使用的概念产品。盲人用的卡拉OK机，在手持的麦克风上设计一个盲文触点，可以通过这个位置让盲人摸到歌词，和正常人一样尽情飙歌。

学生洪芳专门去了浙江省盲人学校，与不同年级的盲生交谈。回来以后，洪芳写下了自己的感受。"他们都非常开朗、活泼、健谈，比正常孩子的表现欲更强。无法看到这个世界，他们只感到遗憾，并不怨天尤人。我坚信，只要通过学校的教育，他们一样可以成为对社会有贡献的人。"

后来，这个专业的学生们设计了一个创意独特的魔方，用6种触感完全不同的材料（金属、木头、布、橡胶、硬塑料、石头）构成。"触摸并不是认知世界的唯一方式，但对于盲人来说，却是最好的方式。"设计者说，通过运用日常生活中常见的不同材料，他们可以对许多传统的游戏和玩具进行改造，让盲人也能够体会到其中的乐趣。

碰撞"进出火花"——绝妙点子在于"站对了位置"

按照导师的要求，胡一川在收集关于糖尿病人的资料，他与同伴们正着手开发一种适合糖尿病人穿的鞋。在投考工业设计的研究生之前，他读的是临床医学。

这样的换专业在工业设计专业的学生当中并不少见。2007届的本科生班长姚力宁，也是大二的时候从医学院的临床医学专业转过来的，她的同班同学中，有约三分之一的人，最初进浙大的时候并不在这个专业就读。

"几乎每个学期，都会有外系的学生转进来，也有人会转出去。"这在姚力宁看来，都是司空见惯的事。他们原先有的学园林设计，有的学测控，有的学生物工程，有的学机械。对工业设计系的老师来说，他们喜欢有不同学科基础和思维方式的学生进行思维碰撞，这样才能不断"进出火花"。

那台获得了国际设计大奖的洗衣机，就是这样诞生的。

有一次头脑风暴的主题是"人们还希望洗衣机能带来什么？"有一个学文科

的学生突然冒出一句："我想念晒过的被子里那种阳光的味道"。这种文学式的描述，在不经意间为众人打开了思路。

后来，他们就将模拟阳光的技术整合到了洗衣机的烘干系统中，使衣服烘干的过程更贴近自然。这台世界上独一无二的洗衣机的名字，就叫"阳光的味道"。

"许多和生活有关的东西，人们用了它几十年，甚至上百年，却不一定能想到，如果做一点小小的改变，会带来更大的价值。"工业设计系的学生时常被鼓励，从非常规的视角来观察日常生活。

前两天，有一个学生跑来跟应放天说，他去城市里拍了很多花盆的照片，回来后，发现了一个问题：花要长大，于是人们总要不断地更换花盆。他说，"如果花盆也能长大就好了。"

应放天立刻兴奋了起来，这种童话般的想法，是多么神奇的创意，他甚至立即想到了一种实现的方法。

"创新有时候真的并不困难，难的是你站在什么样的位置。"他打了个比方，"如果你是战地记者，想写点与众不同的东西。那么除了写炮火纷飞、英雄狗熊外，你是不是还可以去写写战场上的动物，它们的生存状态呢？说不定会是篇不错的文章。"

阅读"中国智慧"——创造潜质最终比拼"内心的东西"

有的时候，与陈京昌在一起工作的团队，会是这样的组合：一个电子工程师、一个结构工程师、一个计算机软件工程师。设计师提出要达到的目标，让专业技术人员帮助实现。整个过程，他们就像导演，需要的是"创意"和"整合"的能力。

每学期，工业设计系都会有一门两周时间的工程实践课。像美的、索尼这样的知名企业，会派工程师来给学生讲他们在实际的产品开发中的设计理念。这些多多少少有点艺术小资气息的年轻人，开始了解一些在设计中实实在在面临的问题。

这是一份工业设计系学生的选课单。除了学习素描、色彩之外，他们还要学习设计思维表达、社会学，还会选读艺术史、文学经典、建筑史、美术史，甚至环境与人类文明。

他们希望学生们都能"怀文抱质"，文质相得益彰，内外兼修。尤其是当他们在设计方面小有成就之后，一切的技术都会退居次席，设计大师拼的就是"内心的东西"。对于这些"内心的东西"，应放天的理解是一些"人文的思索"，"诸如对社会的敏锐观察，以及对文化的包容度"。

于是，工业设计系的学生们要接受这样一种训练——"阅读古人的智慧"。他们坐在"则通室"里，研究中国妇女的传统服装，那种大开襟的衣服。从这当中，他们读出了"古人对绿色设计的理解"，这种"单材质"的产品设计思路，今天还流行于诸多设计大师的作品中。

陈京昌有一份自己挺满意的作品，他给它取名叫"流礼"。设计是为了回应这样一个问题："我们这一代，应当给父母什么样的礼物？"

这份去年完成的设计，竟与苹果公司本月即将推出的iPhone手机有颇多相似。同样是全触摸屏外观，通过USB接收电脑硬盘和网络上的多媒体"礼物"（图片、视频等），也可以用蓝牙技术和手机彩信发送和接收"礼物"。

陈京昌说："电子礼物，也会成为一种直观的、可以用来沟通人与人之间关系的礼物。"利用现代高科技的形式，来解答一个传统的人文命题，无疑是一个不错的创意。

陈京昌的榜样也许是他的学长们，他们中间的许多人进入了世界500强企业，开始向"设计总监"的目标努力。"那么，跨国公司看中的是你身上的什么特质？"

"是因为付给你的工资可以比老外低吗？当然不是。"应放天告诉他，也不是因为你能学习欧美的东西，而是因为你能理解中国的东西。与生俱来的中国人的思维方式，长期中华文化的熏陶和积淀，才能让他们的眼睛"为之一亮"。

（原载于2007年6月12日《浙江日报》第10版，记者：蒋蕴 通讯员：周炜）

浙大本科生的"中国设计，欧洲制造"

"为什么要将梯子设计成一截有扶手一截没有？"

"你能保证最下面的一级台阶能够承载4000千克的重量吗？"

……

这是6名来自浙大机械系的大三、大四学生正在参加北卡罗来纳州立大学——浙江大学机械设计课程合作项目的答辩，提问的是国际知名的工程机械生产企业——卡特彼勒公司的老总。最终，浙大本科生完成的"大型推土机人工攀爬梯的改装"项目，因其合理的工程设计、合乎国际标准的安全设计以及降低20％成本的效果，被卡特彼勒公司"相中"。

对于浙大机械系的同学来说，在国际巨头面前介绍自己的机械设计作品已不是第一次，今年7月9日，浙大机械系的学生们受邀来到了全球知名的利乐公司（Tetrapak）上海总部，并正式与利乐公司签订了"二期计划"。

"我们学生在一期的时候帮助利乐公司设计了一个关于检测牛奶包装的创新装置，这个新装置得到利乐公司的认可。"浙大机械工程学系副教授、机械设计学科竞赛基地负责人顾大强说，"现在他们相信我们的学生们有能力将设计转变成直接用于流水线操作的样机。"

"中国设计"

今年3月11日，全球知名的利乐公司（Tetrapak）包装解决方案部总监等一行8人组成的代表团专程来到浙江大学机械工程学系考察。

"利乐总部有一个全球大学合作的部门，专门跟各大著名高校开展共建本科学位论文项目、SRTP（大学生科研训练计划）项目等，当时他们也想来中国找几所大学进行合作，浙大只是候选学校之一。"顾大强说，"当时利乐公司就拿了一些企业的工程问题让这几所大学的学生或老师解决，因为我们的学生有大量的竞赛经验和基础，所以很容易上手，经过两三轮的选拔后，他们觉得我们的学生是最好的，所以浙大顺理成章地成了利乐公司进入中国的第一个大学合作伙伴。"

"做一个机器，能够自动将一个由铝纸和纤维等材料组成的新型枕式利乐包装在不破坏材料的前提下切成两半，中间还得连着，以便持续地检验新包装的质量，确保食品的安全和口味。"这是利乐公司给浙大机械系本科生的第一个本科毕业设计题目。

"难以想象，两个月的时间，他们竟然真的设计出来了，我们通过实验也证明了其真的很有效。"利乐公司包装解决方案部的负责人这样评价说，"利乐包能够有效阻隔空气和光线，让牛奶和饮料的消费更加方便而安全，所以我们对每一个环节都精益求精，在上生产线之前，我们都会将每种新包装进行全面的检测，而给这种新型的利乐包切割的技术，我们始终无法很好地实现。"

在没有浙大设计的这个切割机之前，利乐公司都要求将利乐枕人工进行切割，这样既费时又费力，切口质量也不能得到很好的保障。用了浙大学生提供的自动切割机后，一小时就能轻松地剪出100个符合标准的利乐包。

目前，利乐公司不但为学生的设计买了单，还准备继续与浙大机械系的学生合作完成更多的项目。

顾大强为学生们的设计而自豪，他说："原来都是欧洲设计、中国制造，现在我们也能中国设计、欧洲制造了。"

学科竞赛让创意无限

1995年，浙大在全国首创了机械设计学科竞赛。"当时我们大三有一门课叫机械创意与设计，学生学完以后，老师的感觉是学生光说不练，画了很多图，都自认为很好，但依照老师的经验，这些设计只是纸上谈兵，根本没法实际运用。"顾大强说，竞赛开设的目的，就是让学生上战场真正地打一仗。

只要你有创意，有想法，你就可以招兵买马组成团队，参加浙大的机械设计竞赛。通过半年的时间，你的团队需要设计出"一辆车"，并且要让这辆车"动起来"，这就是竞赛的要求。从1995年至2010年，浙大已经先后举办了15届机械设计竞赛。据不完全统计，2000年至2010年，每届机械设计竞赛约有200～300名学生参加，参赛学生来自机械、电气工程、能源、光电、计算机工程、信电工程、农机、材化和竺可桢学院等多个院系，很多学生是跨系、跨专业组队来参加竞赛。

2004年以后，机械设计学科竞赛在全国范围推广开来。在今年第四届全国大学生机械创新设计大赛慧鱼组竞赛中，浙大完成的"自救电梯系统""模块化沙包筑堤机""防台风树木加固机""多功能救援车"等作品，在全国57所高校选送参赛的138件作品中脱颖而出，分获全国一、二等奖。

"机械设计竞赛不同于程序设计和数学建模竞赛，它需要学生花费更多的时间和金钱，所以推广起来比较难，在国际上也很少有持续做这个竞赛的国家。"顾大强说。

2006年，浙大机械系创新设计实验室诞生了，这是浙大机械系首次为本科生专门设立的实验室。"当时感觉做竞赛，对培养学生的动手和实践能力是很有好处的，但实践这种能力，不能仅仅靠一门课、一次活动来培养，应该是个长期的过程。"顾大强说，实验室的建立，能让对机械专业有兴趣的本科生像研究生一样拥有自己的实验室，做他们自己感兴趣的东西。

2007年，一个叫杨宗银的浙大机械工程及自动化本科生在创新设计实验室发明了一种叫"海上吸油机"的装置，这个装置能在漏油事故发生后快速有效地处理浮油。"那是我读大二下学期参加浙江省机械设计竞赛时的参赛作品，后来还申请到了发明专利。"杨宗银说，是浙大机械系给了他很好的平台，让他能够充分发挥自己的想象力和兴趣爱好，在机械的学科里活得很精彩。现在杨宗银已是浙大光电系童利民教授纳米光子学研究小组的硕士研究生，他的学长对他的评价是：杨宗银倒腾设备能力超强，我们还在研究怎么将设备搭起来的时候，他早已将设备弄好并开始写论文了。

"通过几年的培养和实践，机械系的学生们在动手和实践能力上有了很大的提高，但我们觉得还应该再拔高一点，我们让大三、大四的学生去解决企业中实际遇到的工程问题。"顾大强说。

从"输血"到"造血"

有了一次与世界一流公司合作的机会之后，美国卡特彼勒公司及欧洲最著名的一次性餐桌用品制造商DUNI公司纷纷找上门来。

DUNI公司想出了折出世界上最复杂的餐巾纸的方法，但他们的困惑是无法设计出一台能够完成"折出世界上最复杂餐巾纸"的机器。于是，他们寄来了几万张平均售价4美元一张的餐巾纸供浙大机械系的学生在设计时使用。"我们的学生没花多少功夫就设计出了一台机器，已经基本能够符合DUNI公司的要求了，只是还需要进一步完善。"顾大强说。

有付出总有回报。浙大机械系因与国外的企业合作而有了自己的"生财之道"。顾大强说："虽然浙大每年都会投入大量的经费在组织和参加各级各类学科竞赛中，但竞赛很多，平均分摊到各个竞赛上的资金实在是'杯水车薪'，所以，我们要自己给自己'造血'。"

找寻与世界一流的差距

"虽然我们的学生在设计的创新创意以及动手能力方面已经具备一定的水准，但学生的观念和设计的理念与国际一流还有差距。"顾大强给记者讲述了去卡特彼勒公司设在中国的工厂参观的过程。

卡特彼勒公司对员工进入厂区车间有一定的要求。当学生来到车间的时候，他们被要求戴上耳塞和塑料眼镜，穿上一双硬头的鞋。学生就很纳闷：车间的噪声绝对没有超过六十分贝，比我们马路上的噪音还小，为什么要戴上耳塞？工作人员告诉学生，这是一种规范，也是一种劳动保护的措施。以前，同学们看到的机械企业都是很脏的，但在卡特彼勒工厂，地上看不到一张纸，甚至是一根头发丝。

参与北卡罗来纳州立大学—浙江大学机械设计课程合作项目的浙大机械电子工程大三学生顾彦很有感触，她说，我们设计推土机梯子的时候，卡特彼勒公司说了很多个"不行"，包括梯子的距离、承载重量等。比方说梯子一节一节之间的间距等，都是经过国际认证的，要符合劳动保护和各种各样的规范，对我们来说，这些方面都很难意识到，只有面对国际一流企业的时候，才知道，一个设计不光是技术问题，还有社会责任和道德。

"与世界一流的企业合作，它们的反馈对学生来说是非常有意义的，学生得到的是最新、最前沿的想法或反馈。从中，我们也知道了自己与世界一流的差距到底是什么。"顾大强说。

（原载于2010年8月24日《科学时报》B2版，通讯员：潘怡蒙）

阅读提示：硕果，来源于汗水的浇灌。成功背后的故事，更值得学习。严谨务实的求学态度、互帮互助的团队精神、坚毅执着的科研目标，是打开成功大门的钥匙。科研是一个认识世界的过程，同时也是一个探求人生的过程。他们在"求是"之魂的引领下，学海泛舟，青春不悔。

我在浙大找回了自己

马一浮先生在《浙大校歌》中写道："国有成均，在浙之滨，昔言求是，实启尔求真。"在学术之路上，把握了"求是"和"启真"，就能"登堂"而"入室"。然而，"登堂"仍然有前提，那就是"寻路"。连"路"都找不到，何谈"登堂入室"？竺可桢老校长就很关心"寻路"："第一，到浙大来做什么？第二，将来毕业后要做什么样的人？"因此，每个浙大人都要面对竺、马二老的"学术三题"：寻路、登堂、入室。

我的问题是，尽管"登堂"多年，却迟迟"入不了室"。我是一个文科生，但从本科开始，就对定量研究方法产生了浓厚的"兴趣"，硕士论文把此法前前后后用了一遍，博士一年级还在持续旁听定量课程。多年来也发表了几篇论文，拿了一个省级课题，但就是"找不到感觉"，离"入室"还远得很。机缘巧合的是，"启真杯"让我开始反思"寻路"问题。我读博的第一篇论文《寻根主义》（与导师邵培仁教授合写），就获得了首届"启真杯"浙大学生十大学术新成果提名奖。它给我的刺激在于，我从未写过这样的内容（中国古代传播思想），与研习多年的定量研究更是风马牛不相及。但其含金量不低，这是本硕博所有年级和文理工农医所有学科一起评出的。而能够入围，大概是因为这篇论文被一份CSSCI期刊列为"2013新闻传播十大观点"之首。确切地说，我和导师的论文观点，代表浙大排在第一，排在后面的有人大、中传、清华、暨南大学等教授，都是本学界的大牛。

我很疑惑：为什么定量研究做了那么多年，只能出几篇不痛不痒的文章，而第一次写中国古代思想，一下就能登大雅之堂？当然，首先是因为有"牛"导师邵培仁教授的指导，他希望我以古代思想为研究方向。如果说写第一篇论文是"焦头烂额"，那么写第二篇时就已"找到节奏"，写第三篇则是"渐入佳境"了。但如果换成了定量研究论文会怎么样呢？解答这个问题的是一次智力测验（旁听"高级心理测量"课程的自测）。测完我恍然大悟：我在计算推理能力上的得分很一般，但在几个与人文相关的方面得分很高，如知识面、抽象概括能力、对实际知识的理解与判断能力、词语的表达能力、对情境的理解和判断能力等。这意味着我一直在事倍功半地做研究，因为用的是自己最弱的能力。那为什么我还能坚持那么多年呢？或许原因有三：第一，定量研究方法很新、很"前卫"，我"入行"又很早，自觉抢占了先机；第二，我高考数学考了126分（居然还是文科班里最高），这在很大程度上误导了我，现在想来应该是题海战术的结果；第三，这是最重要的，数学往往是"聪明"与否的指标，我很不愿意承认自己数学差，因为这无异于承认自己"笨"。

现在我必须承认，我是个"偏材"，有"笨"的一面，也有"聪明"的一面，我应该从"社科"转向"人文"。也许这个决定是对的：从高中到本科再到硕士，我几乎没有拿过什么奖，印象中只拿过一次"院级优秀实习生"；但是，自从转向人文（特别是先秦传播思想）以后，我如同"打了鸡血"一般。读博四年，我疯狂买书（1000多本），记了100多万字的读书笔记；发表了26篇论文，其中12篇CSSCI（近23万字），4篇一级，1篇权威（《新闻与传播研究》，2.2万字，封面首推、当期首篇）；拿了2次国家奖学金、2次三好研究生、3次优秀研究生；获得浙大"学生十大学术新成果提名奖"、浙大"争创优秀博士学位论文资助"、优秀博士助学金；即将跟导师合作出版30万字的专著；以学生身份担任学术期刊《中华文化与传播研究》（厦门大学传播研究所主办）的编委。我还惊奇地发现，以前我的口头表达能力很差，但自从会读会写了以后，也变得会"说"了。我受厦门大学传播研究所的邀请，担任厦门大学"文化讲堂"第258期、"中华文化与传播大讲坛"第一期主讲；受浙大校友会邀请，在"启真"读书会上主读《论语》；受浙大博士生会邀请，担任"博士生青年说"第一期主讲等等。

此时我才感到，苏格拉底说的"认识你自己"多么重要。而认识自己何其困难！因为首先得承认自己"做不好什么"，才能明晰"我能做什么"。《中庸》一语道破："天命之谓性，率性之谓道，修道之谓教。"当我读到这里时惊呆了，因为它说，上天赋予的就是天性，顺应这种天性就是道，根据道进行修炼就是教。原来最熟悉的陌生人就是自己，多年的"折腾"居然就是认识和寻找自己。恰如《周易·小畜》所言："复自道，何其咎？吉！"令我感慨的是，我现在所做的事，竟是童年时就喜欢的。小学时，我经常和几个同学畅谈历史故事，特别喜欢先秦历史，但初中以后的近二十年里，除了将其当作考试内容以外，就再也没有"重温"过。直到我的导师给我"命题作文"，"启真杯"又强烈地刺激了我，才使我重新找回了童年的兴趣。陀思妥耶夫斯基说得贴切："最崇高的精神力量，在今后的生活中对身心最有益的感受，莫过于某种美好的回忆，尤其是童年时代从故乡故居保留下来的回忆。"

现在，面对竺老校长的"寻路"之问，我已经有了自己的答案——到浙大来，认识自己；毕业以后，成为自己。也只有认识了自己，才能更好地"登堂入室"，即马老先生说的"启尔求真"。

（原载于2016年5月19日《中国科学报》第8版，作者系浙江大学博士生姚锦云）

阅读提示：浙大机器人，已成为浙大的一张新"名片"。近年来，浙大机器人团队多次出征国际大赛，两次获得机器人世界杯足球赛的冠军。几个个性迥异的工科生，与芯片、螺丝、机械为伴，实现了国足未完成的梦想。他们是浙大学科竞赛中一道闪亮的风景线。

浙大获2013年机器人世界杯足球赛冠军
机器人，踢的是技术

对中国而言，足球世界杯冠军是一个听起来还颇为遥远的梦想。但就在几天前，来自浙江大学的一支队伍"ZJUNlict"在荷兰的绿茵场上英姿飒爽，漂亮地拿下一场世界级足球比赛的冠军。也许你难以想象，夺冠的只是6个不足3000克的小型机器人。

今天，记者在浙江大学见到了这支载誉而归的队伍，队员们兴奋地回忆起难忘而紧张的荷兰之行，还为我们讲解了"冠军级"机器人的浑身奥秘。

"机器人世界杯"的全称是机器人世界杯足球赛（Robo Cup），始于1996年，每年一次的赛事，汇集了全世界高校的精英级机器人。浙大控制科学与工程学系教授、比赛带队老师熊蓉告诉记者，浙大从2003年开始参赛，此前拿到过仿真救援组的冠军。而这一次，6个小小机器人面临的对手更为强劲，"有从1997年就参赛、获得过四次冠军的卡内基梅隆大学（CMU）队，以及日本冠军队"。

那就迎难而上！为了让机器人以更好的状态迎战，来自硬件组和软件组的7位同学用一年的时间对老一代机器人进行了细致的转型升级。"机器人虽然很小，但内部的细节都经过了精心设计。"浙大控制科学与工程学系大三学生、硬件组成员李川打开机器人的外壳，记者看到了一个"机关密布"的微小世界。

三块绿色的电路板，从上而下分别是母板、驱动板和升压板，它们共同组成了机器人的主干。功能上它们各司其职，成为夺冠关键。"母板用于接收信号，

机器人踢足球（卢绍庆 摄）

并第一时间对复杂的信号进行解读和处理，传送给下方的驱动板。"李川告诉记者，驱动板控制着机器人的"腿"——四个万向轮，并实时指挥着机器人的前行或是后退。

机器人在赛场上的自如运动，这四个轮子功不可没。细细一看，四个轮子上还分别安装了16个小轮子，"它们不等同于普通拉杆箱上的万向轮。"浙大控制科学与工程学系大三学生、硬件组成员方立解释，"大轮子、小轮子之间天衣无缝的配合，最终实现机器人各角度、各方位的运动。"

三块电路板中，还有一块升压板"低调"地安装在最下方，但它的功能非常酷——负责驱动堪称机器人核心的两块电磁铁。"机器人的射门、传球靠的并不是那四个轮子，而是更强劲有力的电磁铁。"方立说，机器人的"嘴"用连杆功能，"吸住"足球，一旦找准时机，电磁铁将瞬间充电踢出有力的一脚。"这不同于过去用蛮力踢球，电磁铁的踢法会更有技巧。"

在这场充满着智力较量的比赛中，队员们只能坐在场下当观众，任何人为的操作和控制都被明令禁止。在采访现场，记者发现了一台随同队员们从荷兰归来的戴尔台式机。这台被称作策略机的电脑，凝结了4名软件组成员的全部心血，更是这次"无人化"比赛的最大功臣。

"比赛中会出现各种各样的状况，有的我们能设想到，有的完全出乎意料。"浙大电气工程专业研一学生、软件组成员王群说，队员们把预先设定好的各种策略编入电脑，再利用人工智能技术，让这台电脑成为一个特殊的"赛事分析家"，凭借自身对足球赛事的强大智商，对绿茵场上的机器人发号施令。

在比赛现场，一切情况将通过两台摄录机实时传输到策略机，策略机会自动做出反应，分析情况并将处理方式的信号第一时间通过发射机发射，机器人体内接收信号的母板一得到"命令"，接下去的一切都将按部就班地发生。

在浙江大学，除了这6个"小不点"外，还有不少有着特殊功能的机器人。有能打乒乓球的仿人机器人"悟"和"空"，还有家庭服务型机器人、救灾型机器人和工业机器人等等。那么，为什么要让机器人挑战足球赛？"足球是一项动态运动，它要求机器人在比赛中不断变化，去感知、去适应。现实中的机器人要提升移动水平，可以先在这些足球机器人身上进行探索和试验。"熊蓉说。

（原载于2013年7月5日《浙江日报》第13版，记者：陈宁 通讯员：周炜）

三个工科男的个性成长路

前不久，2013年荷兰机器人足球世界杯竞赛决赛在荷兰埃因霍温落幕。经过激烈角逐，浙江大学在点球大战中以7：6战胜老牌劲旅美国卡内基梅隆大学，获得小型组机器人冠军。

在9个人组成的这支冠军团队中，赵越、王群、戴萧何三个工科男的成长故事引起了我们的兴趣。

不光要有成绩，还要展现思想的光亮，战胜老牌强队后，搜来对手的论文研究

2013年荷兰机器人足球世界杯竞赛，赵越、王群、戴萧何在埃因霍温工业大学的比赛现场，一句人群中的议论"They come back（他们回来了）"，让人感到了一股神秘和霸气。大家在议论的，是美国卡内基梅隆大学队，一个曾经拿过4次冠军的强大团队。

决赛中，浙大团队ZJUNlict与卡内基梅隆大学队相遇，之前双方均一球未失。决赛上下半场赛完，比分还是死死咬在2：2。点球大战随即启动，高手过招，难分胜负，当进球踢到6：6，大家都认为这球要没完没了踢下去的时候，卡内基梅隆大学一记射门直接打到了浙大队"守门员"的身上，球被扑了出来，浙大队赢了。

这次参加比赛的浙大ZJUNlict队，智能和表现都比以往有大大提升，可以根据不同球队的"打法"，在短短几秒钟之内快速修改代码，见招拆招。可是，为什么同样稳定、智能的卡内基梅隆队会犯一个"低级错误"，大家不是特别明白。比赛后，赵越向卡内基梅隆大学的博士领队提出了心中的疑问。

对方的回答让赵越肃然起敬。原来，卡内基梅隆大学采取的是基于物理引擎的随机搜索策略，表现更随机，使人参与决策的程度更少，也就是更加智能。

"他们的'队员'进攻还是防守，会因为历史信息的不同而不同。这种无法预知的表现更接近于人，因此犯'低级错误'也是可以理解的。他们的策略也许是机器人的一个发展方向。"赵越的言语中透露出对对手的欣赏。"针对比赛来说，这不一定是制胜的策略，但可以看到他们不停地在尝试。"

冠军队归来不久，下一步的工作已经展开。赵越说，已经搜到了卡内基梅隆大学那位博士领队的毕业论文，他将好好研究。"不想他们只看到我们的成绩，还要让别人也看到我们思想和理论的光亮。"

不需要水平很高才能加入，有兴趣就好
拧螺丝、写程序，绕着"足球场"踱出解难题的头绪

2008年夏天，黑龙江男孩王群考入浙江大学的工科试验班，这是一个未分专业的大"系"，将来读什么专业，学哪些东西，王群心里都没谱。他参加了一次参观实验室的活动。在玉泉校区控制系一间门牌号为317的实验室，他的眼睛发亮了。

一个十几平方米的迷你足球场上，"跑动"着两个小机器人，像极了两只6英寸大小的蛋糕，却配合漂亮地完成了一个传射——橘色的"足球"直勾勾进了球门。"这球踢得好猛！而且那粒球还是跳起来的。"在这几个机器人面前，王群很好奇，又感到自卑："是不是要水平很高才能加入进来？"身边的一个研究生回答

浙大冠军团队部分成员：王群（左二）、赵越（右三）、戴萧何（右二）（卢绍庆 摄）

他："你有兴趣就可以。"

这是浙江大学的机器人竞赛基地，成立于1999年。每一年，学校机械系、电机系、信电系、光电系、控制系等不同学科的本科生都会加入进来，根据兴趣爱好，分别进入仿人、仿真和小型等组别，参加从学校到全国，乃至世界级的机器人比赛。2013年，在荷兰埃因霍温的机器人世界杯足球赛上，在小型组打败老牌劲旅卡内基梅隆大学问鼎冠军的ZJUNlict队，正是从这里出发的9人小组。

王群加入机器人竞赛基地后，在硬件组的第一个活是拧螺丝，后来开始写程序："抢球"，"控球"，还有杀伤力很大的"One Touch"（拿到球后立马射门），再到这次2013年世界杯的防守策略。每当遇到难解的问题，他就绕着实验室的4米乘6米的"足球场"踱步，最后，总会"踱"出点头绪来。

在317实验室，王群遇到了一个"神人"，此人果断放弃读了半年的医学博士研究生，转而投奔控制系。他就是参加今年荷兰世界杯机器人足球赛的队长赵越。

赵越是湖南邵阳人，2007年考入浙大巴德年8年制医学试验班。大三下半年开始，各种各样的念头与选择在赵越脑中拉扯，是继续读医学博士，还是读工科研究生，将来是要做科研，还是单纯赚钱？就在这样的迷茫中，他开始了几个月的医学博士研究生的生活。后来，这个决定被赵越判定为"随波逐流"。"其实我的思维方式不适合读医。"他自己这么认为。

赵越大二时和控制系的老乡组队参加过学校的中控杯机器人比赛，他觉得控制系可能更适合自己。老师给赵越的答复是，如果从医学转到工科，本科阶段没有问题，但在研究生阶段，国家政策还不允许，唯一的一条路是：申请退学重新考研。

赵越申请了退学，第二年1月，赵越参加全国研究生入学考试，重新考入了浙大控制系读研。"我的人生算是坐了一回过山车，大落又大起。"赵越说。

在比赛现场为英勇的机器人"队员"流下泪水，学到分析、解决问题的勇气和方法，还有坚持

戴萧何比王群小一届，山东烟台人，父母希望他把"学位读得越高越好"。大二那年，他把专业确认到了热门的电气。控制系的一位女生向他发出邀请，希望能和他组队完成一个"自平衡车"的大学生研究训练计划课题。在浙江大学，不同学科的本科生组队做这种课题或者参加竞赛，是一种常态。

一个底盘，两个轮子，是"自平衡车"的核心部件。为了制作"自平衡车"，戴萧何来到了机器人竞赛基地，在这里，戴萧何认识了一位姓马的学姐，跟着她学。学着学着，戴萧何留了下来。听说实验室可以换到更大的房间，他乐坏了，第二天就去买了睡袋，打算24小时都待在实验室。

比王群和赵越幸运的是，戴萧何大三那年就有了一次出国参加比赛的机会。2012年在墨西哥举行的机器人足球世界杯上，一同去的有3个大三的同学。开赛前的晚上，他们把所有的机器人都拆开、清理。第二天，他们与机器人足球界的"翘楚"——泰国Scuba队过招。比赛拼得相当激烈，戴萧何看到，一个"队员"的轮子跑开了，盖子掉了出来，但它仍然很"壮烈"地在拼命跑。

"那一刻，我真的感觉它们是有生命、有感情的，它好像在回应你的期待。"这位工科大男孩没有忍住，在现场为他的英勇的机器人"队员"流下了泪水。

这次比赛，浙大队拿了亚军，戴萧何因此获得了保送研究生的资格，而且可以任意选择专业，他选了控制系。戴萧何承认，没有加入机器人竞赛基地之前，他是个十足的工科"宅男"——上课、睡觉、打网游，过得很无趣。在机器人竞赛基地，有人带着学，他不但学到了很多知识与技能，而且性格方面也改变了不少，"不来这里，我的人生可能会荒掉"。

王群现在念电气学院研究生一年级，他和赵越、戴萧何需要承担起带新人的责任，分享自己的经验。

"对我来说，这个机器人竞赛基地，最重要的是教给了我分析、解决问题的勇气和方法。当然，还有坚持自己的梦想。"王群说。

（原载于2013年8月30日《人民日报》第20版，作者：周炜 余建斌）

机器人世界杯赛中国队击败所有强大对手

冠军机器人，浙大"智"造

在7月26日于巴西结束的全球顶尖机器人足球比赛——机器人世界杯（Robo Cup）中，浙江大学师生研发的机器人击败来自多个国家的强大对手，夺得冠军。这些小小机器人在属于自己的"绿茵场"上奔跑、传接、射门，默契度和精准性令人赞叹。

记者日前来到浙江大学机器人研究中心，凯旋的浙大ZJUNlict团队介绍了"冠军机器人"所蕴含的精妙技术。

"球员"构造精密

我们先来认识一下这些夺冠的小家伙：它们大约15厘米高，3千克重，圆柱形的身材。机器人的腿脚是4个万向轮，由塑料、钢圈、铝和橡胶等多种材料制成，轮子外面还有金属的保护套，以防止它们在激烈的拼抢中"受伤"。

"机器人从电池获得动力，运转速度很快。"浙大ZJUNlict团队成员、主攻电力系统的研究生宣羿说，"它们1秒钟能行驶3至4米。"

机器人身子底下有一个类似打印机中的滚筒装置，可以把机器人足球比赛的用球——一枚染成橙色的高尔夫球吸住，机器人就能像现实中的足球运动员一样带球跑动了。

在传球或射门时，机器人靠的是威力强大的"电磁炮"——它们体内装有电磁铁装置，将小球推射出去，并且有一个调节开关，可以精确控制电磁铁发出的推力的大小，以保证球落到准确的位置。

除此之外，每个机器人还都有一个最重要的大脑：一套处理器系统。

一个足球机器人已是如此精密复杂，而一场比赛中，两队分别派出的是6个这样的机器人，比赛打得精彩纷呈，是谁在操控它们？

答案是：机器人自己。场地上方，两台全景摄像机把各个机器人和比赛用球的实时信息悉数采集过来，转化成数据，传输到参赛队位于场外的计算机里。这台计算机就像一个总指挥：它拥有强大的运算能力，根据数据生成一个球场的模拟景象，分析当前局面，提出下一步的策略。计算机的命令，通过无线技术发送给每一个机器人，后者接收并随即采取相应行动——或拦截，或传球，或射门……

浙大ZJUNlict团队成员、控制科学与工程学系博士生毛翊超说，从摄像机采集信息到机器人做出反应，整个过程耗时仅16毫秒。整场比赛，就是在计算机和机器人的合作下完成的。开场哨一响，任何队员都不能再碰触计算机和机器人。

技术软硬兼备

在机器人足球赛中，双方比拼的不是体能，而是从人工智能到机械电气的一系列软硬件技术。

浙江大学智能系统与控制研究所机器人实验室主任熊蓉教授说，本次夺冠的机器人表现出了更加优异的单车性能，它们运动灵活，又不怕碰撞，球星范儿十足。在决赛中，浙大团队的一台机器人在5个对方球员的围堵下，仍能找到空当射门，球被扑出后，还能再抢下来补射，最终锁定胜局。

编程也很重要。机器人在场上能够协同合作，攻防自如，全靠计算机的规划。队员们编制了60多套战术，并且可以根据场上局势，在1秒内进行战术间的切换。"本次比赛中，我们进一步提升了机器人的人工智能，它们变得更加不容易犯规，在发定位球时也更聪明了。"宣羿说。

在队员们备战的实验室里，几块写字板上密密麻麻地记录了机器人"成长"的艰辛历程。光是在人工智能的完善方面，就包括：点球的进攻和防守、两车防守的漏球问题、传球的判断、后场的挑球和截球测试、射门的优化、接球后转身加速的调节、两车防开球等等一系列细节。这些技术问题被攻克的背后，是反复的编写代码与测试。

在硬件上同样需要队员们亲力亲为，材料、机械、电机、电路，从设计到选型，每个环节都关系到最终比赛的成败。吸球的滚筒用什么材料？用哪种型号的螺丝？弹簧和防静电袋将如何改善机器人的场上表现？对这些看似细枝末节问题的回答，恰恰代表了这个团队的整体水平。

应用前景广阔

为什么机器人世界杯能够年复一年吸引世界各国的优秀技术人才？熊蓉认为，这是一个创新思维和技术能力碰撞的高端平台，驱动机器人在球场上夺冠的技术，可以被应用到现代生活的方方面面。

"比如，机器人在场上传接射门，使用了路径规划技术。而如果要开发一款机器人，在一片广袤的土地上对电网设备进行巡检，就需要这种技术。"毛翊超说。又如，采集场地信息、精确识别出机器人位置的全景摄像机，可以为大型停车场服务，方便地标示出空余车位。在码头，装卸集装箱的工业机器人同样需要装配协作、避障等人工智能。

机器人科技发展水平已经成为衡量一国科技创新能力的重要标志。"在研发机器人的过程中，我们深刻认识到，我国和发达国家还存在着较大差距。"熊蓉说，

ZJUNlict团队成员和老师们（卢绍庆 摄）

"我国的机器人零部件生产水平仍相对落后，浙大夺冠机器人所使用的许多电机设备都是进口产品。"

在"机器人革命"浪潮席卷全球的时代，我国正加快追赶机器人产业的国际先进水平，青年学子研发的足球机器人在世界舞台上取得的优异成绩由此成为一种象征。2015年的机器人世界杯将在我国举行，届时，更加先进的机器人将再赴征程。

机器人足球赛

机器人足球比赛的场地画有中线、中圈和门区。每队由三个边长不超过7.5厘米的立方形的遥控小车（机器人）组成。它们的任务就是将橘色的高尔夫球（足球）撞入对方的球门而力保本方不失球或少失球。比赛规则与一般足球相似，也有点球、任意球和门球等。只是因电池容量有限，每半场为5分钟，中间休息10分钟。下半场结束时若为平局，则有3分钟的延长期，也实行突然死亡法和点球大战。明显不同之处在于球场四周有围墙，所以没有界外球，而在相持10秒后判争球。

（原载于2014年8月5日《浙江日报》第13版，记者：曾福泉 通讯员：周炜）

阅读提示：除了机器人，数学也是浙大学科竞赛中的优势项目。自2000年，六个参赛队伍在国际大学生数学建模竞赛中全部斩获一等奖，浙大学子连创佳绩。凭借优秀的团队协作，出色的课程培养，以及举一反三、融会贯通的独立学习能力，浙大数学建模团队捧回了一座又一座奖杯。

浙大六个参赛队全获一等奖

本报讯　2000年国际大学生数学建模竞赛近日传来喜讯：浙江大学6个参赛队全部获一等奖。这是自1989年我国组队参加该项竞赛以来从未有过的好成绩。

"数学建模"是指根据生产、生活中遇到的实际问题的特点和规律，抽象和提炼出一个数学问题，用数学的工具，包括计算机、信息查询等手段来求解，并将结果经解释验证后用于解决实际，指导生产生活的过程。作为数学研究与经济、社会研究工作交叉组合产生的一个新兴的学科领域，它随着电子计算机这一高科技领域研究成果在生产实际中运用的不断普及而日益重要。

本届竞赛全世界共有376所大学的495个队参赛，获一等奖的比例仅为15％。浙江大学的18名本科生以强劲的综合实力全部获得一等奖，在国内外引起了较大的反响。据担任浙江大学队赛前培训指导的杨启帆、何勇老师介绍，本次竞赛的3道题"航空航天安全飞行的管理与控制及其软件设计""大范围平面区域避免干扰的无线电频道设计问题""南非大型国家公园大象污染的控制问题"，具有相当大的难度，涉及多学科知识的综合运用。各参赛队在统一拿到试题三天内，必须独立完成查阅文献，创建数学模型，探索求解方式，编制程序并求出结果，对研究结果进行评价并提出改进方向，以及用英文写作论文等。

（原载于2000年4月13日《光明日报》科教文卫版，通讯员：彭凤仪 记者：潘剑凯）

国际数学建模赛 浙大学子三连冠

　　新华社杭州4月10日电　　在刚刚结束的2001年度国际大学生数学建模竞赛中，浙江大学学生组成的6支参赛队伍全部获得一等奖。

　　从1999年浙大学子获得国际建模竞赛的最高奖——运筹与管理科学学会奖至今，这所名校的学生已经为中国捧回了三连冠。这也是迄今为止我国高校参加该项国际大赛所取得的最好成绩。

　　"数学建模"是指用数学的工具（包括计算机、信息查询等手段）来解决生产、生活中遇到的实际问题。作为数学研究与工农业生产、经理管理等领域交叉组合产生的一个新兴的学科领域，它随着电子计算机这一高科技领域研究成果在生产实际中运用的不断普及而日益重要。

　　1985年，大学生数学建模竞赛在美国诞生。创办至今，它已成为全球性大学校园学科竞赛的重中之重，是大学生创新能力、实践能力和综合素质的重要检验指标。它的题目都取自在生产和生活中遇到的实际问题和难题，因此没有固定的标准答案。其宗旨在于：激发大学生这一思维最为活跃、想象力最为丰富、动手能力较强的人群，参与到具体的生产生活中，并解决实际的问题。

　　今年的竞赛分A、B、C三类题，A、B两题全世界共有238所大学的768个队参加，C类题有58所大学的171个队参加。经过5天的紧张比赛，浙江大学的6支参赛队以优异的成绩全部荣获一等奖，并一举成为全球参赛高校中唯一连续两年全部荣获一等奖的学校。

（原载于2001年4月10日新华社，作者：单泠 张乐 孙金霞）

创造的魅力
——记浙大数学建模课程的教学与实践

　　韩轶平和余杭、刘威已经大四了，在数学建模教学与实验基地，他们是自由组合的一个稳定小队，他们是好朋友，也是基地教师杨启帆和何勇眼中的好学生。杨老师和何老师眼中对好学生的评选标准有些与众不同，不光是聪明、用功，更重要的是具有独立思考和分析的能力，面对一个没有标准答案的实际问题，能够与同伴合作，在最短时间内找寻到把实际问题转化为数学表达形式的最佳解题途径并用文字将题解表述出来。比如，有一颗直径1公里的小行星将要在南极与地球相撞，这次撞击会对地球产生什么影响？在撞击之后，地球的生态会有什么改变？在3天的时间里对这个问题做出题解，需要有不吃不睡的决心和勇气，但是，如果你没有学过数学建模的话，即便是不吃不睡也没有用。这个问题是1999年国际大学生数学建模竞赛的A题，选择这一难题作解的是浙江大学的杨峻、张子建、刘自强小队，他们不仅完成了解题，而且获得了美国大学生国际数学建模大赛的一等奖。1999年，浙大的6个参赛队都获得了一等奖；2000年，浙大又一次在同一赛事中大获全胜，这是继1998年沈权、杨振羽、何晓菲小组在美国大学生数学建模大赛上获得"运筹与管理学学院奖"之后连续三年成绩居亚洲之最。

　　理学院数学系教授杨启帆是我国高校最早开设数学建模课程的教师之一，他在1990年和1999年分别撰写了两本《数学建模》教材，他是这样描述数学建模课程的：以实际问题为背景，向学生介绍如何运用数学知识建立模型，运用计算机等现代技术手段来解决实际问题，通过教学与实践活动激发学生，特别是非数学专业学生学习数学的兴趣，并培养学生实际动手能力和创造力。

　　还有一位美国数学家，美国的国际大学生数学建模竞赛的发起人，他在上海回答记者为何要将已有14年历史的美国大学生数学大赛改办为数学建模大赛时的提问时说："数学竞赛过于纯粹，没有应用性问题，也不能利用计算工具，不能看参考书，与时代的发展，与真正的科研条件不同，现代科学研究往往要一个团体合作进行。"那是1990年，他说，中国的学生勤奋好学，一定会取得好成绩。事实证明这是一个很准确的预测，在接下来的几年中，我国参加数学建模国际大赛的高校日益增多，参赛的高校数以每年30％的速度增加，每年有几十所高校派出数百支小队参赛。

浙江大学是高校中最早开设数学建模课程的少数几所高校之一，从1983年开始建设数学建模课程起，教师就确立了要以现代的教学思想培养创新型人才的目标。何勇老师对现代教育思想做了形象的解释，他说："传统的教学观要求教师必须先要有一桶水，才能倒给学生一瓶水，我们的做法是，做一个指路的人，教师知道水在哪里，指点学生用正确的路线去找水。"在平常的实践过程中，教师从不干预学生的个性化发展，鼓励他们对问题发表自己的见解，只是在关键时刻发现和指出他们的问题所在。韩轶平小队在1999年的全国竞赛中名落孙山，他们原本对自己的设计思路感觉良好，如此一来，觉得大受打击。他们来找杨老师诉说委屈，杨启帆用了3个小时耐心地听他们讲解自己的方案，认为他们的设计确有独到之处，问题在于表述上的失败，他对韩轶平说，我们是面对面的交流，你们都要用3个小时才让我听懂，评委们怎么可能在短时间里看懂你们的论文呢？杨老师一语击中要害，韩轶平他们明白了一个终身受益的道理：在科学研究中，"表达"与"创造"同样重要。杨启帆也确实是慧眼识明珠，此后，韩轶平小组连续两次在国际大赛中夺得一等奖。

浙江大学校长潘云鹤曾经指导过两位经过数学建模课程培训的学生，他以导师和校长的双重身份对数学建模实践活动做出了精确的评价，他说，浙江大学长期以来坚持知识、能力、素质并重的人才培养方针，数学建模在这方面起了非常大的作用，数学建模要求学生既有很好的数学基础，又要有把实际问题转化为数学表达形式的能力。这在计算机科学的研究中，也是一个基本功。科学研究面对的是大量的社会问题，这些问题要用计算机来解决，首先要将它形式化表达，数学建模提供了这种形式化表达的重要依据，表达为数学模型之后就可以借用数学方法去解决……数学建模不仅对数学建模本身，也对数学及理科教学有很好的启示，为工科学生和农、医等各科学生学习数学提供了一个很好的形式。

数学建模课程独特的实践环节吸引了一大批理工科学生。数学建模课程从选修到必修、从数学系到工科系、从本科生到研究生，形成了以"普及发动、课堂教学、课外实践"为特色的教学模式，使数学建模逐渐渗透到大学教育的各层次。新学年之始，杨教师都要去之江学院为新生举办数学建模课题讲座，用微积分、简单微分方程、线性代数等大学一年级新生已经掌握的数学知识讲解数学建模在解决生产实际问题中的作用，使困惑于"学数学究竟有什么用"的学生豁然开朗。在浙江大学每年开设的300多门选修课中，数学建模课程的选修率名列前茅，是影响最大的课程之一，许多学生甚至不要学分来旁听这门课。每年有600多名学生修读此课，累计已达万人。应研究生院的要求，数学系为还为研究生开设了数学建模学位课，每年有200多位硕士、博士等修读课程，许多研究生带着自己的科研课题来听课，找任课教师一起探讨建模方法。浙大工程教育高级班的一位学生在参加了数学建模研讨班之后深受启发，在总结中写道："进入大学以来，从来没有任何一门功课像数学建模这样吸引我们。它教给我们的不单纯是数学知识……数学建模培养了我们全面、多角度考虑问题的能力，数学建模使我们的逻辑推理能力和量化分析能力得到强化。"据统计，参加过培训和实践活动的大学生中，80％被保送或考取研究生。在研究生学习阶段，经过数学建模课程训练的学生普遍得到导师的好评。在2000年录取的爱因斯特16位项目研究者中，有10位曾经历过数学建模课程训练。

目前，浙江大学将数学建模教学列入了学校"振兴行动计划"，拨款100万元，建立了"浙江大学数学建模实践基地"，基地配置了拥有60台计算机的数学建模、数学实验专用机房和专用教室，建立了数学建模、数学实验教学和培训专用的讨论题库和试题库，为数学建模课程中"上机实验—文献查阅—研究讨论"等各个课外实践环节的活动创造了良好的条件。

（原载于2001年5月30日《浙江大学报》第3版，作者：单泠）

一杆本垒打 捧回特等奖

"棒球杆的最佳击球点是在顶端吗？为什么美国棒球联赛不用金属球杆？"今年2月9日，国际大学生数学建模竞赛在官网公布试题，来自全世界各个大学的2600多支团队参加了竞赛。前几天，国际大学生数学建模竞赛官网公布了比赛结果，3位从没玩过棒球的浙江大学本科生成为全球获得特等奖（outstanding winner）的13支队伍之一。

数学建模是数学走向应用的必经之路。美国大学生数学建模竞赛是最著名的国际大学生竞赛之一，初始于20世纪80年代，比赛采用通信方式进行，要求以3个本科生组成一个小组，在4天时间内，就指定的问题完成从建立模型、求解、验证到论文撰写的全部工作。据了解，浙江大学自2000年参赛以来，已经获得3次特等奖、40多次一等奖。

获得2010年比赛特等奖的浙大小组3位成员分别是来自机械系的岳作功、控制系的赵聪、高分子系的阳宇光。他们是在上"数学建模"这门课时认识的，都是杨启帆教授的学生。

参加这样的比赛怎样才能获胜？3位大三本科生说，制胜法宝在于改变思维方式，从问题出发去寻求知识和解决之道，这样比较容易保持求知的热情和学习的信心。

比赛开始的第一天，从网上拿到题目——"棒球杆优化设计"之后，3位大学生眼前一亮，"但一亮之后，就立刻黯淡了。"岳作功说，我们都不了解棒球，甚至连碰都没碰过。

于是，岳作功和阳宇光相约去图书馆寻找相关工具书，赵聪则负责上网搜索信息。经过一天的搜索，顺藤摸瓜，赵聪找到相关的论文四五十篇，都是英文的，字体缩小后正反打印出来还有厚厚的一摞，当天，三人分头开"啃"。

随着问题的深入，他们发现，建模还涉及棒球杆的结构和材质的问题，于是，大家又分头去研究软木、橡胶、铝等不同材质的特性。一天下来，终于把"这究竟是一个什么样的问题"基本理清楚了，对于解决问题的框架，也有了初步的打

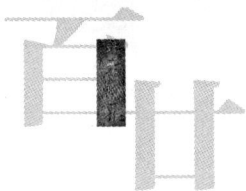

算。一个无从入手的问题开始渐渐有了眉目。

"每一次都是从问题出发去找解决办法，许多知识要靠自学，不知不觉中就学了很多相关的知识。"岳作功自己经常去旁听不同专业的课程，在他的书架上，除了七八个方向的数学类教科书外，还有各类计算机软件、环境、生物等方面的书，甚至还有哲学书。

赵聪说，是数学建模课改变了他原有的思维方式，做到这一点他差不多花了整整一年的时间。改变是从上杨启帆老师的"数学建模"课开始的。"他的课像故事课一样，每次都是从案例开始，一个案例起码讲一节课。"赵聪记得很清楚，杨老师大一时第二次课讲的是"养牛场的养殖户如何才能不用动秤，就比较准确地目测出牛的重量"。

"这种从问题出发的学习，让我们改变了学习的方法和状态。"岳作功感叹说，"我们从小学起，就开始学习各种方法，所做的题目就是为了掌握一种方法，于是走入一个误区，总是认为知识学得越难越好，就像解题，以为用到越高深的知识就越好。长此以往，让我们忽视了对问题本身的分析和关注。而从问题出发的学习，不但让我们开始重视对问题本身的分析，还让我们保有了对新鲜知识的兴趣和解决新问题的信心。"

（原载于2010年5月3日《浙江日报》第8版，通讯员：周炜）

阅读提示：从今天起，让浙大设计走进世界生活。2006年，浙大计算机学院产品创新设计团队一举拿下德国红点设计奖中的三个席位；在2010年德国IF材料趋势设计奖评选中，浙大学生的作品占据了九个获奖席位中的四席。而这些只是浙大学子获得设计方面诸多奖项中的两个例子。大奖的背后，是生活的点滴感悟，更是教育的创新实践。

从今天起，让我们有创意地生活

在日常生活中，每当看到一件非常简单却又非常有创意的东西时，我们往往会惊叹：我怎么没想到呢？的确，创意就是这样在不经意间，用简单、实用、美观和便利打动了我们的心。

创意越来越多地被挂在嘴边，也越来越多地出现在我们的生活中。小到居家用品，大到建筑交通，很难想象，失去创意的生活将是什么样的。

浙江大学的学子们在用自己的创意获得国际大奖的同时，也提示我们，生活应该充满创意。

摘得奖牌的那一刻

11月24日晚，2006年度德国红点（red dot）设计概念奖在新加坡红点分会场举行了盛大的颁奖仪式。浙江大学计算机学院工业设计系产品创新设计团队恐怕是参加今年"红点"赛事的最年轻的设计师，依靠创意发力，凭借卷纸拖鞋（coil slipper）、五彩音乐盒（colorful music box）和小家伙针筒（sonny），他们一举拿下红点设计奖中的三个席位。

德国红点设计奖拥有50多年的悠久历史，与IF、Idea并称世界三大顶级设计奖。每年，一些杰出的行业产品设计、传播设计和概念设计作品因其达到设计品质的极高境界而被授予红点奖，梅赛德斯·奔驰、苹果电脑、法拉利、保时捷、诺基亚等的产品都曾经在红点的奖台上大放异彩。

来自40个国家近千份作品参加了这次比赛，获奖者中既有在设计行业摸爬滚打多年的国际性企业，也有资深设计人士，更不乏富有朝气的新生代创意设计师。而浙江大学工业设计系产品创新设计团队的成员们正是这样一群新生代创意设计师。

创意就是要改善生活

在他们的工作室，桌上是他们的设计图纸，吹风机、电熨斗都有着流线型的外形和实用的功能。墙上的白板上写着他们近期的工作计划，除草机、家具也是他们涉及的方向。团队成员许智源说："我们做的一切，就是要改善生活。"

许多创意都存在于感性的层面，可如何更好地被人们接受，并且运用到生活中去，则需要考虑更多方面的因素，比如，如何量化生产，使用者的感受如何等。

在本次获奖的三件作品中，有着鲜艳色彩和可爱造型的针筒注射器是最为卡通的一件了。注射器上各种颜色的面孔，可以减少病人，尤其是孩子在注射过程中的恐惧和痛苦，注射完毕后，简单的一个动作——拔出卡通推柄，就可以毁掉这个一次性的注射器，而这个可爱的笑脸则能作为孩子的玩具。"在这件设计作品获奖后不久，我们便得知了一个让我们高兴的信息。"许智源说，"来自美国的一项调查研究显示，五彩斑斓的注射器能够减少患者的痛苦和恐惧感，最高能减少50%。"这无疑是对他们的一个激励。"我们感觉，自己的设计与国际趋势还是走得很近的。"

热情是最好的动力

采访中，我获得了一本产品创新团队的作品小册子，里面介绍了许多他们的成功作品，而在小册子的扉页，一句话让我感触颇深——work with passion。翻译成"热情地工作"也好，"工作得有热情"也罢，总之，热情在这个团队看来是那么的重要。

团队有将近20个成员，而很多成员之前学的并不是工业设计专业。也正是因为有那么多学着不同专业的成员走到了一起，才使这个团队充满了热情与能量。

热情是能量，热情同样是考量一个成员能否继续在团队中活动的标准。许智源开玩笑地说，他们团队里也是有淘汰制的，只不过不像普通单位里那么严格、无情。"其实当一个成员失去工作热情时，他自己肯定是第一个知道的。"章行补充说，"我们不会拒绝一个没有能力的成员，但我们更希望得到一个有热情的成员。"

头脑风暴不缺点子

那么多人聚在一起，随便头脑风暴一下，点子绝对不是问题。在为红点设计大赛做准备时，产品创新团队前后加起来一共产生了600多个点子，经过两个多月的筛选，最后选送了十多件作品参赛。

"上到月球漫步，下到居家用品，我们的600多个点子几乎涉及任何领域。"许智源和章行开始回忆当时是如何产生"月球漫步"的点子的。一次从工作室出来，路过一幢刚刚落成的大楼，他们俩看见了几个飘在空中的大气球，就上去随手拉了一下。"拉了一下的感觉很奇妙，而脑子里马上就产生了'月球漫步'的想法——如果气球有足够的拉力，能与我们自身的部分重力抵消，那么人是不是会产生漫步在月球上的感觉呢？"许智源笑着说，一旁的章行马上补充："这只是在地球上模拟月球漫步的感受，不过如果能开发得好，说不定不久的将来，迪斯尼乐园又将有一个新的游乐项目了。"

看不上没创意的东西

因为老是和创意、设计打交道，逐渐地，这群年轻的设计师们发觉，自己过上了越来越"奢侈"的生活。"我们所说的'奢侈'不是普通意义上对价格和品牌的要求，而是对创意的要求。"许智源说，"因为我们看不上没有创意的东西。"

说得严重点，没有创意、平淡无奇的东西在他们看来，也许是无法忍受的，

他们宁可花更多的钱去买一件同等功效但更有创意的商品。外形创意也好，功能创意也罢，只要有创意！

团队成员们聚在一起，经常会谈论创意的问题，而iPod被谈论到的频率最高。"iPod的功能如此平淡无奇，价格上也没有任何优势，音质也一般，可为什么无论在国内还是国外，它依然卖得那么好呢？"许多成员都有过这样的疑问，而他们中的不少人都有一只甚至两只iPod。其实也是创意在"作祟"——iPod一问世便是一个划时代的产品，它的设计师曾经是个卫浴洁具设计师，这多少让iPod的外观与别的同类产品有不小的区别；它的圆形操控装置，人性化、灵敏，独一无二；专有的歌曲下载系统让用过的人赞不绝口……"再看看那些缺乏创意，仅仅提供单一功能的产品，喜欢iPod还需要理由吗？"他们的反问，让我哑口无言。

不想copy，也不想被copy

作品永远是作品，即使获奖了也一样，只有进行量化生产后，这些有创意的设计才能真正走入我们的生活。而量化生产，并不是一件简单的事。

在产品创新团队的作品小册子中，我注意到每一件作品的介绍下面都有"全新开发，发明专利正在申请中"的字样，此次获奖的三件作品也不例外。可在成员们看来，他们的版权不是申请专利能保护得了的。

"我们的设计作品大多贴近生活，并且没有太多的技术含量，这样的作品设计出来难，可要copy（复制）是再简单不过的了。"许智源显得有点无奈，"所以有时候，我们会自觉不自觉地在一些设计作品里加入一些技术含量，减少它被copy的可能性，其实这也是无奈之举。"

备战米兰家具展

还没完全从红点设计大赛获奖的喜悦中走出来，产品创新团队的成员们已经一头扎进了另一场展览——米兰家具展——的筹备中。目前，浙江大学工业设计系已被确定作为2007年度中国唯一受邀单位参加米兰家具展，每年受邀的国内院校只有一家。

　　从白板上简单的工作安排不难看出，此次他们的设计方向依然贴近生活。"不过米兰家具展不像红点设计大赛那样范围宽泛，设计作品都要基于家具的主题之上。"许智源打了个比方，桌子还是一张桌子，可它还能用来当救生船还是防身武器，那就要看各位参展者的创意如何了。

（原载于2006年12月15日《钱江晚报》B4版，作者：马焱）

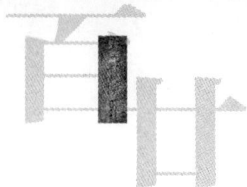

工业设计，体悟创意生活

近日，2010年度德国IF材料趋势设计奖正式公布获奖名单。浙江大学工业设计专业大放异彩，在9个获奖设计中，浙大学生的作品就占据了4席，分别是Transformable Mat、BambooO-pen、Acid-Umbrella和Utape。今年4月，这些作品就将和西门子、索尼等知名公司的获奖设计一同在德国汉诺威展会上展出。

德国IF设计奖是世界三大设计奖之一，迄今为止，浙江大学工业设计系已经获得包含概念设计奖和材料趋势奖等在内的12项德国IF设计大奖。

是什么构成了工业设计的魔力？是什么造就了浙大工业设计的传奇？

带着疑问与期待，记者走进了浙江大学工业设计系。

"生活就是一种设计"

工业设计专业的专业教室布置得活泼新颖又不失实用性。一张张极富个性的照片布满墙面，一件件独运匠心的作品摆满橱窗。杭城初春，暖风掠过启真湖，又拂过门廊，阳光透过宽大明净的窗子铺洒进来，带给人说不出的轻松惬意。

工业设计是什么？学生们用他们的作品告诉了我们答案。此次浙大的获奖作品——变形杯垫、竹笔、酸雨伞和通用胶带，将淡雅的颜色和恰到好处的装饰融入环保、人性的设计中去，令人拍案叫绝。工业设计不仅是一种产业，更是一种社会文化形式。它统筹合理的创意、合适的材料、可行的技术来谋求产品实用、美观、环保的统一，体现了科学与艺术的结合，是典型的知识经济。有人说，工业设计师拥有两个锦囊，一个装着艺术家的思维，一个装着工程师的技术。"我们不仅仅在学设计，更是在学习以设计师的眼光来看待生活。我们体验生活，感悟生活，享受生活"，工业设计专业2007级学生邱懿武用这句话来概括自己对工业设计的理解。

整合培养，交叉创新

工业设计专业的特点决定了它与众不同的人才培养方式。没有刻板的黑板讲台，露台上的小桌见证了无数灵感的诞生；没有鲜明的师生界限，老师和学生平等地交流思想，其乐融融；没有固定的教科书，甚至购物也能成为学习和理解设计方法的一种直观方式……争论是工业设计学生的家常便饭，也是加速灵感迸发的催化剂。一时找不到思路，大家就会尝试"头脑风暴"，你一言，我一语，将众人思想的火花拼接成绚丽的烟火。

工业设计未来的发展迫切需要三种工程人才，即技术集成创新人才、产品创意设计人才、工程管理经营人才。因此，工业设计专业的学生不仅要掌握设计，还要了解技术和商业方面的背景知识。为了让学生深入一线，了解企业的生产实际，浙江大学与政府部门合作，在全省设立了面向区域产业特色的七个分中心，为师生提供了产、研、学结合的创新创业平台。工业设计对学生的整合培养，可见一斑。

工业设计，任重而道远

在发达国家，设计是一门普及课程。在国民整体创新意识的提高上，工业设计功不可没。工业设计的产业化也已相当成熟，市场需求旺盛，行业利润不菲。在推崇设计的瑞典，设计师这一"闪光"职业更是许多瑞典大学毕业生的首选工作。

而在中国，工业设计尚属于国民经济的薄弱环节，创意和生产脱节，高校师资不足。作为中国最富活力的创业中心之一，浙江省非常重视在工业设计领域的对外交流和投入，为工业设计的发展提供了前所未有的机遇。

在浙江省"创业富民，创新强省"理念的指导下，浙大工业设计系广泛开展与国内外知名大学的合作交流。2009年，浙江大学与有"世界理工大学之最"、全球高科技和高等研究枢纽美誉的麻省理工学院，联合成为新加坡技术与设计大学的合作伙伴。

截至记者发稿时，浙大工业设计专业又斩获4项德国IF概念设计奖。据悉，近

几年，浙江大学工业设计专业共获得国际大奖50余项，本科毕业生人均拥有4项专利，毕业生参与设计了北京奥运会火炬和2010年广州亚运会火炬……工业设计，这个后工业时代的浪漫歌者，必将以其天马行空的方式吟唱我们的个性生活，优化中国的产业结构。

（原载于2010年3月19日《浙江大学报》第3版，作者：梁湜西 张寒）

阅读提示：除了生活设计，浙大学子在程序设计领域也屡屡收获佳绩。国际大学生程序设计大赛总冠军，国际大学生ACM设计大赛总冠军……浙大学子用自己的程序，创造出了奇迹，为母校和祖国争得了荣誉。他们在竞赛中寻找知识，更寻找快乐与成长。

中国之星在闪耀
——第35届国际大学生程序设计大赛总决赛侧记

就像奥斯卡颁奖典礼一样，公布结果前的一分钟最难挨。此刻，莫璐怡正在忍受着这种"煎熬"。

5月30日，下午2点，在美国佛罗里达州奥兰多Peabody酒店国际会议中心，莫璐怡所在的浙江大学与美国密歇根州立大学安娜堡分校正在争夺第35届国际大学生程序设计大赛（ICPC）总冠军头衔。而在此前，美国大学以一题优势把几乎领先了整场的清华大学甩在了身后。

欢呼声、口哨声响起。"这是近几年美国大学在该项赛事中取得的最好成绩。"站在记者身旁的ICPC中国赛区指导委员会秘书长周维民说，"这下就看浙江大学了"。

空气仿佛已经凝固。莫璐怡不由地握紧了拳头。

时间过得很快又很慢。当主持人宣布浙江大学同样答对8道题，用时更少，排名第一时，现场响起了热烈的掌声、欢呼声。

此刻，中国大学再次站在了世界之巅。这是继2010年上海交通大学获得总冠军后，中国代表队首次蝉联该项赛事总冠军。同时也是该项赛事自举办的30余年里，唯一包含女队员的总冠军。

"这项荣誉属于队员，属于浙大，属于中国。"不经意间创造了历史的莫璐怡激动地说。

ICPC由美国计算机学会（ACM）主办、IBM赞助，是全球历史最悠久、规模最大、声望最高的编程比赛。该项赛事充满悬念，要求3人共用一台电脑，在5小时解出11道题目。试题为纯英文，队员们必须先理解题意，然后选择一种编程语言，按照题目的格式要求给出解题方案，之后提交解题源代码。裁判首先用计算机判题，如存在疑问，则由资深工程师、教授组成的裁判组判断。

总决赛用的考题由裁判事先拟定，并全程保密，甚至连赞助商IBM的高管也是在开赛后才拿到题目。

"与其他计算机程序竞赛相比，ICPC的特点在于其题量大、团队作战、题目以基础科学为主但又强调现实应用。"浙江大学教练王灿告诉记者。

近年来，该项赛事得到国内高校的普遍认同与积极参与，并取得了优异的成绩，上海交通大学曾在2002年、2005年、2010年三夺冠军。

ICPC中国赛区指导委员会秘书长周维民介绍，中国的参赛队伍数量连续多年保持高增长，去年中国区预选赛有5725支队伍参赛，占全球一半以上。"晋级总决赛的中国代表队也在逐渐增加，已接近20支队伍。"

北京大学、香港中文大学、台湾大学等大学的22支团队参加了本次总决赛。最后，清华大学位列第三。北京大学、上海交通大学、香港中文大学、中山大学并列第13名。

"近几年中国的参赛队伍成绩都不错，他们很聪明，很勤奋，这反映了中国计算机教育有了一定的进步。"从1997年开始，IBM开始赞助本项大赛。IBM软件战略总监Doug Heintzman一直关注着中国学生的进步。

"有3个原因使我们持续赞助这一赛事。"Doug Heintzman表示，"第一，全球在程序设计方面最有创新能力的学生脱颖而出，可以促进IT业乃至其他行业的快速发展；第二，我们可以通过大赛找到需要的人才；第三，作为有责任的企业，还需要积极营造解决行业和社会难题的和谐氛围。比赛不仅锻炼了参赛选手的程序设计能力，还激发了他们关注和解决社会难题的能力。"

（原载于2011年6月8日《科技日报》第9版，记者：申明）

坚实基础 快乐竞赛

——记获得第35届 ACM 国际大学生程序设计竞赛总冠军的浙大参赛队

6月3日下午两点半，上海浦东国际机场出口处，当为学校争得殊荣的第35届 ACM（国际计算机学会）国际大学生程序设计竞赛浙大参赛队一行出现在前往接机的师生视线中时，人群沸腾了！鲜花、掌声、祝贺、欣羡、闪光灯、欢声笑语，纷至沓来……浙江大学团队于5月30日在美国第35届ACM国际大学生程序设计竞赛荣获全球总冠军时，全校师生反响热烈，校党委书记金德水和校长杨卫在第一时间给参赛队发出贺电，致以祝贺和感谢。学校指派本科生院和计算机学院在参赛队回国的第一时间举行欢迎仪式，向凯旋的参赛师生送上鲜花。回校当晚，计算机学院举行欢迎晚宴，以示庆贺。

随性·理性·知性

巫泽俊、欧阳嘉林、莫璐怡作为本次参赛队的三位成员，他们的名字将载入浙大史册！

随性——穿着休闲装出国去，捧着奖杯归校来。巫泽俊，计算机学院一年级研究生，是队内的灵魂人物。"我接触到ACM比赛是个比较偶然的机会。"巫泽俊说，"大一时有计算机语言公共课，平时的上机实践作业就是模仿这个比赛的形式做一些语言基础练习的题，就觉得挺有趣的。后来知道学校有一个题库，做着做着就着迷了。"此次是他第二次参加这一国际赛事。在2009年的第33届ACM国际大学生程序设计总决赛上，他和两名队友以5小时完成7题的成绩夺得银牌。时隔两年，有了丰富参赛经验的巫泽俊和新队友一起再次参赛，并顺利登上全球总决赛冠军奖台。

理性——思维敏捷，字字珠玑。欧阳嘉林，同为计算机学院一年级研究生，他从大二开始加入ACM校队，有意思的是，在这个三人组成立之前，他跟其他两位分别组队合作过，并在各级各类程序设计大赛中拿奖拿到手软，他对于这支队伍的融洽构建功不可没。本次比赛中的"开门红"——第一道题的解答，就是由他独立完成的，这一方面体现了他个人的卓越实力，另一方面也体现了队友之间的充分了解与信任。

知性——气质美如兰，才华馥比仙。莫璐怡，数学系大四学生。作为队中唯一的女生、本科生、非计算机专业学生，她的存在让这支队伍充满了一种别样的活力。早在去年年底，她就因获得2010年度全国大学生数模竞赛本科生组最高奖，也是唯一一项最高奖——"高教社杯"奖而在校内名声大噪。此次再次代表学校获得国际荣誉，可谓百尺竿头，更进一步。当然，能取得这样的成就绝非偶然，中学时的莫璐怡便曾连续五年获全国青少年信息学奥林匹克联赛省一等奖，保送浙大后投身ACM竞赛也已整整四年。由此可见，扎实的基本功及坚持不懈的学习才是她"巾帼不让须眉"的不二法宝。

兴趣，是三个人共同提到的一个词。兴趣是最好的老师。是兴趣，让他们孜孜不倦地阅读学习ACM方面的知识；是兴趣，让他们在每次训练比赛中都事半功倍；是兴趣，让他们走到一起，组成一支队伍，为了同一个梦想而奋斗。"既然选择了，就一定要把它做好。"正是抱着这样的信念，他们才一步一步走到了最后。

三个有不同性格、不同专长的人，交叉学科和专业，通过这样一次大赛的洗礼，不但实现了共同的梦想，完成了自身的一场蜕变，也从彼此身上学到了很多，结下了深厚的友谊。

相信此次夺冠，将是他们漫漫人生路中一段极为璀璨的回忆。

魔术之城终创奇迹

提起美国奥兰多，熟悉美国职业篮球联赛（NBA）的人马上就会联想到一个词——魔术。正是在这座魔术之城，浙大人以其务实的求是精神，扎实的技能训练，娴熟的团队配合，后来居上，成功捧得第35届ACM国际大学生程序设计竞赛国际总决赛冠军奖杯。这一刻，全世界的眼球为之聚焦，遍布全球的50万浙大校友为之骄傲，为之自豪！

"我应该是最早发现我们夺冠了的人。"浙大参赛队教练王灿激动地说道，"大家在网上看到的那张我举着V字型手势的照片，其实是在组委会宣布成绩之前拍的。当时正式结果还没出来，我们就对着大屏幕仔细地计算各队的最终得分，当我看完所有可能对我们夺冠造成威胁的队伍之后，发现我们的确是第一，就兴奋地大叫起来。"

三位参赛队员也表示，比赛之前的目标是要保奖牌、争金牌。但在结果出现之前，他们真没敢奢望过一下子就拿到冠军。"总的来说，比赛过程中还是比较顺利的，1至4题的时候我们一直保持第一，在第5题上多花了点时间，但名次始终保持在前列。所以我们感觉这次应该有机会夺金，但没想到能够夺冠。"在进行了4个小时的角逐之后，浙大以完成6题的成绩暂列第4。为了提升比赛悬念，最后一小时大屏幕上的排名停止更新。"在最后一小时中，我们连续解决了两道题，其中最后一题更是在比赛只剩10分钟的时候完成。结果很幸运，两题都答对了。"莫璐怡说道。也正是这关键的一小时，让浙大代表队峰回路转，柳暗花明，最终笑傲群雄。

"其实，经过去年总决赛之前的亚洲预选赛选拔，我校有资格前去参加国际赛的有3支队伍，最后依据当时比赛的成绩及平时内部模拟训练的结果，决定派我们3人代表学校出赛。可以说，我们3个是带着整个学校的希望走出国门的。"巫泽俊感慨道。

"此次8道题我们全部都是用C++来做的，虽然大赛的规则有C、C++和Java三种语言可供选择，但实际上只要能熟练掌握一种即可。万变不离其宗嘛。"欧阳嘉林说，"比赛时可以带一份25页的打印资料进场，上面主要是一些模块的积累。浙大的这份数据是自2002年开始集全校之力在进行维护的，所以参考价值很高。"

团队合作是本次比赛夺冠的关键所在。"若是单比个人能力，可能我们与世界一流高校的学生还有一定差距。"本次比赛中，11道试题被装在一个密封信封中，比赛开始后，三人将题目分为三叠，一人一叠进行研读。期间有分工有合作，有人穿针引线，有人一锤定音。五个小时的比赛有张有弛，三人冷静思考，沉着应战，团结协作，优势互补，齐心协力，共同缔造了这一历史。

此次竞赛的夺冠，也标志着浙大在程序设计竞赛领域正式跻身世界先进水平。

坚实基础铸辉煌

从20世纪90年代末投身这一赛事，2003年起连续9年打入国际总决赛，2009年在第33届ACM国际大学生程序设计竞赛中以第6名的成绩获得银牌，直到现如今的"一战成名天下知"，浙江大学在国际大学生程序设计竞赛这个舞台上一路走来，一直在努力，不断在进步。

"每年7月份，学校就会开展集训队的人员选拔工作，共选出15人组成5支队伍，8月份开始集中训练，之后就会前去参加亚洲区的选拔赛及国际赛。"巫泽俊介绍道。

在近年来的学科竞赛中，浙江大学始终以"创新人才培养"为己任，先后建立了18个校级学科竞赛实践基地。其中的程序设计竞赛实践基地便是一个优秀典型。基地实行学生团队自主设计、自主管理、自主命题、自动运行等管理模式，自从2002年3月1日，由程龙、周建刚、尹航3位同学搭建了在线裁判系统以来，"浙江大学ACM网站"（http://acm.zju.edu.cn）至今已平稳运行10年，访问量已逾80万人次，公开提供练习题目超过2500道，提供面向全球的公开在线竞赛100次以上，拥有来自世界各国的在线注册用户近20000人，在线提交接近200万次，是目前全球唯一一个坚持举办原创、高质量月赛的在线裁判系统，吸引了全球很多高手和强队。

计算机学院有关负责人说，国内众多高校纷纷效仿我校模式，争建在线裁判系统。浙江大学ACM网站为我校集训队的训练和比赛提供强大支持的同时，也为兄弟院校开展校内的各级各类竞赛活动提供了平台和技术支持。

欧阳嘉林说："浙江大学程序设计竞赛实践基地所倡导'快乐竞赛'的理念让我们受益匪浅。我校不是靠高强度、长时间的填鸭式训练来获得能力的提升，而是依靠队员们发自内心的兴趣，由衷感谢学校为我们提供了这么优质的后勤服务及学习环境，让每名队员都能安心、快乐地训练。"

"通过竞赛，学生们不仅收获了知识，而且在能力上得到了全面锻炼，特别是独立意识和团队精神的增强，对他们未来的发展有着深远的影响。"本科生院有关负责人说。

这届代表队所获得的巨大成功，无疑给整个程序设计竞赛实践基地的队员们打了一针强心剂，但也在无形中给今后的参赛选手增添了几分压力。几位集训队的成员、明年的参赛候选人却表现得十分豁达："都已经拿冠军了，我们总不可能比第一更好吧，所以也就没什么压力啦。"

良好的心态，过硬的实力，当然也少不了一点点的运气，成功，就这样不期而遇。当然，这样的成功我们总希望可以多点、再多点。这样，浙大争创一流才能更有底气，浙大的"求是创新"精神才能更好地发扬光大。

（原载于2011年6月10日《浙江大学报》第1版，作者：余列平）

阅读提示：走出学校课堂，放眼社会发展大潮，浙大学子的研究成果同样令人瞩目。近年来，浙大学生团队在"挑战杯"大学生课外学术科技作品竞赛中多次获得特等奖。学子们基于科研实践所提出的"浙江省高校创新教育模式与发展路径""关节软骨组织工程生物医学材料研究"等课题，推动了社会各个领域的思考和发展。

创业成功率为何不能破4%大关
——记第十三届"挑战杯"特等奖获得者陈敏洵及其团队

前不久，浙江大学学生陈敏洵和同学组队参加了"挑战杯"大学生课外学术科技作品竞赛，对高校创业教育背后的问题进行了调查研究。在对浙江省不同类型高校的创业教育模式进行总结、比较和分析后，他们提出了高校开展创业教育的新路径。

最终，他们完成的作品《一厢情愿到两情相悦——浙江省高校创业教育模式与发展路径》在2013年10月夺得了第十三届全国"挑战杯"特等奖。专家评价说："鲜活的第一手材料为我们提供了丰富的研究素材，项目具有重要现实意义。"

而就在去年夏天，全国有699万普通高校毕业生。高校创业教育进行了这么多年，积累了无数的经验和做法，但是在这个最难就业季，高校毕业生创业成功率仍然难以突破4%，这是什么原因呢？在"加强高校创业教育，以创业带动就业"的呼声中，究竟该如何加强高校创业教育呢？陈敏洵团队给出了答案。

调研源于回答不了"为什么"

陈敏洵是浙江大学管理学院的本科生。她所在的学院有获得国务院学位办授权的、亚洲第一个创业管理二级学科博士点，有采用"企业家导师带徒弟"培养模式的"求是强鹰实践成才计划"。身处这样浓郁的创业教育氛围中，陈敏洵对于创业教育自然有着不一样的情怀。

　　细心的她发现，尽管浙江省的创业教育开展得红红火火，然而作为全国大学生创业成功率最高的省份，浙江省大学生创业成功率也仅为4%，而西方国家大学生的创业成功率普遍可以达到20%。

　　为什么？陈敏洵找了许多创业教育的研究资料来看，但她越看越觉得很多研究都是"从理论到理论"。她想起老师的一句话："不亲自去调研，就搞不清楚情况，也就想不出针对性建议。"2012年6月，陈敏洵相约经济学院的何其蔚、计算机学院吴琛等7位同学组成了一个项目组，申请参加了"挑战杯"比赛，一起开始了长达近一年时间的调研。

　　调研之初，陈敏洵联系了几位曾在学校接受过创业教育的毕业生。他们对于创业教育的看法惊人的一致：大部分主动接受创业教育的人其实并没有想明白是否要创业。王学长讲了自己的故事："我们几个同学一起报了学校的一个创业辅修班。面试的时候发现这个辅修班还挺热闹，很多人都做了精心准备。为了了解其他同学的实力，我跟他们聊天，发现他们对创业的了解还没有我了解得多。"这个班里很多人是来凑热闹的，觉得这个班很牛，也想亲身经历感受一下。虽然辅修班进行针对性创业教育，但侧重于传授普及性知识，真正想创业的学生往往会觉得不够有劲。

　　情况真的如此吗？在创业教育上，学生所需与学校所供究竟是不是合拍？在后来的访谈中，陈敏洵又听到了许多不同的说法。团队成员决定到其他学校去实地看看。在接下来的大半年时间里，团队成员走访调研了杭州、宁波、温州、金华、上海等地10所高校，并挑选了研究型高校浙江大学、教学型高校温州大学和职业教育型高校义乌工商职业技术学院作为问卷调查样本。

创业教育"供需"严重不匹配

　　在义乌工商职业技术学院的调研令人印象深刻。去之前，团队成员曾经打电话联系学校老师，却被对方以"近期来学校参观考察的人太多，学校暂时不接待来访者"为由婉拒。团队成员决定"先斩后奏"，直奔义乌。结果那里的情形让陈敏洵和伙伴都惊呆了，原来大学还有这样的创业教育。

该校旁边就是义乌国际商贸城，开展创业教育的条件得天独厚。一进学校大门，陈敏洵就看到有人拖着一个蛇皮袋在赶路，看上去像个小商贩的模样，一问才知道他是学生。学校有个专门的创业学院，学生坐在教室里，人手一台电脑，所谓的上课就是开淘宝店。走进教室，陈敏洵一眼就看见了墙上的大标语："创业改变人生"。学生们一个个都在埋头写着快递单，教室旁边就是仓库，里面堆放着杯子、拖鞋、打底裤……

温州大学又是另一番景象。学校里有一个大学生创业园。入园学生创业团队只要通过申请和答辩，就可以免租金在园内开店做生意，创业学分还能抵公选课学分。陈敏洵提出疑问："光是水电费，一年就能省下三五万元，如果将这些在模拟环境中的水产店、美甲店、服装店开到学校外面去，没有了这些优惠还能生存吗？"对此，创业教育的一位负责老师说："学校更鼓励岗位创业，也就是希望学生们经过创业教育能更好地就业。"对于老师的理念，团队成员有不同理解，但这位老师的热心让团队成员感动："老师得知我们学业紧张后，主动提出帮我们发问卷，还带着我们去上海参加'上海交大–Intel'全国高校创业教育研修班"。

在几所高校的所见所闻让团队成员对于创业教育有了深刻的认识。经过第二轮调研，团队给以浙江大学、温州大学和义乌工商职业技术学院这三所学校为代表的浙江省高校创业教育画上了5个方面的"供需"不等号：目标、内容、形式、师资和教学管理。他们认为，虽然总体而言，浙江省高校创业教育在培养体系、管理体系和外部资源环境等方面都日趋成熟，但"供需"不匹配现象仍然阻碍着创业教育的发展。

站在不同角度考虑问题

调研回来，团队成员认真梳理了访谈笔记。他们需要一些真实的创业案例来了解创业的感觉。团队认为，供需不匹配的根源在学校和学生对于创业教育的认知不同，学校构建的创业教育体系并不完全符合学生的需求。

调研团队提出了自己的建议：用"教育理念引领、课程教学优化、实践模拟推动、外围支撑保障"的"四位一体"的发展路径构建创业教育复合体。在理念指导上，要坚持市场化导向、自身比较优势，坚持专业与创业相结合；在课程教学方面，要在国外引进课程的基础上，研发具有中国特色的课程体系，并且采用校友、业界和教师三师制。另外，可以考虑建立创业实践指导机制以及校企合作平台、跨学科平台和专利转让平台。

这样的解决方案是否可行呢？团队成员想到了向政府部门征求意见。"我给浙江省人力资源和社会保障厅（以下简称人社厅）厅长写封信试试看。"陈敏洵说。

几个星期后，他们接到了人社厅一位相关负责人的电话，邀请他们去面谈。一见面，那位负责人就说："创业教育非常重要，政府一定要给高校大力支持。"这正和解决方案中的外围支撑保障这部分内容一致。"这句话让我们很振奋，我们的研究产生了社会影响。"陈敏洵说。

更让人惊喜的是，浙江省人社厅正好在研究制定一个与就业创业相关的文件，也想从团队成员这里听听调研情况。双方一拍即合，又通过短信、邮件沟通了几次。"那位负责人认可我们的调研报告，认为我们的调研如实反映了现实。"

浙江省人社厅这样评价调研报告："运用科学的研究方法，针对我省大学生就业、创业的现实问题，收集了大量有价值的第一手资料，提出了一些新的思考，对于政府和高校解决新时期大学生就业创业难题，具有积极的借鉴意义和参考价值。"

在作品获得"挑战杯"特等奖后，陈敏洵又被评为浙江大学十佳大学生。她说："希望我们的第一手资料和思考能对全国高校创业教育的改革发展提供有价值的参考。"

（原载于2014年2月18日《中国教育报》第3版，作者：吴雅兰）

软骨细胞应用新思路的发现

——2015年全国挑战杯特等奖项目立项人陈鹏飞小记

陈鹏飞

　　实验室的时钟指向晚上十点半，陈鹏飞从大大小小的培养皿中间直起身子，整理器材准备回寝室。临近深夜的浙大紫金港校区行人稀少，他一边骑车，一边还在思考：改变一下试剂的配比会不会更好？对，明天还有早课，回去预习一下教材。

　　这就是陈鹏飞大三一年的生活常态，今年，他研究的课题"关节软骨组织工程生物医学材料研究"获得了全国挑战杯特等奖，而成功的背后，是他长达两年的不懈努力。

一个暑假看近40篇论文

　　陈鹏飞开始这项研究时，是大二结束的暑假。之前对陈鹏飞进行过实验指导的前辈给了他一些灵感，他发现这个方向的课题研究似乎很有价值。随后，他在pubmed（一种应用广泛的医学搜寻引擎）上查阅了近40篇文献，还用一个暑假完成了一篇英文综述，最后确定下了这个课题。

　　"关节软骨组织工程生物医学材料研究"，这个名字听起来很陌生，离我们很远，其实它与我们很近，特别是与骨关节炎患者的生活有着很大的关系。骨关节炎是一种常见的疾病，我国有1.2亿名患者，致残率更是高达53%，目前常用的外科疗法有人工关节置换等，创伤较大。关节炎难以治愈的原因有很多，但主要是软骨细胞的病理改变和软骨再生能力不足，陈鹏飞的研究针对这两个方面，提出了把生长因子与生物材料相结合的方法，减缓软骨细胞病理改变的过程，促进软骨的再生。这可以弥补外科手术带来的创伤大费用高等不足，并且能良好地应用于骨关节炎、骨坏死等的治疗。

全天候的勤奋

大三时，陈鹏飞还有很多课程要上，有的难度还比较大。但只要没有课，他就会直奔实验室去做实验。每晚下课后一直到晚上十点半，更是他雷打不动的"实验时间"。就这样，大三整整一年，陈鹏飞泡在实验室，把一些重要的实验技术都掌握了。在做软骨研究相关实验时，要用到很多基本的实验操作，他自然也是得心应手。

不过，实验研究过程并不是一帆风顺的。比如在体外培养大鼠软骨块这一关，他就遇到了拦路虎，因为实验室里没人做过类似的实验。没有经验，他就自己查阅各种各样的文献，最终确定按照其中一篇提供的方法尝试。在进行实验时，他发现实验中所必需的试剂盒价格很高，要数千元，为了节省经费，陈鹏飞决定自己动手，在大家的帮助下，他顺利完成了这一目标，成功"DIY"出了试剂盒。

在实验的一个部分，要用到蛋白印迹，陈鹏飞试了很多次都没成功。经过两个月的摸索，他决定用另一种方法替代，同样圆满地完成了任务。这些困难也让他意识到，一项研究的成功往往不是一蹴而就的，需要不懈的努力与创新。

到了大四时，陈鹏飞的宿舍搬到了浙大华家池校区，实验却要在紫金港校区做，他就半夜骑车回华家池。虽然有这么多困难，但陈鹏飞并不觉得苦。"我觉得这个研究特别有意思，很感兴趣，就一直在做。"他说。

撰写论文，好事多磨

两年的研究过程中，陈鹏飞会每月向导师汇报研究进展，进行交流，导师也会对他进行指导。遇到问题时，他也会和师兄、同伴们交流，这样的合作贯穿了整个研究过程。

论文投稿也着实让陈鹏飞头痛了一把。第一次投稿被拒，随后陈鹏飞反复修改、审核、再投，终于被录用了。这些经历让他明白，一个课题研究的成功，不仅需要奋斗，还需要坚持不懈。

没有惊心动魄的奋斗历程，没有彻夜不眠的攻坚行动，陈鹏飞进行这项科研的成功历程与我们的预想可能不大相同，但能做到每晚去实验室，甚至跨校区半

夜返回，将一项研究坚持两年之久的能有几人？正所谓好事多磨，两年奋斗之后获得全国挑战杯特等奖是对他默默付出的最好回报。

（原载于2016年1月1日《浙江大学报》第2版，作者：王天泽 武坤昊）

阅读提示：国际、国内大奖赛是浙大学子展现风采的平台，事实上，致力于创新创造的浙大学子在多样的学术竞赛中均有所斩获。帮助废气过滤的节能减排装置获竞赛特等奖，异想天开的"空气洗手"项目获得全球青睐……学子们在浙大这块创新的土壤，开花结果。

浙大有条"蛇"在日内瓦获金奖
机械电子工程专业4位男生发明了它，灵感来自于"偷懒"

浙大有一条"蛇"，它能在湿漉漉的草丛里自由地爬行，碰到障碍物就灵巧地避开或者翻过去；如果你给它设置一个迷宫，它会循着S形的路线优哉游哉地穿越，甚至，它还能帮你"捡"东西。如此乖巧的一条"蛇"，在近日召开的日内瓦国际发明展上虏获了评委的眼光，从全球45个国家和地区的1000多项发明作品中脱颖而出，获得了金奖。

"我们叫它Air Dancer。"浙大机械电子工程专业的本科生汪文广与同学张京韧、陈高翔、方诗麟是"蛇爸爸"，说起这位"儿子"的诞生，他们笑称是意外，同时透露，这次亮相全球的是第一代机器蛇，现在他们已进入第二代的研发，要让"蛇"能够根据不同环境换"皮肤"。

灵感来自于"偷懒"

一天晚上，方诗麟躺在床上听歌，不小心把MP3掉到床缝里了。"当时就想，如果能有个机器人像蛇一样灵巧又听话就好了，就能帮我把MP3捡起来。"方诗麟之所以会想起蛇，是因为蛇有柔软多变的身躯，能够适应各种复杂的地理环境，是越障能力最强的生物之一。

方诗麟和小伙伴们一搜，果然有机器蛇。可是，它们大多是由电机或舵机驱

"机器蛇"参加展览

动的，在自由度、越障能力、环境适应性等方面都有欠缺。他们想到，机电所刘昊副教授给他们上过"气动电子技术"课，如果采用气动的方式驱动，是否能解决这些问题呢？

刘昊老师听了他们的想法，很赞成。"大家都在做电动机器人，你们做气动的，很有创意！能自己提出创新的思想并努力实现，很好啊。"刘老师于是向学生开放了实验室，还提供了一个闲置的实验装置。

热心摊主帮助"蛇"出世

怎样让机器人也能像蛇那样自由蜿蜒呢？刘老师启发4位男生，微型气缸可以使机器人做得小巧又灵活。

说起来只是一句话，实际上，这个"小"很难，至少零件都要迷你型的。

4位男生研发的蛇形机器人直径只有69毫米，以连接的关节轴承为例，市面上大多数的轴承直径是15毫米，但他们需要的是直径6毫米的。网上查了下，都没有现货，需要500个起才能定做，而他们只需要30个关节轴承。

方诗麟和陈高翔只能到机电市场碰碰运气。第一次去，问了一圈都没有。第二次去，有个摊主很好奇："你们是哪里的？要这么小的轴承做什么呢？"方诗麟和陈高翔如实相告，摊主挺热心，帮他们找到了所需材料。

于是，我们才能见到首次引入气动驱动和并联机构的蛇形机器——"蛇"身机械结构有12个微型气缸和1个手指摆动气爪。12个微型气缸组成了4个"蛇"身模块，每个"蛇"身并联机构有3个"关节"，整个"蛇"身有13个自由度。气缸充气就会伸长，放气就会自动复位，也就是说，每个气缸都有两种姿态位置，这样算下来，理论上整个"蛇"身共有4096种姿态。"蛇"身的后面还拖着一条"尾巴"，也就是气管，后面连着气动控制系统。

在潮湿管道中行走自如

汪文广特别研究了蛇的运动步态。蛇的各种运动方式都是靠身体与地面的摩擦，并且适时地改变自身的姿态来实现的。他由此提出了最初的运动方案。

张京韧是4位男生中动手能力最强的，平时经常帮同学修自行车，当张京韧把运动方案转换为代码导入之后，机器蛇却没有按照预想的前进，而是"原地踏步"。

"一定是哪个参数出了问题。"刘昊与学生一起根据蛇实际的运动过程讨论分析其中的原因，由张京韧和陈高翔不断地对步态进行修改，最后使"蛇"渐渐按照他们的想法去运动。

"机器蛇很调皮，有时候喜欢跟我们反着来，程序明明是向左拐，机器蛇却翻滚着向右去，调试过程有点烦人，但当看到它按照我们的设想做动作的时候，就好高兴。"机器蛇终于动起来了，其他3位男生送给张京韧一个美誉："驭蛇大师"。

刘昊说，Air Dancer可以在其他同类机器人不能到达的环境中，比如潮湿的管道中，依然行走自如。这个显著的特性使得它的应用前景十分广泛。

（原载于2014年5月27日《青年时报》A5版，记者：张晶 通讯员：吴雅兰）

璞玉·美玉·琢玉
——记第二届全国大学生节能减排科技竞赛特等奖团队

9月14日，由教育部高等教育司主办、教育部高等学校能源动力学科教学指导委员会和华中科技大学共同承办的第二届全国大学生节能减排社会实践与科技竞赛圆满落幕。浙江大学参赛作品"处理烟气中多种污染物的自由基强化催化过滤式脱除装置"获得该项比赛特等奖。团队指导教师吴祖良和吴学成，分别是浙江大学热能工程研究所博士后，浙江大学能源系热能工程研究所讲师、能源清洁利用国家重点实验室的研究人员。这个团队拥有5名队员，分别来自三个不同的专业，队长王红是2006级能源系热能专业学生。

本项目是针对目前电厂尾部烟气污染物单一脱除的现状而提出的，是一种自由基强化催化过滤式协同多脱的方案，以解决现有工业脱除装置因其单一性而不能满足环保排放标准的问题。该技术将自由基氧化、化学催化、碱性吸收及过滤的作用巧妙地融合在一个处理装置中，以达到粉尘、SO_2、NOx、Hg、VOC等多种污染物的高效联合一体化脱除的目的。

璞玉的发掘——学科交叉融合，打造最初的梦想

"处理烟气中多种污染物的自由基强化催化过滤式脱除装置"项目最初是本科生SRTP科研训练项目，研究历时一年，获得第二届全国大学生节能减排社会实践与科技竞赛的特等奖，无疑是对这个项目的重要肯定。一块璞玉——SRTP科研训练项目的最初设想是如何被发掘的？

一个研究项目的成功，离不开一个好的研究团队。吴学成这样评价团队的学生："他们来自不同的专业，在整个过程中相互学习，优势互补。"吴祖良老师认为这个研究团队的成员有个性，也有共性，"他们具有突出的团队协作、主动思考能力以及吃苦耐劳的精神"。

据了解，团队中的王红、张莉莉、曲瑞阳来自能源系，他们所学的专业知识

与这一领域有着紧密的联系，可以充分发挥和应用所学的专业知识，这奠定了整个项目的基础。孟杨来自经济学院，她发挥专业优势做有关技术经济性方面的计算。周浩波是机械专业的本科生，动手能力强，在模型制作以及实验方面凸显了优势。

不同学科交叉融合形成新成果，是吴祖良老师在选择队员之初就已经深入考虑过的，事实证明，这是一个正确而明智的选择。除了专业才能之外，每个队员在其他领域也各有所长，"队长王红有一种永不言败的韧劲，是全队的主心骨。孟杨与张莉莉比较细心，在ppt制作、现场布展当中起到主要作用。"吴祖良老师谈起队员们的优势，如数家珍，"周浩波同学动手能力强，负责实物模型的制作和调试。曲瑞阳同学口才好，演讲水平高，主要负责答辩环节。"队员们忆起刚进入团队时的共同愿望——切身参与实验，进行真正的科学研究。

团队成立之初，吴学成老师对这个研究项目充满信心，认为在这个环保日渐重要的时代，这样的课题必将越来越受到重视。好的设想离不开认真的实践。吴学成老师谈及这个项目如何从一个想法变成真正的作品时，分析了这个项目与热能工程研究所的研究平台之间的关系。"处理烟气中多种污染物的自由基强化催化过滤式脱除装置"的大致方向主要是基于燃煤电站的污染物减排背景，热能工程研究所在脱硫脱硝以及粉尘控制方面做的研究较为深入，基础扎实，如电晕放电污染物脱除技术、催化脱硝以及小颗粒控制等等。在这样的背景下，他希望团队能在多项技术融合方向提出单装置多种污染物同时脱除的方法。按照这样的思路，经过不断的努力，这个项目从最初的设想慢慢变成现实。

目前，我国对大气污染物的控制较严格，对于电厂尾部烟气中的污染物一般都采用一种污染物配备一种脱除装置的处理方法，利用选择性催化还原脱除NOx，采用静电除尘，湿法脱硫，还需另配控制装置实现其他污染物的脱除，但是这会造成烟气处理系统的复杂性，导致占地面积大、投资高等问题。针对上述问题，指导老师与队员们提出了自己的解决思路，即：研究开发多种污染物协同脱除技术。对此，他们开展了关于自由基强化催化过滤脱除烟气中多种污染物的研究，致力于实现粉尘、SO_2、Hg、NOx和VOC等多种污染物的高效协同脱除，以满足日益严格的环保要求。

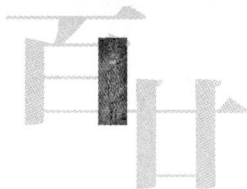

美玉的雕琢——团队合作，攻克研究难题

队员们来自不同专业是一个优势，也是一个合作难题。如何磨合好彼此的性格、研究方式是首先要解决的问题。在这个关键时刻，指导老师与队长发挥了协调作用，充分尊重每一个队员的特长，实现个人能力的有机整合，让队员们互相熟悉和适应彼此的做事方式。

在长达一年的研究中，吴学成老师深深地被这一群本科生的刻苦精神所感动，他认为："学生们是这个项目的主角。作品的创新性包含了学生们的聪明才智。"在研究过程中，团队遇到过各种困难。吴祖良老师说："由于该作品创新性比较强，所以在具体的实施过程中确实存在一定难度，主要是一些技术实现的问题。但在大家的共同努力下，我们通过查询资料，咨询相关领域专家，使问题一一得到解决。"孟杨至今还记得关于电极放在袋内还是袋外交错布置这个问题，"当时考虑了很久，与指导老师反复讨论，为避免放电过程中对滤袋的伤害，决定采取后者的排布方式。"王红提起在研究初期无法完成全部的实验，为了验证最初的设想，得到实验数据，他们只做了不同装置来模拟实验。

项目的成功离不开队员们的辛勤努力，也离不开老师的指导、本科生院和能源系的支持、岑可法院士的点评。在整个过程中，吴祖良与吴学成两位老师为这个项目确定了大方向，并且在细节方面给予指导，主要是与其他成员进行技术分析、实验装置设计的可行性讨论、指导实验开展以及联系相关专家等。本科生院和能源系先后组织了几次模拟演练，秘书处的吴杰老师和金滔老师在整个过程中给予了很大的帮助，模拟演练中专家老师给出了十分宝贵的意见，尤其是岑可法院士在第一次预答辩中亲临指导，提出了一系列能耗方面的意见，使成员们认识到研究中的不足，并在后续研究中逐一完善和改进。

队员们清楚地记得，武汉比赛前，队长王红腿受伤了，由于伤口在膝关节处，整条腿都无法弯曲，但她还是坚持完成了整个比赛，这种顽强的意志鼓舞了队员。当最初的梦想在信念的支持下，一步一步成为现实的时候，每个队员都无法抑制心中的激动，张莉莉说："从最初的小小设想，到如今的特等奖，从不知所措到成竹在胸，一切都离不开所有队员的全力付出。我切身体会到了团队合作的乐趣，体会到了科研的乐趣。"

美玉的出世——斩奖归来，另一个崭新的开始

得知"处理烟气中多种污染物的自由基强化催化过滤式脱除装置"项目在第二届全国大学生节能减排社会实践与科技竞赛中获得特等奖之后，吴祖良老师和吴学成老师感到由衷的欣慰，最终的胜利离不开团队同学们的努力，离不开当初的一起拼搏。

吴祖良老师对队员们有更高的期望，他说："期望他们能在原有的基础之上再接再厉，继续发挥他们的聪明才智，想出更多更好的点子，做出更加深入的研究。虽然他们都是本科生，但是已经为这个领域的研究注入了新的血液，这也使我的研究得到了进一步的拓展。"吴学成老师经过这次项目指导，对于自己今后的研究有了新规划，他说："本科生思维活跃，充满干劲，今后的科学研究中，我会更多地吸收优秀本科生参与进来。"

每一个队员都在这个研究过程中得到了成长。张莉莉庆幸自己加入了这个集体。她在团队协作方面有了很大提升，了解到团队中大家应该怎样分工合作以更好地发挥自己的优势。这个项目也使她对于科研工作有了更深入的了解，渐渐体会到一个科研工作者的思维方式，同时也极大地锻炼了动手能力，为今后的研究、学习、生活打下了一个良好的基础。王红通过这次比赛，增强了对环保行业的理解，提高了理论联系实际的能力，更收获得了一群好朋友。

从最初的一块璞玉被发掘，到逐渐雕琢，显露出无瑕美玉，在这一年的科学研究中，他们追求更高的目标，实践学科融合与交叉，培养团队合作精神，渐渐向科研高峰迈进。

【记者手记】

专业融合交叉的优势是这个团队的最大特色，在采访过程中，我深深感受到了这一点。他们团结、善思、好学，师生融洽相处，共渡一个个难关。每一个成员都为这个团队无私付出，坚毅顽强，富有创造力和进取心。为了最终的目标，他们严谨细致，在细节上一遍遍地修改，直至卓越。如果说，采访前，我会好奇

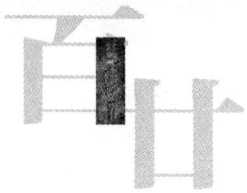

他们取得特等奖的原因，此刻，我可以毫不犹豫地说——因为他们是一个以心倾注研究的集体。

（原载于2009年10月16日《浙江大学报》第3版，作者：施思）

神奇的"空气洗手"

（报道一） 浙江大学：本科生中培育创新土壤

近日，在由中国工程院、美国国家工程院、英国皇家工程院联合主办的"全球重大挑战峰会"学生日竞赛单元中，一台被评委们称为"绝妙的创意"的空气洗手装置，击败了来自麻省理工学院、剑桥大学、帝国理工大学等14所全球著名高校参赛团队的作品，以最高分获得全球金奖。

这项装置的创造者是来自浙江大学的7名学生。作为全球重大挑战峰会的重要组成部分，学生日竞赛的宗旨是鼓励大学生成为应对全球重大挑战的下一代工程领袖。这支团队从校内选拔赛到全国大学生节能减排大赛，再到"全球重大挑战峰会"，这一路的摘金之旅，也折射出浙大近年来在培养创新土壤中的"深耕细作"。

梦想到现实，距离并不遥远

"用水洗手多浪费啊，我们为什么不能用空气来洗手呢？"当浙江大学能源工程学院本科生陈璞阳在学校食堂的饭桌旁对同学说这句话的时候，大概还没想到，一台真正的"空气洗手装置"会从他们手中诞生。

事实上，自从2008年由中国工程院院士、浙江大学教授岑可法等人发起首届全国大学生节能减排竞赛以来，各种各样奇特的"点子"就像蒲公英的种子一样，在学生们中间蔓延生长。到目前为止，全国大学生节能减排大赛已成功举办八届，全国几乎所有"211工程"大学都参与其中，累计参赛人数达20余万人。浙江大学累计获得12项特等奖、26项一等奖等奖项。

在第八届全国节能减排大赛上荣获特等奖的李启章等同学，带着作品"空气洗手装置"，参加了第二届全球重大挑战峰会并斩获大赛唯一金奖。作为团队的指导教师，浙江大学能源工程学院副院长高翔和该院副教授郑成航给予了团队成员悉心的指导。他们经常与同学一起讨论创意的可行性，并在实践中指出需要解决的问题。高翔认为："学生们本身有很大潜力，有很强的搜集信息、整合资源的能力。他们需要做的就是发挥创造力，把这些知识运用起来。"

最初，团队主要成员、浙江大学能源工程学院本科生李启章、陈璞阳等提出创意思路时，郑成航便对他们说："你们先多想几个点子，我们再来讨论。"于是，团队的每个同学每天都在绞尽脑汁琢磨新点子，在不断修改方案中探寻新思路。"我们研究了洗手过程中水的作用，发现仅有5%的水用于溶解手上的污渍，95%的水都用于冲走污渍。基于流体的共性，我们可以用空气流体替代这些用于冲洗的水。"当他们带着初步方案向郑成航老师提出"空气洗手装置"的想法时，郑老师眼睛一亮。也正是这种不断试错的努力，最终成就了后来的"空气洗手装置"。

对此，郑成航有自己的看法，他认为："其实每位同学都很有创造力，思维火花碰撞，产生的结果是很多的。当他们提出想法后，我基于自己的经验，大概会有一个判断。但是，我不会把自己的判断直接说出来，否则会限制他们的思维。"他认为，在学生一颗颗梦想的种子从发芽到变成果实的过程中，他所要做的就是——引导。

一支团队的成长之路

查阅资料，找学院的教师咨询请教……这个团队也由最初的3人组发展到了7人组。"最初是有3个能源学院的同学，慢慢发现需要其他专业有特长的同学来加入，比如说要做控制系统，我们就找了电气专业的学生；要做专业的机械结构，我们就找了机械专业的学生……"在这个组团的过程中，李启章成了"面试官"："我们每一个选择都有好几个候选人，为了吸引更优秀的团队成员，我们也是'拼了'。比如当时'面试'机械学院学生史煜昆就用了一个月的时间，整个团队轮流跟他交流沟通，煞费苦心。"

此外，李启章还发挥自己参加过中美数学建模大赛的优势，从是否有空闲时间、专业背景与专业实力、参与积极性、性格与团队的契合度等四个角度，用数学建模的方法，对候选人进行了量化分析，全体人员参与评分，择优录取，形成了最终的团队。

一年的时间，一台简洁、实用的"空气洗手装置"诞生了：当使用者站上洗手装置前约22厘米高的踏板上时，踏板由于人体重力而下沉，通过滑轮组牵引活塞挤压空气获得高速气流，令水龙头喷出雾状水滴。细密的水雾和高速的气流，可以冲洗掉手上的污渍。

设备做出来了，还需要检测洗手的效果，看洗得干不干净。郑瑞芮说："最初的验证实验我们做了两个多月，每天不停地洗手。"为了更具科学性，从主观上的比较变成了定量化的比较。

他们通过显色反应和细菌残留两种实验来验证。"显色是用化学方法，油、酱油、灰尘……不同的污渍用不同的显色剂表现出来，比较两种结果。而细菌残留，则是到医学院做实验。"郑瑞芮说，"这些都是常识，但是正是在做装置的过程中，我们不仅想到了这些知识，而且在实验中加以应用。"

每个人洗一次手大概要500多毫升水，而用"空气洗手装置"只需要50毫升，平均节水量达91%。在高节水量的同时，污渍和细菌残留程度与用水洗手的效果并无差异。

"我不能说我们是全校最优秀的团队，但我敢说，我们一定是最努力的团队。"回望这一年，李启章不无感触地说。正是这种不懈的努力，这种精益求精，使他们的作品得到了一致认可。如今，"空气洗手装置"已申请四个专利，并计划继续改进设备、走向商业化。

在主动参与中提高创新能力

谈到取得的成绩，李启章认为，成功得益于自己曾在大二时加入学长组织的团队，有过参与节能减排大赛的经历，"正是这些经历，使我对比赛有了更深入的了解"。

事实上，近年来，浙江大学积极参与大赛的学生正在变得越来越多。"今年学校组织的节能减排大赛，吸引了全校100余支队伍、1000余名同学参加，参与度是很高的。而能源学院超过一半的学生参与了。"这个氛围令郑成航十分欣慰，"竞赛活动是非常好的平台，更有挑战性。学生们是发自内心地想去把东西做好，与老师分派任务效果完全不同。本科生要把整个项目完成，既要涉及外部的很多知识，又要发挥自己的主动性，他们在这个过程中获得了很好的科学训练。团队合作的能力，也在这个过程中得到提高。"

"学生的大脑不是一个用来填充知识的容器，而是一个需要被点燃的火把。学科竞赛就是点燃火把的火种。"浙江大学本科生院常务副院长陆国栋说，因为竞

赛特别倡导创新，"这些年来，浙大通过学科竞赛、科研训练等第二课堂，试图把'考生'变回'学生'。"

而如今，浙江大学正在努力做的是把以学科竞赛为主的第二课堂慢慢融入第一课堂，把两个课堂打通，更好地结合。陆国栋认为："未来每个浙大学生在校学习的四年时间里，会有若干个学科竞赛与专业课程是结合的，而且特别希望学生能够跨学科参加各类竞赛。"

(原载于2015年11月9日《中国科学报》第6版，记者：钟华)

（报道二） 用触手可及的空气承载创新梦想

在浙大玉泉校区第四教学楼的一间实验室里，陈列着一套看似普通的洗手台。与一般洗手台不同，这是一套可以用空气洗手的洗手台。

"我们日常都是用水来洗手的，那能不能用空气来洗手呢？"这个看起来像天方夜谭的想法被一群浙大本科生变成了现实。他们利用红外线感应系统探测双手，一旦感应到双手，水龙头就会喷出雾状水滴和高速气流。这套装置可以达到在洗净双手的同时，只需消耗常规洗手方法10%的水量。

"在我看来，创新不仅仅是爆发转瞬即逝的灵感，更重要的是能紧紧抓住创意火花，用全部的精力和十足的努力去推动这份创造力，并将其实现。"空气洗手团队队长、浙大能源工程学院2012级本科生李启章这样总结团队的创新之路。

不如试试用空气洗手吧？

2014年9月，在浙大食堂，几个男生正在讨论即将开赛的全国大学生节能减排大赛，苦于想不出既节能又创新的选题。这时其中一位高高瘦瘦的男生正看着人来人往的洗手台发呆，面对这喷涌如注的水流，突然冒出一句："这样洗手要浪费多少水啊？要是能用空气洗手就好了。"

要是换了别人，这可能就是一句玩笑，但对这群学过流体力学，正准备节能减排大赛的理工科学生来说，却是个不错的创意。"为了将这个看起来很荒诞的创意变成现实，从组队开始近一年的时间里，7名队员几乎将所有课余时间都投入到了研发过程里。"队长李启章说。

空气洗手，洗得干净吗？团队成员史煜昆回忆，他们在前期查阅了大量文献，在洗手过程中水的作用里找到突破口，最后发现，只有

团队成员与空气洗手装置合影（李启章 摄）

少部分水用于溶解手上的污渍，而绝大部分的水都用于冲走这些污渍。一脸稚气的史煜昆认真说道："简单来说，洗手用的水可以分为两部分，一部分用于溶解脏东西，而另一部分是用来冲洗，而用于冲洗的水量占据了绝大部分。所以我们就从这部分水量开始考量，同样可以作为流体的空气是不是可以代替水流用以冲洗双手呢？"

为了更好地做到节能减排，这个装置还利用了洗手者本身的能量转化过程，洗手者站在一个装置上，利用自身体重产生的势能将空气压缩而出，最终形成流体与水结合，达到洗手的功效。

通过专业的显色反应和细菌残留实验证明，用空气洗手，手上残留的污渍和细菌菌落数，与用水洗手的效果几乎相同。更令人惊喜的是，与普通水龙头相比，这一套空气洗手设备的出水量约300毫升/分钟，而普通洗手设备的出水量约为3000毫升/分钟，空气洗手装置的节水率高达90%。

除了1%的灵感，更要有99%的汗水

青年梁启超曾言："少年人常思将来，惟思将来也，故生希望心。惟希望也，故进取。惟进取也，故日新。"一个年轻的创新团队，除了思考创意之外，更多的还是要不断努力进取。

对于以李启章为代表的这个年轻团队来说，整个研发过程更让他们记忆深刻："回忆这一年的点滴，我想说也许我们不是最优秀的团队，但我们一定是最努力的团队。在长达一年的比赛周期中，我们几乎将自己所有的课外时间投入其中，几乎每位队员、每天都为之奋战到深夜。"

2015年寒假，学生们都兴高采烈地放假回家过年，而空气洗手团队正处于装置设计的瓶颈期，为设计出重力驱动装置的结构，团队所有成员决定推迟一周回家，就连大年三十的前一天晚上还在远程开会讨论。过年后，他们又提前一个星期回到学校，当时学校的实验室还未开放，几个大男孩儿簇拥在李启章的寝室里，每天从早上9点，一直持续到晚上11点，经常错过吃饭的时间。"那段时间很累，却十分充实。结构的设计并不是一帆风顺的，从最初的构思，到最终的成型，我们至少改动了数十版。"李启章说。

装置的验证实验应该是研发全程最简单的一环了，就是洗个手，再检验一下是否能把手洗干净。但身处12月的杭州，洗手就不是一件舒服的事了。"杭州冬天很冷，由于最初的条件所限，我们的实验在一间没有空调的实验室进行。在刺骨的寒意中，我们需要进行一轮又一轮的洗手实验。"李启章辛酸地笑道："大家沾染了泥土、油渍、酱油等不同污渍，再一个接一个地排队洗手，洗完之后就立即用从寝室打来的温水捂热，然后再接着洗，一天下来大家的手都冻得通红，几乎失去了知觉。"就是在这样艰苦恶劣的条件下，他们做了将近两个星期的实验，才最终得到可行的实验结果。

创新梦想的背后力量

在整个空气洗手项目的研发过程中，作为节能减排大赛的主要倡导方，浙江大学能源工程学院对空气洗手团队提供了全方位的支持。除了提供购买材料、加工产品等等所需的资金之外，能源学院还特地开辟了一间创新实验室来为项目的研发提供场地，并为之匹配所有相关的工具和设备。

在项目的开展过程中，并不如想象中的一帆风顺，团队常常会遇到很多棘手的问题，不可避免地会引发团队内部的争执。"在设计重力驱动结构的时候，我们有两套方案，当时团队内部对我提出的单次压缩机构的反对意见很大，认为这会导致使用时间受限，从而产生不必要的麻烦。"李启章感慨地说，"我们接着去找了团队的指导老师郑成航教授，在郑老师的分析和指点下，我们也迸发了新的想法——双出水口，从而巧妙地解决了重力驱动机构的不足。"

"我们学院的院长骆仲泱老师，在我们的项目的成长早期给了非常到位的指引，其中我们采用重力进行驱动的想法，就是在骆老师的提点下才灵光一现想到的。"李启章回忆道，"骆老师平时很忙，甚至有时候工作到晚上很晚才有空见我们，但是每次都会非常耐心地与我们交谈，给我们指引方向。"

在能源学院，空气洗手团队并不是特例，学院的所有老师都对参加节能减排大赛的团队给予了无条件的支持和辅导，这对激发学生的创新潜能和培养学生的创新意识起了很大的促进作用。"我们学院的俞自涛老师是全国节能减排比赛的秘书长，俞老师每年都对来请教他的学生团队倾注了很大的心血。我们在这一年期间和俞老师交流了数十次，我们团队也正是在俞老师的鼓励和指导中不断成长，才最终打磨出了拿下全球金奖的空气洗手装置。"李启章认为，授人以鱼不如授人以渔，空气洗手项目与团队的成长，得益于老师们传授的并不是创新的成果，而是指导学生养成了创新的思维与不断克服困难的勇气，这也是李启章这一年以来得到的最丰硕的收获与成长。

全球峰会上的浙大风采

2015年9月，团队带着"空气洗手装置"参加了由中国工程院、美国国家工程院、英国皇家工程院主办的"第二届全球重大挑战峰会"，击败麻省理工学院、剑桥大学等14所高校的学生团队项目，获得全球专家的青睐，获得学生日竞赛单元唯一的金奖。

"我们的作品名为Air Faucet System（空气洗手装置），工作原理是通过二次雾化原理，依靠自身重力驱动，能在保证洗净程度的同时，节约90%的用水。"面对台下数百位来自中、英、美三国的工程院院士，全程英文演讲的团队成员金京淡定自若、落落大方，"当使用者站上洗手装置前的移动踏板上时，踏板由于人体重力下沉，通过滑轮组牵引活塞向上挤压空气获得高速气流，令水龙头喷出雾状水滴。"台下专业评委都啧啧惊叹，并未对项目提出任何的质疑，而是一致高度赞同这个项目。

除了全球挑战峰会唯一金奖外，团队还一举拿下日内瓦国际发明展最高金奖和特别大奖等诸多国内外大奖。提起这些成果，李启章认真地说："无论是项目的理论、结构方案的每一个细节，还是参赛的PPT、讲稿的每一句话，每一个用词、每一张图片，我们都尽量做到无懈可击，让评委找不到任何的缺陷和把柄，我想这也是我们能够战胜全球的顶尖高校团队的原因之一吧。"

这群年轻人的创新未来

"惟学无际，际于天地。"李启章认为，团队创新的开拓与发展，都是因为身处浙大这个海纳江河的创新天地里。

浙大学生在大学生涯中，都或多或少参与了以专业为基础的社团活动，并以团队为单位参加由校内外机构筹办的各类创新性比赛。这些社团活动和创新大赛与国家推动高等教育改革发展的政策环境结合，与国家鼓励创新创业的社会背景对接，鼓励学生积极探索自身的创新发展道路。李启章等浙大学子不仅要在第一课堂中学习，也在第二课堂中锻炼，在自我教育、自我管理和自我服务中成为时代所需的优秀人才。

同时，依托浙大多学科的综合优势，团队成员融合了能源、机械、控制等多个专业，他们打破专业界限、交叉配合、合作研发，并借助学校学术平台和专家教授资源，自学专业知识、数次改进设备，将这一设想变为一台实际能够运行的装置。

获奖后，团队成员们都十分激动，但是他们并不满足于此。他们决定将这个节水产品从实验室推向市场，造福杭州甚至中国，为节约水能源做出贡献。

"到现在为止已经有不少技术公司和风投公司来找过我们，在学习法律法规并向市场方向的老师请教了一些专业知识后，我和团队成员已创办杭州沐羽科技有限公司并进驻浙大科技园，并联系民间环保组织，争取先在杭州的一些公共场所推出。这一切都是得益于学校的创新创业大力扶持，我们将持续创新之路，争取让我们的青春不虚此行。"李启章说道。

如果非要用一个标志去定义青春，创新也许理所应当成为青春的座右铭。

的确，青春最大的魅力和感染力，也许不仅在于它的锐气和勇气，也不仅在于梦想与希望，更在于生命中萌动着的创造力和创新精神。

创新是一个国家强盛的发动机，人类的发展史和国家的进步史早就证明了这个道理。创新也是一所学校进步的灵魂，青年学生更是学校的希望，是国家的希望。所以，创新的希望在青年，创新也必须成为青年的灵魂，有创新的青年，才有创新的中国。

（作者：陈曼姣）

（报道三）　在平凡的日子中铸就不凡
——记"空气洗手"项目的研发历程

空气洗手项目起始于2014年9月，当初为了参加全国大学生节能减排竞赛，我和陈璞阳一拍即合，成立了最初的项目组，并找了自己的好友郑瑞芮一起参与。队伍组建之后，我们就开始了将近一年的项目研发之旅。

对于一个科研项目而言，我觉得最为重要的就是团队成员的构成，因此我们在进行队友选择的时候极为谨慎，绝对不会因为关系好就将谁拉入自己的团队。还记得当时我们需要一个机械系的同学加入，我们通过各自的渠道，找了一些比较合适的候选人。当时的面试很简单，就是一起吃个饭聊一聊，一番了解下来，我们最终确定了4个候选同学。由于每位同学各有所长，我们很难选择，开了几次会讨论也都无果。由于我之前有过数学建模的经验，于是我决定通过最理性客观的方式——建立数学模型。于是我们列了4个我们最关心的特质：积极性、时间、能力以及团队集合度，将4位候选人的每一项特质进行评分（所有人一起投票），最终编程求解了这个模型，选出了史煜昆同学。事实告诉我们，我们这个决定真是太正确了。煜昆不仅在整个项目过程中的机械模块设计上起到了至关重要的作用，更是团队前进与发展的核心动力之一，并且最后我们都成了非常要好的朋友。

还记得在寒假期间，我们花了半个寒假的时间来设计重力驱动装置的结构。由于当时学校的实验室还未开放，我们也需要一直聚在一起讨论，于是就选择在自己的寝室。当时队伍里已经有5个人，一起挤在我的寝室里，每天从早上9点开始，一直持续到晚上11点。有时讨论得太热烈，错过了饭堂吃饭的时间，就索性点外卖，短短的吃饭时间成了我们唯一的休息时间，我们一边吃着外卖一边聊天开玩笑，抑或看看自己感兴趣的视频，那段时间很累，却十分充实。结构的设计并不是一帆风顺的，从最初的构思，到最终的成型，其中至少改动了数十版。

在项目研发的过程中常常会遇到意见分歧，有一次，我和陈璞阳提出了两个不同的驱动方案，各有优劣，一度争执不下，团队内部也分成了两派，各执己见，最终只好通过投票的方式来决定，还请了几个身边的同学提出意见作为参考，最终璞阳的方案在投票中胜出。当时我一直觉得这个方案的结构过为复杂，会给用户的使用带来麻烦，而且存在较大的安全隐患，不存在推广使用的可行性，于是决定大家一同去找郑成航老师商量。在与郑老师的讨论中，我突发奇想提出了新的改进方案，弥补了自身方案原本的缺点，最终也都得到了大家的认可与老师的肯定，于是最终的设计结构终于诞生了。

正是我们每个人对细节的孜孜追求、对完美的不懈渴望，不愿退而求其次，才让我们在不断的思想碰撞中，凝练出了一个最完美的产品与结果。这一年的经历，我收获最大的并不是这些荣誉，而是自己的成长和团队的友谊，更重要的是深刻懂得并体会了付出才能有所收获的真理。

（作者：李启章）

（报道四） 平淡的"空气洗手"故事

讲讲在"空气洗手"项目最开始时我经历的两个小故事吧。

第一个故事。机缘巧合，我的脑中闪过了"空气洗手"这个想法，于是在队伍会议上冒着被嘲笑的风险，鼓起勇气提出了这个在小学生作文里才会有的概念。有队友当即表示"嘲笑"，也有队友表示赞赏。幸运的是，这个想法没有被淘汰，成了团队众多备选方向之一。会议结束，分配工作，由于某些原因，这个方向的调研被分配给了并不看好它的队友；鬼使神差地，我以"舍不得"为由把它要了回来。

第二个故事。"空气洗手"概念提出了，我们却完全不知道该如何实现，于是将脑中的念头一个个都输入搜索框，连续两天，却一无所获，吹大了的牛皮就要破了。这时，我们突然找到了"空气雾化"概念，虽是退而求其次的方法，且不确定其可行性，但也算是在下次队伍会议上可防止再次被"嘲笑"的成果了。

平淡的人物，平淡的想法，平淡的故事，构成了平平淡淡的"空气洗手"的故事。

之所以说"空气洗手"是个平淡的故事，是因为在浙大，这样的故事有很多，只是"空气洗手"是最常被提及的那个。

就像时代造就英雄，是浙大的环境造就了这些"空气洗手"之类的故事。

浙大的氛围是自由的，是包容的，是鼓励竞争、鼓励创造的。在这里，提供了进行各种选择的通道：有形形色色的科研竞赛、创业比赛，有丰富多彩的社团活动，有资金雄厚的实验室；在这里，同学们被鼓励做出各种各样的选择：有潜心科研的，有下海创业的，有投身社团活动的，每种选择都被赞赏；在这里，学科间的交叉和相互交流被鼓励，大类招生、数量众多的社团、丰富的课外活动，打破了不同专业间的高墙，促进了跨学科的沟通和讨论。

有幸成长在浙大。

祝母校120周年校庆快乐！

愿自由包容之精神深入每个浙大人骨髓！

愿自由包容之精神在浙大进一步发扬！

（作者：陈璞阳）

阅读提示：优异的学科竞赛成果，离不开人才培养模式的探索与创新。开设多门实践研讨类课程，设立专门的管理体制，不断地总结经验，提出"问题式学习"，浙大在高校创新人才的培养中走出了一条基于实践的成功道路。

开设实践研讨类课程100多门　学生屡获学科竞赛奖项
浙大"问题式学习"激发创新火花

在日前举行的浙江大学学科竞赛颁奖会上，该校副校长来茂德宣布：从自己的校长机动费中拿出23万元作为奖励金，奖励热爱学习、勇于创造的学生和悉心教导他们的教师。他说："今年，我拿出23万元机动费，希望明年我能拿出30万元。"

获得2010年国际数学建模竞赛特等奖并同时荣膺最高奖——美国运筹与管理科学学会奖（INFORMS奖）的浙江大学学生岳作功认为，浙大学子在国际赛事中最根本的竞争力来自学校独树一帜的培养模式，同学们能在竞赛中屡获殊荣，并非全靠个人能力，关键是指导教师数十年的教学、研究积累和学校将学科竞赛中"问题式学习"的核心与教学工作完美结合。

据了解，获得2010年国际数学建模竞赛特等奖的浙大小组3名成员分别来自机械系、控制系和高分子系，3名不同学科专业的学生因为同上杨启帆教授的"数学建模"这门课而相识。机械系的学生赵聪说："数学建模课改变了我原有的思维方式。这种从问题出发的学习，让我们改变了学习的方法和状态。"

如何在本科教育中凸显研究型大学特色，培养大学生的科技创新能力，探索本科生实践创新教育教学体系的建设，是浙江大学本科教育改革中十分重要的内容。近10年来，浙大在实践中逐步形成、完善了以综合性学科竞赛实践基地为大平台，探索学生自主化、研究化学习的培养模式。

为更好地组织实施大学生科研训练和学科竞赛，学校设立了专门的组织管理机构，实行校、院、基地三级管理体制；将学科竞赛以实践创新教改项目的形式予以立项和管理，打造和建立了一支以中青年教师为主，富有创新、责任、协作、稳定和高素质的竞赛管理团队；从2002级本科生开始，明确规定本科生在校学习期间必须获得第二课堂学分后方能毕业，并把学科竞赛活动正式纳入本科生培养计划；利用社会力量参与学生实践创新能力的培养，利用社会捐助经费开展校级和省级二级学科竞赛项目，并组队参加全国和国际大学生学科竞赛项目，实现双方互惠互利。

至今，浙大已投入学科竞赛基地的专项建设经费达1300多万元，每年投入组织和参加各级各类学科竞赛经费150万元。目前已建成的18个综合性学科竞赛实践基地、18个学科竞赛网站和综合性的"浙江大学本科生创新网"，成了学生创新能力培养的重要载体，其中，大学生结构设计竞赛、大学生节能减排社会实践与科技竞赛、大学生电子商务竞赛等三大赛事已从浙大走向全国。

据统计，近10年来，浙大共有8000多个本科生团队参加了46个各级各类学科竞赛项目，参赛学生达2.5万余人次，参加各类学科竞赛培训的学生达3.5万余人次。同时，学校积极组队参加国际大学生数学建模、机器人、程序设计、工业设计等四大竞赛，让浙大学子走出国门，融入国际，共获得国际赛事3项特等奖、92项一等奖、56项二等奖、34项三等奖。

宋翔是浙大建工学院三年级学生，他和建筑系的两名同学在2009年的全国结构设计大赛中获得了一等奖，这是浙大学生连续3次在全国结构设计大赛中获得一等奖。建工学院为鼓励学生开展"问题式学习"，专门开设了"土木工程自主创新实验"选修课，研制了获得国家发明专利的"钢筋混凝土实验教学综合加载装置"和"加载与测试综合实验装置"，指导学生在完成结构设计的实验中学习。宋翔说，参加竞赛不是偶然的，学校为像他这样有准备的同学提供了实践设想的机会和平台。

"我们从小学起就认为知识学得越难越好，长此以往，让我们忽视了对问题本身的分析和关注。而从问题出发的学习方式，不但让我们开始重视对问题本身的分析，还让我们保持了对新鲜知识的兴趣和解决新问题的信心。"岳作功感慨地说，"浙大并没有采取其他大学集中性中短期培训的教学模式，而是将数模教学整合到学生的日常学习生活中，惠及了全校师生，同学们的创造力和想象力就在日常学习的过程中逐渐养成了。"

不论是数学建模课程、创业教育还是工程教育，或是基础学科的研究学习，"问题式学习"和"问题式教学"正越来越多地成为浙江大学本科教学的主流。学校鼓励高年级本科学生积极加入到教授们的科研工作中去，全校现已开设实践类和研讨类课程100多门，延续了10年的"本科生科研训练计划"，每年都有超过一半的学生参加，学校为此向每个获得立项的学生项目团队提供600~1000元的科研经费支持；同时，杨启帆、熊蓉、陈越、顾大强、余世策……一大批悉心指导学生学科创新实验的教师也有了许多"粉丝"，他们已成为浙大学生网络论坛上的"明星"。

（原载于2010年7月6日《中国教育报》第1版，记者：朱振岳 通讯员：高楚清）

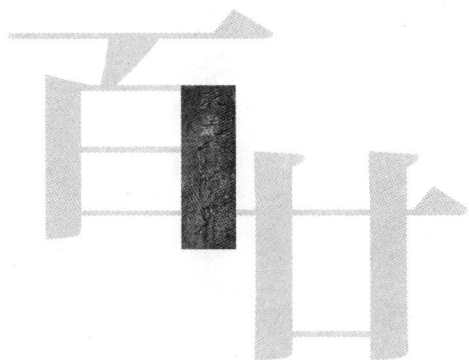

百廿

第二章

知行合一

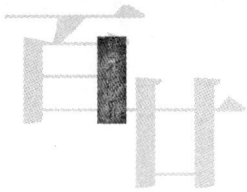

阅读提示：实践出真知。求真求实的浙大人一直在用脚步践行着求学的态度与热忱。"西迁"是一段应该被每一个浙大学子铭记的历史，在老师的带领下，浙大学子一次次重走西迁路，感悟校史，沐浴校风。而在杭州，师生积极参与"毅行"活动。五大校区，二十多公里路程，这是一场对"求是"校训最朴实的实践。

追寻历史的足迹
——"骑行重走文军长征路"活动纪实

　　1937年，抗日战争爆发，随着日寇逼近杭州，浙江大学在老校长竺可桢的率领下举校西迁，初迁浙江建德，继迁江西吉安与泰和，再迁广西宜山，终迁贵州的遵义、湄潭、永兴，途经浙江、江西、湖南、广东、广西、贵州六省及自治区，行程2600多公里，历尽艰辛，浙大师生与祖国一起共同度过了抗战的艰苦岁月。浙江大学不仅没有在战火中消亡，反而在战火中崛起，成为中国一流的大学，被誉为"东方剑桥"。

　　西迁是浙江大学发展的里程碑，是一段应该被每一位浙大学子铭记的历史。吉安、泰和、宜山、遵义等地，正是浙江大学西迁过程中曾经停留办学的地方，浙江大学以这些地名来命名紫金港校区的道路和树林，可见这段历史对浙大的意义。

　　2005年7月12日，"骑行重走文军长征路"一行15名队员，踏上了重走西迁路的征程，省委常委、校党委书记张曦和团省委书记赵一德等领导冒雨为队员送行，使大家深受鼓舞。这次骑行总里程1920公里，历时28天，将是每个队员一生的财富。

浙江西天目和建德

　　为了使新生能安心学习，竺可桢校长于1937年9月21日将大学一年级新生迁至西天目山。刚到西天目不久，竺可桢把师生召集在一起，语重心长地说："国家为什么要花费这么多钱来培植大学生？为的是希望诸位将来能做各行业的领袖。在这国难严重的时候，我们更希望有百折不挠、刚强果敢的大学生来领导民众，做社会的砥柱。"在此试行导师制，也正是为了加强对学生的思想品德的熏陶。

　　考虑到西天目在杭州北侧，与西迁的总路线方向不同，我们在出发前就对西天目进行了走访。无奈的是，当年天目山遭日军狂轰滥炸，禅源寺被毁，只剩下山门、天王殿、尊客堂、西客堂以及部分围墙。山边村民房屋几乎全成废墟。现在的居民都不知道浙大曾在此办学的事。

　　7月13日中午，我们在大雨中到达建德。简单休整后，全队人员分成三批开展活动：一队前往码头寻访当年浙大到建德的上岸点；二队前往梅城县寻访当年浙大的办学点；其他人员留在新安江处理其余事务。

　　1937年11月，浙大师生在竺可桢校长的带领下，走水路从杭州分批到达建德。一队通过询问当地居民，得知当年的码头可能是杨琦码头，位于新安江大桥附近约5公里处。可以想象，当年浙大上千名师生家属从码头来到建德，对建德这个小镇来说，是多大一件事，当地人应该印象十分深刻。但遗憾的是，我们在码头一带没有找到见证这段历史的人。二队到建德梅城寻找浙大曾经借用过的林场、天主教堂、孔庙及民宅。天主教堂在40多年以前就已经被改建了，现在在原址上建了电影院。在林场同样没有找到任何当年遗留下来的东西。

　　在去孔庙的途中，我们终于找到一位对当年那段历史比较熟悉的老人，名叫汪天保，今年80岁。他带我们到了当年浙大在梅城的办学总部（梅城镇总府街114号），展现在我们面前的是一座摇摇欲坠的二层楼房，门口有一块1990年刻的石碑，上面明确指出当年竺可桢校长曾在此地办公。在楼上我们找到竺可桢校长当年的办公室，里面的居民（新安化工职员金子林）热情地带我们参观，并且告诉我们：这里后来又成为另一所学校——浙江冶金学校的办公楼，并且对楼房进行过改造。

　　在当地居民的热情帮助下，我们了解到当年的孔庙现在是建德市第二人民医院，在医院我们碰到一位老人，名叫张霖，今年83岁。他回忆了那段历史，证实了当年浙大确实在孔庙办过学，并且在离开建德的时候把部分书籍和仪器赠给了当时的严州中学，所以那时的严州中学是全国少有的不缺少实验仪器的学校。

回到县城，已经是灯火通明了，但是寻找到的仅有的古迹让我们极度兴奋！

江西吉安、泰和

7月13日，从金华到吉安一整夜站在火车上，大家都困得可以站着睡着。上午拼命补充睡眠，下午3点，出发去白鹭洲寻找当年浙江大学办学的遗址。

据校史记载："从1937年12月24日至次年1月20日，浙大师生从浙江建德出发，经金华，玉山，樟树，转抵江西吉安，行程752公里，平均每天30公里，饱受惊吓和风霜之苦，经受了考验和锻炼，幸亏人员和物资都无损失，平安到达目的地。"

"吉安在江西中部，位于赣江及其支流禾水汇合处。浙大迁到吉安后，教职员住在乡村师范，眷属租用了当地一些居民住房，学生则全部住入白鹭洲上的吉安中学。"

今天的白鹭洲中学即当年的吉安中学，办公室主任韦国平老师热情地接待了我们，并带领我们参观了白鹭洲书院和白鹭洲中学校史馆。关于浙大1937年迁入办学，校史馆内有所记载。

后来，他又带我们去寻找当年浙大师生登上白鹭洲的码头。落日的余晖下，我们穿行在高高的蒲苇丛中，清风吹过来，感到一种洗涤身心的舒畅。

午饭过后，我们开始在泰和开展活动。浙江大学迁往泰和之后将校址选在泰和城西2.5公里的上田村。该村古时有两座书院，即大原书院和华阳书院，还有趣园和遗观楼（即藏书楼），当年外地学子负笈来学，文风鼎盛。浙大师生抵达泰和后，稍事安顿，便继续教学，科研也未停顿。当时大局纷乱急迫，这里的小环境却有条不紊，这在抗战时期国内各大学中是不多见的。当时教育部派人到全国各地巡视，认为浙大是所有西迁大学中教学秩序和教学质量保持得最好的一所。

我们一行11人前往上田村寻找浙大办学的遗迹。时过境迁，68年前的人与物都已不在。大原书院（浙大当时在泰和县的校本部）已被拆掉，改建成机械厂。

当时浙大的大礼堂——萧氏祠堂现在的位置是在泰和六中内。遐观楼、趣园（当年浙大图书馆和部分教室所在）现都已不了，旧址如今成了一个电机场。

浙大师生留驻泰和期间，除办学以外，还为当地人民做了三件好事：修筑防洪大堤，创设澄江学校，协助开辟沙村垦殖地。但是现存的仅有一个旧码头和一条小路（当时的防洪大堤）。澄江学校当时叫实验小学，我们在途中遇见的一位生于1935年的老人说，她念小学时实验小学已不存在。而垦殖场现已是一片农田。看着这些历史的痕迹慢慢被时间冲散，无法再聚拢在世人眼前，心情也随之失落。

将近日暮时，我们抱着希望去寻找竺可桢老校长的夫人——张侠魂女士的坟墓。当年竺校长为学校日夜忙碌，无暇顾家，甚至其妻张侠魂和次子竺衡生病至死都未能在身旁照看。

我们一直以为松山是一座山。经多方打听才知道在赣江边上有个"姚家"，而"松山姚家"是它的一个分支。我们赶到松山姚家时太阳已经西沉，天渐渐黑下来，几经询问，最后从一位老人口中得知，大概在20世纪70年代，所有的古坟墓都被挖掉了。我们的心情再次失落，只好伴着渐渐浓重的夜色返回泰和县城。

在我们前往上田村的同时，另一队人去了泰和县档案局寻找当年浙大西迁泰和办学的档案，寻找到一份1936年的《国立浙江大学教职员学生通讯录》。

广西宜州

7月28日到达宜州，即历史上的宜山。

据校史记载："由于战事影响，从1938年7月25日起浙江大学师生在泰和已无法正常上课，经竺校长实地勘察，决定先迁广西宜山，视届时形势再定行止。至1938年10月底，所有的教职员和师生，除押运图书仪器等物资尚在途中的以外，全部安抵宜山。宜山昔称'蛮烟瘴雨'之乡，浙大师生到达宜山之后，首先遇到的是疟疾的威胁。生活极其艰苦，但师生们皆以苦为乐，情绪高昂，勤奋教学，抗日宣传活动也很活跃。浙江大学的"求是"校训和校歌也是在这个时期确定的。"

在我们到达宜州之前，学校党委宣传部、团委、学生会等组织的西迁寻迹队伍已经先期到达。29日，我们在宜州市委领导的陪同下，与浙大的领导、老师一

骑行路上（卢绍庆 摄）

起走访了浙大师生曾经住过的地方。

　　当年浙江大学校本部的旧址已经成为军营，旧址前有宜州市委立的一块石碑，刻着"浙江大学本部旧址"。当年浙大在宜山的操场现在已经完全荒废，丝毫看不出操场的痕迹。但是放眼望去，背后的青山依然和老照片的背景一模一样，连山际线的一个小转折都依然存在。人已离去，房屋也不在，只有那些青山和老树还站在历史上的位置。

　　值得庆幸的是，在我们与当地政府、学校的交流过程中，他们都对浙大曾在宜州办学这一段历史相当重视。当地唯一的本科院校——河池学院正在收集当年的历史资料，准备编写一本书：《浙大在宜山》。

贵州遵义、湄潭、永兴

　　8月8日，我们在遵义的可桢大桥与学校的大部队会合。从1940年2月到1946

年6月，浙江大学在遵义办学七个年头，所以遵义是浙大名副其实的第二故乡。湄潭更是花费了巨大精力来保护浙大办学旧址。已年届八十高龄的老校友幸必达老人提起当年的人、当年的事，依然眉飞色舞，感慨万千。在可桢大桥边的浙大办学纪念碑前，当我们拿出老照片的时候，一群老人热心地围上来，为我们提供线索。虽然遗址已经基本不在了，但是在这一刻，我们真正感受到了第二故乡的温情。

湄潭浙大西迁历史陈列馆建在文庙。湄潭文庙建于明代，旧时堪称是湄潭文化的象征。1940年浙大西迁至湄潭后，这里是学校湄潭分部的办公室、图书馆、公共课教室、医务室及竺可桢校长的居室。1944年李约瑟来湄潭时，中国科学社30周年纪念会也是在这里举行的。

骑车西行寻访浙大西迁踪迹，我们经历了暴雨的洗礼，接受了烈日的考验，顶住了疾病的侵袭，克服了心理的焦躁，经受了肌肉的酸痛和全身刻骨的疲惫。但是每到一个办学旧址前，每当翻阅校史时，总是不断感慨：我们经历的困难，和60多年前的前辈们比起来，算得了什么呢？

在建德，在吉安、泰和，在宜山，在遵义、湄潭，我们在废墟中看到沧海桑田，在遗址上看到了岁月的痕迹。但是"求是"精神却历久弥新，激励着一代又一代的求是学子。60多年前，它让浙大师生同生死、共患难，刻苦钻研学习，积极抗战救国；今天，它在纷繁芜杂的世界中给求是学子人生的方向。"求是"精神，是"排万难冒百死以求真知"的精神，这是智慧，是执着，是牺牲精神，更是一种气魄！今天，我们重温"文军长征"，缅怀前贤业绩，更加期待明天能够为把浙江大学建设成为世界一流大学，为曾经支持和养育过浙大的地区乃至整个西部全面建设小康社会，为中华民族的伟大复兴，做出浙大人新的贡献！

（原载于2005年9月10日《浙江大学报》第4版，作者：潘慧敏）

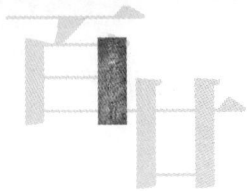

毅行，在路上……

没有灼人的热浪，没有彻骨的寒风，没有凄凄的冷雨，没有阴沉的天幕，12月1日，浙江大学2007年秋季"毅行"成功举行，这是浙大历史上的第十一次毅行活动。

这一天，来自浙大5个校区的1191支队伍共6651人从浙大玉泉校区老和山脚下开始本次征程。浙江省教育厅厅长刘希平、共青团浙江省委书记鲁俊、浙大党委书记张曦、校长杨卫和党委副书记庞学铨、叶高翔等领导也一身轻装上阵，与学生们一起体验"毅行"的乐趣。

据悉，今年的毅行水平距离超过20公里，从浙大玉泉校区出发，经过老和山、北高峰、九龙八塔、石人亭、龙井、九溪十八涧、贵人阁等18个点，最终到达浙大之江校区。

浙大的毅行活动是一项以网络为中介，由学生自发组织的大规模公益健身活动，如今，这一活动已经成了浙大最具特色的校园文化新品牌，不仅在校内同学中广受欢迎，还不断吸引留学生、浙大校友以及杭城其他高校的学生参与。从2002年6月2日浙大第一届毅行活动起，截至目前共计约3万余人次参与其中。

晨曦未露，人已先行

早上五点多开始，参加毅行的同学开始陆陆续续从各个校区赶到了本次毅行的始发地——浙大玉泉校区，起点处人群熙熙攘攘，毅行志愿者们忙得不可开交。

6：30，第一支队伍正式出发，至此本次毅行的序幕正式拉开。山路上人头攒动，在寂静的山林里到处可以聆听得到浙大学子的欢声笑语，在清晨的山谷晨雾里，随时可以嗅到青春澎湃的气息。同学们或携手攀登，或共唱歌谣，或互相鼓励，或闲谈旧事。在一段又一段的山路上，同学们跋涉着，经历着，累并快乐着。北高峰的极目远眺，石人亭后的艰难旅程，九溪龙井的徜徉漫步，绝望坡上的些许绝望和后退，之江钟楼的暮鼓回荡，之江草坪的胜利会师，都化作了参加本次毅行同学心中永远的记忆，这记忆伴着跋涉的艰辛和成功的喜悦。

据相关工作人员介绍，本次毅行为浙大历史上强度最大的三次毅行之一，由于路线偏长，因此与以往几次毅行相比，毅行队伍到达目的地的时间比前几次平均增加了2个小时，尽管如此，第一支队伍依然于中午12点前到达。

毅行途中，有你有我

对于参加过毅行的同学而言，那一次20多公里的经历，都将是大学生涯中乃至人生中一个重要的记忆。20多公里的路程，20多公里的互助，20多公里的坚持，因为——有你有我。

正如校内论坛CC98上某同学发的题为"爱毅行，爱浙大"的帖子所言："毅行归来，去晚了点，没休息，拼命奔，竟奇迹般地完成了。感觉：爽！毅行太棒了，虽然很累，但咬牙坚持的成就感太棒了，路线很长，风景很棒，这次很辛苦，但绝对值得！尤其感谢那些工作人员，你们真的很不容易！真的谢谢你们！组织这样的活动太不容易了，而且你们全是自愿的，这就是求是学子！（路上）堵了很多次也是因为人多，谢谢，真的谢谢！这个活动太棒了，我爱毅行，我爱浙大！希望一直办下去，和几千人

毅行途中（卢绍庆 摄）

一起爬山的体验我将永生难忘……"一位同学发帖说："由于准备不足，在CP3到CP4那段很陡的下坡上，我跟室友两人的水就喝完了，旁边一位好心的同学听到了我们的哀叹，立即送了我们一瓶水（大瓶的农夫山泉）。后来事实证明，这是救命的水啊！！！"

毅行途中，队友们互相鼓励，互相说笑，处处展现着团队的团结与力量。在一些陡峭的地方，大家你扶我、我拉你，一起走过每一处崎岖山路；而在平坦的地方，许多同学还在山中唱起了山歌，好不惬意。"这么美的风景还是第一次亲身感受，这种'一览众山小'的感觉实在是美妙！"同学的话语不假，虽然一路上道路艰险，但那些困苦在如画

时任校党委书记张曦和时任校长杨卫与同学们一起参加毅行 （卢绍庆 摄）

的风景面前依然渺小，"看到这样的风景，我简直就要陶醉在山林而忘归了。"

由于种种原因，不少同学中途退出了毅行，但依然目标坚定："今年准备不足，明年一定积极准备，再来！"而对于那些顺利完成行程的同学而言，之江钟楼前的欢呼是他们对自己最充分的肯定。在成功面前，前路的艰辛微不足道，而那20多公里的经历才是永恒的记忆，和伙伴肩并肩、手牵手一起走过，那是一幅怎样美丽的风景，一份怎样难忘的记忆！

关于毅行，你了解吗？

毅行，源自于香港的"毅行者"(Trailwalker)活动。"毅行者"，于1981年创办，原为考验英军耐力的一项筹款活动，1997年香港回归后活动由香港乐施会主办，至今已举办22届，共有3万多名毅行者先后为"毅行者慈善基金"筹得超过港币一亿三千八百万元，"毅行者"筹得款项用于两方面：帮助香港的弱势群体，协助亚洲、非洲的贫穷人士自力更生。

"毅行者"活动在港内及国际都有一定影响，而且活动的形式也逐渐推广开来，并在难度和组织形式上有所改变，成为现在普遍开展、更具户外活动性质的"毅行"活动。

浙大毅行，是飘渺水云间BBS站参照"毅行者"发起并组织的一项民间远足活动，一年有春、秋两次，并有志愿者组成工作队伍。因行程较远，山路崎岖，不失为考验耐力与毅力的良机。历年来都有数以千计的浙大学子投身其中，接受对自我的挑战。

如今的"毅行"，正是秉承着"文军长征"的西迁精神、凝聚浙大"求是"学风的活动，展现了新时代浙大学子的风貌。同时作为新时代的大学生，又赋予"毅行"新的内涵。这不仅是一次毅力的考验，更是一次团队合作的考验。参与者一路上可能遇到极度的疲劳、缺水、迷路、扭伤擦伤、抽筋等困难，队员们只有相互扶持、团结协作，才能以坚强的毅力完成毅行，一起走到终点。我们的毅行，少了些紧迫感，多了些轻松，多了些团结，多了些友善。途中不乏九曲十盘的"泥泞路"，不乏陡峭峻险的"绝望坡"。但这就是毅行，要靠我们团队的协作去征服那些险坡丛林。

（原载于2007年12月7日《浙江大学报》第3版，作者：邹敏敏）

阅读提示：校史难忘，国史同样需要铭记。从建党初期的探索，保家卫国的斗争，开国大典的胜利，到今天改革开放的迅猛发展，共产党带领国人走过九十年的光辉历程。寻访红色记忆，浙大学子们深受启发，提笔写下新一代青年对历史先锋的崇敬与缅怀。

寻访红色记忆　感受老区变化

九十年的峥嵘岁月，九十年的光辉历程。

穿越血与火的历史，经受改革与发展的洗礼，今年，伟大的中国共产党将迎来90华诞。为迎接这一重要历史时刻的到来，1月20日，浙江大学与本报联合发起大学生返乡赴全国红色革命教育基地寻访调研实践活动。

从革命摇篮南湖到红色圣地延安，从八路军总司令部王家峪到红都重庆……一个月来，浙江大学210多支社会实践小分队、1000多名大学生分赴全国200多个红色教育基地，寻访革命足迹，记录革命老区的变化。

这支以90后大学生为主的寻访大军，在一步一个脚印的亲历中，深刻感受建党伟业的波澜壮阔，切身领略中华大地的沧桑巨变。

这段特殊的经历，令他们惊叹，促他们沉思，使他们感悟。所有的一切，无疑都将成为他们极为宝贵的人生财富，使他们进一步坚定对党和国家的理想信念。

北京红楼：聆听时代的先声

【红色足迹】

北京新文化运动纪念馆位于北京市东城区五四大街29号，建立在原北京大学红楼旧址上。北大红楼是中国新文化运动的主阵地和五四爱国运动的策源地。该纪念馆是全国唯一一家全面展示五四运动的综合性博物馆。

【寻访感悟】

在北京东城区一片繁华闹市之中，红楼悄然而立，显得特别宁静安详。

站在楼外，我们很难想象，90多年前，中国最早宣传马克思主义的刊物在这里创办，1919年5月4日那场声势浩大、席卷全国的运动也是在这里萌发……

当我们踏入红楼，灿烂的阳光正从窗外照进来，洒落在有点吱呀作响的木地板上，简陋质朴的桌椅上，陈旧变黄的书本、报刊上，我们仿佛回到了那个热血沸腾的年代。

李大钊的办公室、胡适的讲堂、鲁迅的写作室、毛泽东做协理员的新闻纸阅览室……无处不讲述着故事，无时不流露着历史，让人久久回味，难以平静。

馆内的讲解员告诉我们，自纪念馆落成以来，每天都有不少人前来参观。参观的人群中，尤以学生为多。一位正在参观的高中生对我们说，在这里可以感受当年热血青年的爱国精神，牢记新中国的来之不易。

穿过熙熙攘攘的五四大街，回望红楼，感觉它一直在提醒我们：勿忘历史，传承精神。

在国家富强、民族振兴的道路上，我们每一个人都应该拿出更多的勇气和毅力，为青春中国更加美好的未来而努力奋斗。

（寻访大学生：效阳 庞磊等）

嘉兴南湖：建党伟业的开篇

【红色足迹】

1921年7月23日，中国共产党第一次全国代表大会在上海法租界望志路106号召开，因受巡捕袭扰，8月初，大会在南湖一艘普通游船上完成最后议程，并通过中国共产党第一个党纲和决议，庄严宣告中国共产党诞生。

【寻访感悟】

一月的嘉兴天气很冷，我们一行人来到南湖湖畔，只见革命纪念馆静静地矗立着，格外庄严肃穆。

1991年建成的革命纪念馆，主体建筑呈镰刀锤头的党徽形状，正门入口处

"南湖革命纪念馆"几个大字，由邓小平亲笔题写。据馆内讲解人员介绍，每年前来参观的人络绎不绝，特别是在5月、6月，日平均接待量达上万人。

面积为现馆10倍、功能设施更完善更现代的南湖革命纪念馆新馆也已建成，工作人员在紧张布展，准备今年7月正式开放，作为党的诞生地对党90华诞的最佳献礼。

探访南湖革命纪念馆

一位老人告诉我们，最早的南湖革命纪念馆于1959年在湖心岛建成。与一代又一代的纪念馆不断变化相对应的是，嘉兴的经济社会发展和人民的生活水平也在不断提升，但不变的是，南湖里的那艘红船，在嘉兴、在浙江、在全国人民的心中，依然是那样神圣。

这一艘小船，承载着建党伟业的厚重开篇，指引着党的90年辉煌历程，也将见证着全党、全中国更加美好的未来。

（寻访大学生：唐筱辰 朱怡 韩晓雯 邵舒萍等）

湖北武昌：农民运动的阵地

【红色足迹】

中央农民运动讲习所（下称农讲所），是第一次国共合作时期在毛泽东同志的倡议和主持下创办。它不仅为当时的农民运动培养了很多革命干部，而且成为指导当时农民革命的重要阵地。

【寻访感悟】

从都府堤41号毛泽东故居走出，沿着一条青石板路走约200米就到了红巷13号的农讲所。

从门口向里望，映入眼帘的是一片苍松翠柏掩映下的古建筑，"毛泽东同志主办的中央农民运动讲习所旧址"几个大字在阳光下特别耀眼。

这个静谧的所在，正是80多年前闻名全国的"农民革命大本营"。

如今，这里已发展成为都府堤红色旅游区，一旁的户部巷也成为集小吃、休闲、购物、娱乐为一体的特色风情街区，每年接待来自全国各地游客超千万人。

刚好在农讲所参观的两位武汉二中的老师告诉我们，每年学校都会组织学生到各地开展红色旅游："现在的生活好了，但我们也要让孩子们了解幸福生活的来之不易，了解革命先辈们的艰苦与努力。"

寻访中，我们同样感触良多，现在很多年轻人一遇到挫折就垂头丧气。而当年的农民运动，曾经受无数荆棘曲折，革命先驱仍不怕困难、不怕牺牲、勇往直前，这种拼搏精神值得我们学习。

（寻访大学生：杨博斐 黄凯源 邱宸阳等）

江西井冈山：工农红军的摇篮

【红色足迹】

1927年10月，毛泽东、朱德等老一辈无产阶级革命家率领中国工农红军来到井冈山，在这里点燃"工农武装割据"的星星之火，创建了中国第一个农村革命根据地。

【寻访感悟】

去井冈山是在春节后的一个大晴天，由于大雪封山，年前去了3次都无法上山，但大雪阻挡不了我们追寻红色记忆的脚步。

沿着一级一级的石阶，来到庄严肃穆的博物馆，映入眼帘的全是孩提时所熟知的那些红色经典：

"三湾改编""朱毛会师""八角楼的灯光""黄洋界的迫击炮""朱德的扁担"……

除了惊叹，一种神圣的使命感油然而生。

在井冈山革命烈士陵园，一位带着孙子、孙女瞻仰的老人感慨地对我们说："这里是我们井冈山人无穷的精神财富！现在国家已经变得富强，群众生活水平逐步提高，孩子们没有体会过从前的苦，所以一有机会，我都会给他们讲讲革命故事，让他们牢记过去、珍惜现在。"

岁月悄悄流逝，但井冈山依旧以风雪不屈的姿态见证着波澜壮阔的过去，井冈山精神依旧以永不褪色的光辉照亮着无限美好的未来。

"实事求是，敢创新路；坚定信念，矢志不渝；依靠群众，勇于胜利；艰苦奋斗，百折不挠。"我们将从中汲取无穷的力量，承担起新的重任，奋力前行。

（寻访大学生：刘松琪等）

贵州盘县：万里长征的铭记

【红色足迹】

贵州盘县是名副其实的革命老区，在1935—1936年红军长征期间，红一军团、红三军团、红五军团、中央纵队以及红二、红六军团先后经过这里。尤其是红二、红六军团在盘县召开的"盘县会议"，更是在中国革命史上留下了光辉的篇章。

【寻访感悟】

走过高楼林立的盘县新城，来到老城小街，看周围熙熙攘攘，人来人往，此情此景，应该很少有人会想到70年前这里的惊涛骇浪。

这里，就是当年红二、红六军团长征途中最重要一次会议——"盘县会议"召开的地方。

长征，多么沉甸甸的一个词。从小我们就听老师讲红军长征的故事，冰天雪地中战士脚上的破草鞋、生命尽头交给战友的一点点青稞……一幕幕都印在我们的脑海里，那样鲜活动人。

探访贵州盘县会议会址

此刻，站在这个曾经的历史转折点，看到陈列室里的文物、画像，我们更加深刻地感受到，震撼世界的红军二万五千里长征，在改变中国革命的同时，也创造了一种为全人类所景仰的长征精神。

来到盘县，不仅仅是为了寻访红军长征的足迹，更是为了寻找、传承和发扬长征精神。战火纷飞的年代已经过去，新的时代有着不一样的挑战。

作为新世纪的当代大学生，要想有所作为，就必须以时代的历史使命为己任，把握时代脉搏，紧跟发展潮流，迎接变革挑战。

长征精神，将在一代又一代中华儿女的青春誓言中亘古长青。

（寻访大学生：徐恺等）

陕西延安：中国革命的圣地

【红色足迹】

延安是中国革命的圣地，1937年1月，中国共产党中央委员会和八路军总部进驻于此，在中国现代史上占有极为重要的特殊位置，现存革命旧居140多处。尤其是抗日战争时期，有无数国家栋梁和民族英才，来到延安接受革命教育。

【寻访感悟】

久违的冬雪降临延安之际，我们怀着崇敬的心情来到延安中国人民抗日军政大学纪念馆。70多年前，就是在这里，一所非凡的学校正式成立。

在原校舍的复原地，露天教室、石头桌椅、黄泥黑板……一切都仿佛在诉说难忘的往昔：在中国共产党领导的抗日救亡运动高潮推动下，一批又一批热血青年和爱国知识分子，放弃优越的生活条件，在艰苦条件下寻求抗日救国的真理。

纪念馆副馆长高延胜介绍，抗大纪念馆开馆至今，已累计接待游客10多万人次。

这些年来，延安的交通变得越来越便捷，每年都有不少年迈的抗大老学员自发组织起来，回到这里，回顾青春岁月，畅谈祖国发展。

"抗大早已成为历史，但抗大精神永不过时！"我们深深感到，每个大学生都应成为抗大精神的传承者，不畏困难险阻，敢为理想奋斗。

（寻访大学生：江婧嫄 冯继雄 张明 权红等）

陕西西安：秘密驿站的辉煌

【红色足迹】

八路军西安办事处也称八路军驻陕办事处，坐落在陕西省西安市古城墙内。其前身为红军驻西安联络处，是一个秘密地下交通站。"七·七"事变后，改名为八路军西安办事处。在全国15个八路军、新四军办事处中，它成立最早、坚持最久、影响最大。

【寻访感悟】

不见灯红酒绿，不见车流如梭，我们沿着古老的西安城墙前行，瞥见一片灰瓦白墙的建筑，这就是七贤庄的八路军西安办事处。

这里，曾经是党的领导人、革命先驱们的住所，现在，则被改建成为一间间展览室。一群孩子打闹着跑来，驻足于我们身后，看了一番后又跑开。而办事处的对面，坐着一位正在晒太阳的老人，慈祥地微笑着。

进入七贤庄院内，一眼便看见墙上挂着的周恩来、朱德、叶剑英等老一辈革命家的语录。红色的底、金黄的字，十分醒目，见证着这所古老而安静的院落曾经的辉煌。

阳光明媚，岁月悠长，这幢矗立数十载的古老建筑，以自身承载的历史，感动着一批批来这里参观学习的来访者。

曾经的七贤庄，像是一位勇敢与智慧共存的战士，地下工作、联络通信，完成了一件件艰难的任务。现在的七贤庄，像是一位满头银发的慈祥长者，静静地注视着进进出出的参观者，感受新时代的无限生机与活力。

（寻访大学生：张雨濛 张梦馨等）

重庆红岩：英雄事迹的感动

【红色足迹】

红岩革命纪念馆位于重庆市嘉陵江畔，包括红岩村13号、曾家岩50号、桂园、《新华日报》旧址等。它们都是抗日战争时期中共中央南方局的活动基地，是我党在国民党统治区巩固和发展抗日民族统一战线、领导人民群众进行革命斗争的中心。

【寻访感悟】

生在重庆这座有着丰富革命历史文化内涵的山城，我们从小就对"红岩"二字印象深刻。

小学时，大家人手一本《红岩》，里面的故事深深地感染了我们，江竹筠、小萝卜头、许云峰……一个个名字深深地烙在我们的脑海里，并激励着我们不断进取。

红岩，一直是重庆最为响亮的"名片"，这两年更是吸引了一大批全国各地的群众前来瞻仰、学习。

几经沧桑，小院依旧。寒假中，我们循着先辈的足迹再次来到这里，感知那永远存留在纪念馆每寸空间里的红岩精神。尽管是临近春节的严冬，慕名而来的访客依旧络绎不绝。

一位年过八旬的老者，在小孙子的搀扶下，颤抖着抚摸墙上的照片，依稀可见他干皱的眼眶中噙着泪水，让年轻的我们深受感动。

参观红岩革命纪念馆，遥想革命先辈的英雄事迹，我们心潮澎湃，心头涌现出一种前所未有的责任感、使命感，就如工作人员所言："红岩精神，最需要的就是你们这些新时代的青年学子去传承，去发扬光大"。

（寻访大学生：史龙鳞 杨清会等）

山西王家峪：红星杨下的变迁

【红色足迹】

王家峪位于山西省武乡县城东40公里的丘陵山区，抗日战争时期曾是八路军总司令部和中共中央北方局所在地。朱德总司令、彭德怀副总司令等老一辈革命家曾长期在这里生活、战斗，领导华北各抗日根据地。

【寻访感悟】

自晋城驱车北上，沿着穿山而过的高速公路，我们一行人来到武乡县八路军总部旧址。

崇山峻岭，叠翠绕雾，70多年前，朱德总司令就在这里与百姓同甘共苦，指挥英勇的八路军战士沉重打击日寇。

如今，朱德总司令亲手栽的红星杨依旧高大挺拔，枝繁叶茂，向世人昭示着常青的革命精神。寒来暑往，它就像一位饱经沧桑的老人，见证着当地百姓的生活变化。

"过去，这里是穷乡僻壤，山路陡峭，进来都要费很大劲儿。"王雁，一位80后的青年研究员向我们介绍，"尤其是改革开放后，这里通了公路，原来驴车都很少来的地方，开始变得车来车往，红色旅游得以发展，也给当地经济和百姓生活带来不少改观。"

寻访中，我们注意到，武乡县城的建筑几乎都是样式新颖的坚固砖瓦房，与作为文物保护的八路军泥坯房相互依存。

夜色渐晚，雪花翩翩飞舞，大街小巷静谧如斯，穿行其间，只见家家户户新贴的春联，无不弥漫着喜悦，憧憬着未来……

（寻访大学生：程璐 王哲玮等）

江苏盐城：铁军精神的奇迹

【红色足迹】

1941年，抗日战争进入极为艰苦的阶段。皖南事变后，中共中央发布命令重建新四军军部。重建地，就选在江苏盐城泰山庙。江苏盐城新四军纪念馆是全国唯一的专业性新四军纪念馆。

【寻访感悟】

当我们参观好新四军纪念馆，再来到盐城市中心瞻仰新四军铜马塑像时，心中的崇敬之情达到顶点：一位年轻英武的新四军战士，身背大刀，手握缰绳，骑在高扬前蹄的战马背上昂首前进，象征着新四军一路东进，开辟华中敌后抗日根据地……

70多年前，新四军军部在这里重建，发动和领导大江南北的人民开展敌后抗日战争；70年后的今天，铁军依然屹立，红旗依旧飞扬。

作为盐城这座英雄城市的标志、铁军精神的象征，俗称"大铜马"的新四军军部纪念塔建成后，一直放置于盐城市区建军路和解放路的十字路口中心的交通岛，那里曾是盐城市民心目中老城区的中心坐标点。

如今，随着盐城开通苏北第一条快速公交线路，为适应城市发展，市政府对铜马塑像进行异地迁移保护。新的铜马塑像矗立在原址东南方的建军广场，也使得我们可以更加近距离地瞻仰它，欣赏新四军将士的英姿，感受非凡的铁军精神。

12岁就参加新四军的79岁老人朱根兴，经常在"大铜马"前一站就是许久。他说，看着"大铜马"，就像看到昔日在一起浴血奋战的战友。"我常想，如果他们能看到现在的繁荣景象，不知会有多高兴……"

（寻访大学生：仇云鹏等）

河北西柏坡：山间小村的运筹

【红色足迹】

西柏坡位于河北省平山县中部。1948年，毛泽东同志率领中共中央、中国人民解放军总部移驻这里，使这个普通的小山村成为中国共产党领导全国人民和人民解放军与国民党进行战略大决战、创建新中国的指挥中心。

【寻访感悟】

天气很冷，但前来西柏坡瞻仰的人群依然络绎不绝，这里面就有我们。

在一间简陋的小屋里，破旧的桌椅、厚重的石磨、布满灰尘的白炽灯，还有那依旧鲜红的党旗……所有的一切，都仿佛在向我们描述着中国共产党七届二中全会召开时的情景。

小时候，生长在西柏坡边上的我们，憧憬着长大后去外面的世界走走看看；长大后，我们才发现家乡同样美丽，同样迷人。

重回西柏坡，那一景一物，对我们来说，都有无数的回忆、无限的感慨。尤其是一路上，我们看到，从纪念馆到农家小院，从饭店旅馆的招牌到家家户

走访西柏坡纪念馆

户门前的春联灯笼……红色，成为这里最鲜艳夺目的颜色；红色资源，也正成为推动当地发展的新引擎，带给人民越来越红火的好日子。

西柏坡村支书闫建良说："老区代表着光荣和奉献，但不能以此作为贫穷的借口，作为"等""要""靠"的资本。咱们老区人民艰苦奋斗的精神，啥时候都不能丢。"

"风雨岁月，匆匆走过，西柏坡留下了一首真情不变的歌……"离开西柏坡，已是傍晚，一曲《又见西柏坡》仿佛又在耳畔回荡。

（寻访大学生：白杨赞、赵谦等）

天津红桥：解放战争的丰碑

【红色足迹】

平津战役是解放战争"三大战役"之一，于1948年11月29日开始，1949年1月31日结束，共持续了64天。通过此战役，中国人民解放军控制了北平、天津及华北大片地区。

【寻访感悟】

来到平津战役纪念馆，历史的气息扑面而来：

胜利纪念碑呈三棱刺刀状，高64米，象征这场仅用64天就结束的大战役；两位解放军战士的雕像耸立于两侧胜利纪念柱顶端，他们是参加平津战役的东北野战军和华北军区部队的缩影。

走访平津战役纪念馆

战略形势图、战地照片……一件件展品生动地勾画着那个战火纷飞的年代。这里有7000多件文物、文献资料，全面、真实地展现了平津战役从发起到胜利结束的光辉历程。同时，还采用大屏幕电视、战场景观、电动沙盘等现代化的手段和形式，逼真地再现了战争场面。

历史，往往能生发凝聚感动的精神

藤蔓。"起先，我只是完成工作，但在讲解的过程中，我逐渐认识到它的神圣感所在，并且体会到做一名平津战役历史的讲解员肩上所承担的责任。"一位讲解员这样告诉我们。

走出纪念馆，我们的心久久不能平静。硝烟已散，炮声已远，战争的辉煌总是与悲壮相伴。这场战役中，人民解放军共有7000多名战士献出了宝贵生命，32000余人光荣负伤。

胜利的背后常常伴随着鲜血甚至生命的代价。我们应该始终牢记，祖国繁荣富强的来之不易，人民幸福生活的来之不易……

（寻访大学生：李欣雨、张振兴等）

（原载于2011年3月3日《浙江日报》第18、23版，记者：吕玥
通讯员：张栋梁 李拓宇）

阅读提示：26岁浙大博士生崔祥斌赴南极科考，跟随"雪龙号"，挑战"不可接近之极"，奔走3600公里，一度被困12小时，最终满载而归。这些科研经历都是崔祥斌给母校和科研事业发展的珍贵礼物。

南极科考队来了位浙大博士生

（报道一） 26岁博士生赴南极科考

26岁的浙江大学地球物理专业博士生崔祥斌，即将在本月底随"雪龙"号科考船出征南极，开始我国的第24次南极科考。前天上午，浙江大学师生专门为他举行欢送会，崔祥斌说，他要把学校的旗帜带到南极最高点"冰穹A"。

据悉，崔祥斌作为此次南极科考的17名"突击队"成员之一，将深入到海拔4093米、距离南极中山站1200多公里的南极内陆。"我要使用冰雷达探测南极冰盖和陆地交界处，了解冰盖结构，寻找最古老的冰芯。"

浙大首位去南极的博士

崔祥斌2004年从同济大学海洋与地球科学系本科毕业后，被保送到浙江大学理学院地球科学系遥感和地理信息系统专业读硕士，之后转为该系地球物理专业博士生，而其硕士阶段所从事的主要研究项目是南宋六陵的遥感地球物理探测。

去年，他在继续攻读博士学位时，恰遇导师田钢教授与中国极地研究中心海洋室孙波主任有科研项目合作，而作为国际极地年中国PANDA计划重点课题的"中山站至冰穹A断面及其冰穹A区域冰雷达探测"，正是双方的合作内容之一，这使崔祥斌有机会将自己的博士研究方向从工程地球物理转向南极冰盖的地球物理勘探。他是浙大首位去南极考察的博士。

静心装配科考设备

从年龄上看，崔祥斌是此次南极"内陆考察队"的年轻成员，他的"学生"身份看起来有点特殊，但是这并不影响他在科考中独当一面。据悉，目前我国正在从事"冰盖冰雷达探测"研究的科研人员人数还非常少，而崔祥斌即是其中之一。

"我在这次的南极科考队里，主要任务是利用冰雷达仪器，探测中山站至冰穹A断面以及冰穹A区域的冰下结构、冰岩界面环境等，进而研究冰盖的动力过程和演化。"崔祥斌解释说。

26岁的崔祥斌在专业素养和身体素质上都已经通过相关的考察。今年8月14日，他才得知被选入南极考察队的内陆队，而15日便赶往北京参加了内陆队员的体检，17日又踏上西去的火车，赴拉萨参加了高原适应性训练。半个月后，各项测试他全部顺利过关。

最信奉"细节决定成败"

如果说"细节决定成败"是一句时髦的口号，那么崔祥斌这么多年来都一直在不折不扣地执行。这是他能够在竞争中胜出的法宝。

"我从大学一年级开始记日记，把每天发生的最重要的事情都记录下来，便于自己总结和反思。"崔祥斌虽然是理科生，但是他的心思细密和对文字的爱好，远远超乎旁人的想象。

他对于细节的真正认识，始于硕士阶段从事的宋六陵遥感考古项目，持续一年多时间的野外探测工作，对他产生了深刻的影响。

"最初的时候，我由于缺乏经验，有时会在到达野外探测现场后，发现自己忘了带一些工具。其中有一次，探测设备没法使用，原因是我忘了更换电池。要知道，野外工作常常离驻地路途遥远，如果忘带了东西，可能一整天就没法工作了，后果很严重。"于是，崔祥斌渐渐就养成了良好的工作习惯和严谨的研究态度。

在此次赴南极科考前，崔祥斌更是把每一个细节都进行放大准备。"昨天上午，我花了一个小时，把冰雷达的所有设备都连接上了。我打算周末把这些设备拿到外面的开阔地方进行试验。此外，我还要准备一批实验需要的资料，因为一旦登上科考船，要想查找一些文献、数据就不那么容易了。"

（原载于2007年10月24日《钱江晚报》A13版，记者：沈伟红）

（报道二）第24次南极科考队今天出征

浙大博士生挑战"不可接近之极"

半年前，他还只是一位普通的在校博士生，而今天，他将作为我国第24次南极科考队内陆队成员，随"雪龙"号科考船出征南极。他就是唯一一名以学生身份进入科考队的浙江大学博士生崔祥斌。

在南极，他将深入海拔4093米、距离中山站1200多公里的南极内陆，对中山站至冰穹A断面和冰穹A区域进行冰雷达测量和观测。冰穹A是南极内陆冰盖距海岸线最远的一个冰穹，也是南极内陆冰盖海拔最高的地区，被国际科考界称为"不可接近之极"。再过一个月，这个"不可接近之极"上将留下崔祥斌的脚印。

临行带上一本关于南极的书

说起即将到来的远征，崔祥斌一脸平静。就在临行前的一天早上，这个26岁的浙江大学理学院地球科学系地球物理专业博士生还在慢条斯理地整理自己的个人行李。记者在行李中发现了一本泛黄的《最后的大陆——南极洲》。"这本书是随手拿来的，在航行中可以看看。"

"我在上海这些天一直在帮老师准备内陆队的工作，因为他是内陆队的队长，我要在完成自己工作的基础上，分担他的工作。"

因为队里要求临行前一天晚上队员必须住到科考船上，崔祥斌和几个同伴昨天中午就从中国极地研究中心出发，把几十箱行李运送到"雪龙"号去。

记者随崔祥斌一起来到位于上海浦东新区五号沟地区的中国极地考察国内基地，这里有南极科考船的专用码头，整修一新的"雪龙"号今年将首次从"自己的家"驶出，奔赴南极。

此时，船上船下都是一片繁忙景象。码头上，刚刚运抵的两车苹果、香梨、酸奶等食品，正在往船上吊送。另一边，两个10多米高的吊臂，正不断地将一个个集装箱装到船上。崔祥斌说，那里面都是科考需要用到的器材，包括他的"冰雷达"。"这个雷达价值100多万元，是从国外订购的，是目前世界上最先进的。"

住在"超级无敌海景房"

外来人员不允许进入科考船，崔祥斌给记者借来了"临时参观证"。走上"雪龙"号，一路遇到的科考队员们都在忙着搬运行李，机械师傅还在为科考船做最后的整修和检查。

登记后，崔祥斌领到了自己的房间钥匙。沿着陡峭的阶梯，记者随他来到三楼329室。推开房门，里面有3张床，还有一张写字桌，右边有一个独立的洗手间。写字桌上方的窗户正对着科考船前行的方向，望出去一片湛蓝。"这可是超级无敌海景房！"有同伴戏称。

今天出发后，崔祥斌将经过历时一个月左右的海上航行到达南极。

"过赤道的时候，我们会有一个庆祝仪式。"他告诉记者，这一路南下，最难受的一关应该是位于印度洋和南太平洋附近的西风带，"那里的风浪很大，船颠簸得很厉害。不过挺过去就没事了。"

"我们要在海上航行一个月，中途经停澳大利亚。在那里还要添置一些物资。到达南极的中山站后，把配送给中山站的物资设备卸下。我们内陆队将从中山站上岸，翻越几个高坡，抵达冰缘，10天左右后才正式出发挺进冰穹A。估计明年4月20日之前是回不来的。"

年轻学生担任科考重任

崔祥斌是科考队内陆队的队员，全队一共17人。内陆队的科考任务有5个：研究冰盖的历史演化与未来发展趋势；在冰穹A处寻找到最古老的冰芯样品；寻找南极冰盖最佳的天文观测位置；南极冰下山脉探测；南极冰下湖和冰下水探测。

"这次内陆队负责的科考任务的重点和难点，都要用崔祥斌负责的冰雷达探测。"内陆队队长、中国极地研究中心海洋室主任孙波告诉记者，5项科学问题其中有4项与崔祥斌的冰雷达有直接联系。

"如果运气好的话，这次科考很有可能会再发现几个冰下湖。"崔祥斌说，目前，人们已经发现南极有150个冰下湖，近期还会发现这些冰下湖还发生间歇性连接，他说可以通过探测冰下水系研究气候变化。

除了科考研究，内陆队的另一个重要任务是担任整个科考团的后备保障。"这可不是一般的后勤部门，都是高科技投入的保障，除了生活物资的供应，还要保证雪地车运行、导航定位、发电等工作正常进行。"孙波解释说。

"如果没有探测任务，我也要参与保障工作，像给雪地车加油啊这些工作都要做，出去了就是一个团队了。"崔祥斌说。

虽然科研任务繁重，后勤保障工作也不轻松，但崔祥斌还要做一份"兼职"——撰写内陆队科考日记。"冰盖物理的工作量很大，科研质量要求很高，所以崔祥斌压力也很大。但他接受能力强，学术领悟力强，文字表达非常好，外语也很不错。所以，内陆队的科考日记，包括记录探测的进展情况、计划安排，都由崔祥斌负责。"孙波认为这个"兼职"非崔祥斌莫属。

据孙波介绍，虽然都是冰天雪地，但南极的环境也有好有坏。比如中山站年平均气温是零下58.4摄氏度，而崔祥斌他们即将挑战的南极冰穹A地区，是地球上气候最恶劣的地区。"那里海拔高达4093米，特点就是冷，气候环境变化无常，最低气温达零下80摄氏度，最高气温也仅为零下30摄氏度，属于生命禁区，含氧气量很低，对长期工作者来说是个极大的挑战。"

【对话】

想把校旗插到南极最高点

记者：（你）是第一次去南极吧？

崔祥斌：是第一次。以前看到过很多南极的照片，冰天雪地，一群群企鹅什么的，很向往。不过我这次去那里最重要的是要完成科考任务。我要去的冰穹A

环境很恶劣，几乎没有生命，企鹅是不可能看到了。

记者：你这么年轻就入选了南极科考队，是怎么被选上的？进科考队需要什么条件？

崔祥斌：我觉得去南极首先要身体过关，其次就是你有去南极工作的需求，最后就是你在南极要完成工作的意义。我在学校是研究地球物理的。这次国家组建南极科考队，一些科考的内容正好和我的课题有关，我的导师田钢教授就向极地研究中心海洋室的孙波主任推荐了我。8月份他们通知我去北京进行全面体检，测量血常规啊，心肺功能啊什么的，还有关键的身体综合素质、适应能力、反应能力等等，我全都过关了。因为这次要去的冰穹A地区又冷又缺氧，所以出发前我们又特地到西藏进行了专门的训练，就是针对这两点的，主要是高原适应性训练，还有爬山和拉练。目前来说我们的身体不会有问题。

记者：现在的南极天气如何？

崔祥斌：现在南极刚好是夏天，但那里还是很冷的。我们行李有统一的科考队服装，种类很齐全的。南极主要的服装是连体的科考服，包括巨人连体服和企鹅连体服，御寒强度最高的是里面还有内胆的连体服，穿起来有点像太空服。在那边还有可能碰上极昼，就是太阳整天都不下山，大约50天。

记者：你们在南极吃什么？能吃到新鲜蔬菜吗？

崔祥斌：我们在南极吃饭以早饭和晚饭为主。蔬菜瓜果都备足了，而且有专门的厨师。中午我们就随便吃些小点心，车队不会为了吃午饭扎营，也不停车。

记者：在南极考察会不会遇到险情？

崔祥斌：在船上有供氧，活动还自如，下船就不一样了。这个季节应该不会有雪崩，暴风雪倒是有可能。

记者：在那里，会与外界完全隔离吗？

崔祥斌：基本上是与世隔绝吧，也没法上网，手机带去也只是当表用。

记者：长时间与外界隔绝，会不会寂寞？

崔祥斌：嗯，不会。船上有运动和娱乐的场所，比如我喜欢的台球啊，还有乒乓球、篮球，还可以举行舞会，唱歌。接下来一个月的航行中，我们还要在船上参与统一的安全知识培训。到了赤道、冰穹A这些有意义的地点，队里还会举行各种仪式。

记者：到了冰穹A，你个人想做些什么有特别意义的事？

崔祥斌：抵达冰穹A后，科考队要举行升国旗仪式，还要放一块精致的司南在南极。至于我自己，临行前我通过学校BBS向同学们征集意见，最后决定把浙江大学的旗帜插在南极最高点上。不过南极没有网络，不能及时把照片发回来。等我一回来就给大家看。

记者：临行前都做了什么？

崔祥斌：前天晚上和上海的一帮朋友刚聚餐过，他们都给了我很大的支持，也送给我很多的祝福。我的老师也亲自过来送我。家人自然是最牵挂我的了，不过，我刚才往家里打了电话，告诉我的情况以及这次出发的各种保障，安抚他们，尽量让他们放心。

（原载于2007年11月12日《今日早报》第2版，记者：高丽莎）

（报道三） 浙大博士南极奔走3600公里

科考队员昨天首次透露南极被困12小时

1981年出生的崔祥斌，真没料到自己会在南极大陆上跑那么远，整整3600公里！如果折算成北京到杭州的直线距离，估计能跑3个单趟。

昨天上午10点，崔祥斌穿着一身鲜红的"中国南极科考"服，出现在本报编辑部。5个多月的南极生活，在崔祥斌身上留下的最明显印记就是——他原本在西藏集训时晒成古铜色的皮肤，经过南极极昼的考验，现在已经成了特殊的"南极红"。

记者是目送崔祥斌登上"雪龙"号的，那是去年11月12日的上午，第24次中国南极科考正式起航。当时位于上海黄浦江畔的中国极地码头已经是秋风肃杀，但是浙江大学地球物理专业博士崔祥斌却只穿了一件黑色的T恤，在来来回回地搬运一箱又箱的实验器材。

这位浙江大学的博士生性格非常沉稳，带着山西汉子特殊的沉默。从去年12

月13日起，就在"雪龙"船即将靠近南极大陆时，他的"南极科考博客"不断出现在记者的邮箱里。

今年1月，南极科考曾经发生过一次险情。当时的新华社快讯是这样描述的：

北京时间16日10时左右，中国南极内陆冰盖考察队5名遇险队员和6名救援队员安全返回大本营。14日出发的5名考察队员由于雪地车失去动力而遇险。

"崔祥斌在其中吗？他是5名考察队员之一吗？"记者当时看到这条消息，心情非常焦急。

因为自从崔祥斌作为"突击队员"进入内陆后，记者就有大约50天没能收到他的邮件。

昨天，崔祥斌第一次面对记者，回忆起1月14日经历的大营救过程。

"14日凌晨3点左右，我正在冰盖上工作，突然发现自己操作的实验器材'冰雷达'输出的考察数据不正常。这时，我根本没有想到是雪地车出故障了。

"在检查后我发现，雪地车这时提供的电压不到19伏，而正常情况下应该是29伏。雪地车出故障了！

"这是很可怕的事情！因为在零下30多摄氏度的环境里，我们工作的电力、生活的保障都要靠雪地车来提供。

"可怕的事情仍旧发生了！凌晨5点，雪地车彻底无法工作了。当时，我和另外两名考察队员挤在后车厢里，只感觉到空气在一点点结冰，冷得大家都不想说话。当时我就在心里默念着千万别刮暴风雪，否则性命难保。"

通过铱星电话，100公里之外的营地知道雪地车出了故障。按雪地车每小时10~12公里的速度计算，仅路上就需要8~10个小时，此外还要有准备燃料、营救设备的时间。

3辆雪地车从营地出发赶来，幸好路上没有出现情况。"等到傍晚5点左右，我突然透过车窗看到远处出现一个黑点，等到它慢慢驶进，我看到雪地车后扬起大片的雪花。在此之前，我从来没见过开得这么快的雪地车！我估计当时雪地车每小时的速度超过了16公里，开得太快了。"

崔祥斌一口气讲完了这次最冒险的经历，听得记者在一旁都忘了插话。

"我们得救后，又继续完成了原定的考察任务，然后才返回大本营。"

崔祥斌说，3600公里就是这样一天接着一天跑出来的，而且都是跟他的考察

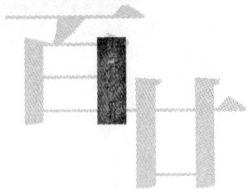

设备"冰雷达"一起完成的，一般考察队员的考察路程可能在2500公里左右。

"由于冰雷达是由雪地车提供电力，所以我每天都在车上，由于车子太颠簸，不敢坐不能站，许多时间都得用躺的姿势来完成考察。"

整整两个多小时，记者一直听着崔祥斌讲述他的南极科考故事。他说，希望过两年能再次去南极，相信下一次自己会准备得更充分。

（原载于2008年4月22日《钱江晚报》D15版，记者：沈伟红）

阅读提示：传承历史精神，方能继往开来。在当代全球化发展的大潮中，学子们也需要走出国门，学习其他国家和民族的优秀文化。浙大为学子们提供了与世界交流的渠道，如境外交流、实习访问、科研合作等。与跨学科的学者交流，与跨民族的文化对话，学生们学到的不仅仅是知识，更是眼界与经验。走出自我，尊重他人，谦虚求教，厚积薄发。

浙大：通向世界的课堂

爱旅游，爱学习，更爱境外交流。浙江大学为学生提供的境外交流机会，成为大学生涯一份难以忘怀的经历。

不为简单的观光旅游，不为纯粹地锻炼外语，更不为凑足几个学分，只为了走出大学城，做开眼看世界的那一人。

（报道一） 到西班牙去看房子

少就是多（"Less is more"）。

现代建筑四大师之一的密斯·凡·德罗在说出这句话的时候，不知道他自己是不是很清楚地意识到，从此以后，这句至理名言和巴塞罗那国际博览会德国馆的简洁平面会将无数学子钉死在建筑师这条曲折的路上。

作为一名建筑系学生，我刚入校时，老师就将练习绘制德国馆平面图作为建筑设计课的起步训练。因此，在获得了去西班牙交流项目的机会后，巴塞罗那德国馆也毫无疑问地成了行程表上的第一站。

它坐落在山脚，和山顶上古典风格气势恢宏的加泰罗尼亚国家艺术馆一比，显得有些不起眼，可却是完全不会被人们错过的。

近一百年过去了，人们依然恪守着建筑师当年"少即是多"的格言。1000多平方米的小房子周围既没有围墙也没有栏杆，只有一个管理员兼收门票，路过的人都可以靠坐在水池边的台地上。

可是，就连一百米开外，绿化带的篱笆上都挂着金属铭牌，上面画着黑白矩形组成的德国馆简洁立面，旁边用最中规中矩的字体标注着"mies barcelona（巴塞罗那）"。

整个建筑就如同教科书上的一样干净纯粹。形体很简单，外观就是一片方盒子。构成建筑的钢材、玻璃、大理石，无不展现着它们最原始的朴素质感。可以说，这里没有任何一点装饰，但是也可以说，它们已经成了装饰本身。

走进建筑内部，简简单单的几片墙，不完全隔断，也不完全敞开，让整个空间忽然迂回起来，增加了不少奇妙有趣的小视点。

我到的那一天，巴塞罗那正下着瓢泼大雨，整个德国馆里面只有我一个人。也正因为如此，光洁的金属表面得以完整地反射出周围的景致，我可以慢悠悠地打量每一处细节，甚至蹲下身去查看铺地的花纹而不用担心被人踢到屁股。这大概也算是"少即是多"的一个旁证。

现在的巴塞罗那德国馆，是为了纪念这一时代性的建筑，专门在原址上原样重建的。

"Less is more"，密斯·凡·德罗是一个德国人，58岁的时候他去了美国，而我是一个中国学生，此刻在西班牙。这个世界，应该"少"些什么？又会因为"少"而"多"出什么？

1929年的世博会，只有14个国家馆，虽然很"寒碜"，却是今日"盛况"的起步。密斯·凡·德罗的经典之旅，也从这里起步。当时的人们，并没有意识到"少就是多"会从此扭转了世界的审美，德国馆像其他的13个世博馆一样，在博览会结束后被拆了。一直到1996年，唯有它，又重建了。而这时，密斯·凡·德罗的追随者们已经把"少就是多"幻化成无数张建筑设计图，随风吹遍了世界。比如在杭州的大街上，一幢幢蓝灰色调线条干净硬朗的高楼，就像雕刻着密斯·凡·德罗的名字，一看就知道设计师是德国人或者是从德国回来的中国人，或者是和德国有关的人……总之，也许有一天，我们中的一个，会努力把图纸简约到只剩下一个方盒子，之后再重新开始膜拜高迪。

巴塞罗那原本是属于高迪的，夸张、绚丽、花一样的高迪，1884年的高迪，永远让孩子们激动的高迪，今天依然出挑、醒目却又丝毫不突兀地与"少就是多"共存着。

这就是西班牙。这就是世界。

（浙大建筑工程学院本科生：单雨歌）

（报道二） 大学里的滑梯

朋友去德国交流，其间到慕尼黑理工大学去围观传说中"大学里的滑梯"。2011年年初，这滑梯曾在网络上红极一时。两条巨大的管道滑梯，从教学楼的顶楼延伸至地面。有了这条捷径，学生从顶楼下到地面，区区几秒就足以完成。朋友乐滋滋地玩了一遍又一遍，拍了一张又一张照片放在人人网上炫耀说："这'大学的滑梯'真是又好玩又高效。"

除了对"新奇特"的感慨之外，我们不禁思索这种设施的意义。

欧洲各国学生混杂的大学中，德国学生是出了名的"学霸"——课上笔记滴水不漏，又总能提出发人深省的问题，课后的反馈和作业也是质量颇高。人们都说德国人治学严谨，一丝不苟，而他们的勤奋踏实，在这新奇的大学教学楼滑梯上呈现得淋漓尽致——打破常规的设计，为惜时如金的学生们节省了时间。见微知著，在细节上的用心。同学们关切之点，便是学校聚焦之处。

无独有偶，优秀的大学在这一点上惊人的相似。方式有异，但本质相同。

丹麦的哥本哈根大学图书馆里，有海量分门别类的藏书，有连接网络的计算机，有配备台灯的书桌和可调整高度的座椅。除此之外，我见到了阅览区面向户外，看得见风景的沙发，见到了讨论区的小茶几和小圆桌，见到了休息区的热水壶和咖啡机，甚至还有几张吊床供人小憩。英语系的阅览室更是24小时开放的，只要刷卡便可入内。与其说是图书馆，倒不如说是书吧、书屋更为贴切。这里，读书不能用"刻苦"来形容，因为读书是一种享受。

除了来来往往的学生，也会看到头发花白的教授或者是管理员埋头于高高的书堆里，翻看着厚厚的字典，全神贯注地做着笔记，沉浸于此，夜的宁静和台灯的光芒交织在笔下。优秀的大学为师生精心营造的氛围，是使潜心治学的气息弥散在空气里。师生的关系便也是平等甚至是互助的，亦师亦友，相互促进。

我作为交流生在哥本哈根大学学习的半年，受到诸多礼遇，颇为感慨。除去学校设施的人性化之外，软件方面也值得一提。印象深刻的是在语言班里，老师并不把自己置于讲台的一端，而是同学生一起围成圈，聊天似的讲着课。她并不觉得自己是与众不同的老师，只把自己定位为"第一个说话的人""促成同学们交流的因子"。偶尔，老师也会带来丹麦特色食物让同学们品尝，以此作为引子，讲述丹麦人的生活方式。也有几次，他会提到一些电影、书籍，一些人文的背景资料，供同学们直观地感受丹麦文化。于是，语言便鲜活而立体起来了。

好的大学，应该有"人性化"这个关键词，就是以人为本，想方设法创造条件，将学生这个发展主体，置于中心环节。

（浙大外国语学院本科生：褚嘉琪 付瑶）

（报道三） 用设计的眼光看日本

本想单纯地在日本闲荡，不带任何学术目的，可长时间在专业上的思考，让我无形中总是用设计的眼光看待一切事情。

有意思的是，许多中国设计专业的学生都是从日本设计开始了解设计，很多人都在追求简约朴素的日本风。

美与艺匠精神

在日本，拿到一张地图，上面推荐的半数景点都是美术馆，多得好像中国的加油站。每一个美术馆都定期更新作品，展出的还有民间工艺、珠宝艺术甚至食品。不管平时还是周末，总会有许多的日本人穿着和服逛美术馆，欣赏艺术品。在我看来，几乎所有的艺术作品都有中国的味道。

在20世纪70年代还被称为"设计小偷"的日本，到了90年代，产品已经获得了全世界的认可。

在京都，一个秉承日本艺匠精神的小漆碗，可以开价超过10万日元；在箱根，一条条竹丝被编制成了各种肌理交错的工艺品，成就了日本的美感经济。在日本，处处都能体会到被全民尊重的艺匠精神，每个人都会把自己手上的事情做到极致，不管你是做拉面的厨师，还是普通的收银员。

在索尼（SONY）的工作坊，我体会过日本人在企业中的艺匠精神。一个亚克力材质有上千种的选择。索尼相机的升级，T1、T2、T9、T10……从中可以看出日本设计不断精益求精、追求完美的精神。现在看来，他们还是在遵循艺匠精神，没有去创造未来，但这不代表他们没有创造力，而是缺乏整合性的领导力。

日本企业的困境

索尼是日本制造业的一个缩影。曾陆续推出半导体收音机、可携带黑白电视机、随身听、3.5英寸软盘驱动器等12项划时代技术的索尼，自1990年后的20年里，几乎再也没推出过让人耳目一新的划时代产品。与此同时，日本的企业文化曾让世界崇拜不已，但如今保守的作风日益成为阻碍企业进步的绊脚石。

很多学者说，按照发展逻辑，iPod应该是索尼的产品，因为Walkman（随身听）在数字化时代升级到电子音乐播放器是一个必然趋势。而iPod的成功实际上是硬件、软件、网络、内容再加上服务的整合成功，这实际上就是一个纵向合作。而在SONY内部发展数字音乐必定会损害索尼唱片部门的利益。索尼内部官僚化的组织管理，枪打出头鸟、以和为贵的企业文化抹杀了创新能力。

目前，随着全球经济一体化，纵向合作已经是完全可以期待的，如果不主动地走出第一步，不主动地寻求整个产业之间的合作，整合创新，可能又会错失一个全新的产业发展机会。

如今的苹果正如昔日的索尼，"凭借崭新的产品和服务颠覆人们的生活模式"，同时也通过产业整合，让其成了最富有的公司。

曾经在课上跟同学分享过iPhone产业链的故事，iPhone是在美国设计，在日本制造关键的零部件，由韩国制造最核心的芯片和显示器，由台湾厂商供应另外一些部件，最后在深圳富士康工厂组装，再空运到美国，又被苹果商店门口排队的华人买走，然后高价卖到中国各地，又被深圳的手机作坊回收翻新再出售，最终被当作电子垃圾拆解回收。

这是一个非常有意思的路径，最大的组装厂、最大的消费市场、最大的污染都在中国。而最大和次大的利润呢？中国扮演了怎么样的角色？

（浙大设计研究院研究生：邱懿武）

（报道四） 香港一年

一年的时光转瞬即逝，当我在深圳湾向着对面的香港说再见的时候，这一年在香港大学交流学习的经历已在我身上打下了深深的烙印。时间虽短，但是港大这所学风严谨、海纳百川的大学留给我的印象，依然如维多利亚港的海水一般时时冲刷着我的记忆。

不一样的学术

港大的课程具有很大的师生互动性，一个很重要的方面就是tutorial（个人辅导）。所谓的tutorial，是助教利用课外时间安排的习题讲解、课程附加内容的补充等。许多教授上课来不及细讲的内容（例如公式的推导、技术的应用等），都会在tutorial中由助教进行详细阐述。此外，tutorial也是及时解答同学疑惑的好机会，我有许多概念、原理甚至错误都是在此澄清的。对大一新生来说，tutorial是强制的，因为它保证了学生对基础课程的掌握。

还有一种叫作Open Book Exercises（开卷练习）的内容。第一次在课堂上拿到一份写着OBE的题目时，我们的第一反应都是低头苦思并写下自己的思路，可是老师却说："Come on guys, you should discuss with each other! Open your books, and refer to your notes!（来吧，同学们，你们应该互相讨论！打开书，并参考笔记！）"在师生的讨论中，一道题目可以有不同的解法。

长久以来，我对工程专业的印象就是"解决问题"，而港大的考试十分注重对原理的理解，甚至工程学院的课程考试都要考至少50%的原理理解和叙述。在港大，只有先弄清原理，才允许进行下一步的问题解决和方案设计。这样的考试无疑加重了学生的课业负担，但对夯实基本功很有帮助。

不一样的文化

图书馆前的中山广场时常举办辩论赛和讲座，校园里时常有对社会热点的讨论；每个学期都会有来自各个国家的留学生在特定的时间内展示本国文化；民主墙是言论自由的地方，只要符合规定的程序，任何同学都可以发表自己对事情的观点……

在港大校园内，理智的声音从未缺失。

2012年年初，香港《苹果日报》刊登了一则广告，以蝗虫形象丑化赴港生子的内地双非孕妇（即孕妇及其丈夫均非香港户籍持有者），并掀起了港人与内地人之间的矛盾。

民主墙内有这样一则言论，是由两位香港本地学长申请并张贴的。言论否定了张贴反双非海报者的做法，并呼吁大家理智对待该问题，应由政策的改善来解决此问题，而非用极尽丑化的讨论去煽动公众。

除了香港本地学生外，在港大的内地生也积极利用民主墙发表自己的观点和看法，反对形象丑化和指责的扩大化，并号召"中国人团结一心解决问题"。

除了表达观点的自由和开放之外，程序的严谨也是港大的习惯。例如在民主墙内张贴的海报，都附有张贴者的学号，这也是一种对自己言论负责的态度。

（浙大光电信息工程学系本科生：李芮）

（报道五） 我的北卡之行

浙大生命科学学院与北卡罗来纳州立大学（以下简称北卡）的本科生实习互相支持，北卡的学生来浙大，而我们，去北卡。

走进北卡罗来纳州立大学，整齐的砖红色房屋随意地分散建造，校园里林荫密布，很多植株上都挂有标明植物拉丁语学名的指示牌，向所有的生物爱好者们敞开着植物学的大门。

在生命科学学院大楼里，我们看到了大规模的温室中培育的各种植物学模式植物，北卡的几位教授为我们解读了影响模式植物长势的因素。在植物园里，老师指点我们细致地比对相同物种的北美种类和东亚种类的形态。每发现一种间断分布的典型物种或与研究相关的近缘种，老师们都会不顾泥泞，直接上前去探讨和拍照记录。

在北卡西海岸的路边，我们被路边的一片海岸松林所吸引。这片松林里的海岸松生长得并不密集，还穿插缀落着野葱一类的草本灌木和麻栎等较低矮的植

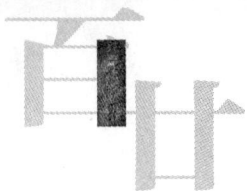

株。林间，脚下的土地十分松软绵密，我们以为是为了保持土壤肥沃，对这片松林进行过人为的焚烧。然而北卡罗来纳州立大学的老师告诉我们，这里的确是经过了焚烧，但不是人为而是自然火灾，并且每隔两三年都会发生一次。这样的火灾除去了一些繁殖能力过于旺盛的杂草，并大大减少了松林密度。火势过后，剩余的少许海岸松获得了足够的生长空间和营养、光照，重新生长和繁衍出一片新的松林。

人类的生存和壮大，离不开自然的启发。

自然的规律如此，新鲜事物的产生，必然意味着陈旧事物的消亡；然而，没有旧的种子萌芽，也生长不出新的森林。所谓"靡革匪因"，只有建立在以往研究成果的基础上，进行创新和突破，才能有新的演进。

这片马尾松林的土地上，处处是异常大而饱满的松果。我挑拣了一个直径10厘米、长约15厘米的，带回家放在书架上，它让我记住这片远在大洋彼岸的海岸松林，更记住自己的爱好和理想。

（浙大生命科学院研究生：玛青）

（原载于2012年8月15日《中国科学报》第8版）

比尔·盖茨请浙大博士到家里吃饭

博士问首富：在这个激烈竞争的时代，如何吸引人才

　　虽然听说比尔·盖茨私底下是个很随意的人，但当他嘴上还残留着面包渣出现在任重面前时，这位浙江大学博士生多少还是有点意外。

　　"他显得很随意，穿了一件普通的夹克，一件圆领衬衫。他能将这种随意扩散到整个聚会，甚至于整个微软。"任重说。

　　任重目前是浙江大学计算机专业在读博士研究生，2005年6月开始在微软亚洲研究院网络图形组实习。6月17日起，他和另外11位实习生，作为微软亚洲研究院的第二批"明日之星"代表，赴美国进行为期一周的访问。在美期间，他们访问了微软美国总部，并受邀参观了神奇的"未来之屋"，在盖茨举办的烧烤聚会上，与这位世界首富有了一次零距离的接触。

盖茨家宴上巧遇三位浙大校友

　　"说实话，最初得知去美国微软参观，我并没有特别兴奋。"任重说，一是因为他本身就在微软亚洲研究院实习；二是临近博士毕业，手头工作实在是太多了，以至于他曾想过放弃这次美国之行。

　　后来他在研究院的导师告诉他，比尔·盖茨这次发出的邀请，是专门针对实习学生的，而在微软公司，即使正式员工也很少能有这样的机会。这使任重改变了主意。

　　美国当地时间6月17日，任重一行抵达美国西雅图。两天后，他们接到了比尔·盖茨家中烧烤晚宴的邀请。

　　据媒体公开报道，盖茨那幢著名的豪宅总造价超过1亿美元；房屋周围水域面积约464500平方米；建筑面积超过6100平方米；房屋包括：7间卧室、24间浴室(包

括10个浴缸）、6间厨房、6个壁炉。

任重说，盖茨的家靠着山坡建造，豪宅与西雅图市遥遥相对，邻近雷蒙市的微软公司总部。车子抵达坡顶后，他们沿着一条下坡的百米封闭式长廊，步行来到一座临湖的大草坪上。晚宴就在那里举行。

参加晚宴的有来自全球的微软公司的200多位实习生。烧烤晚宴并无特别之处，有一些烤肉，还有三文鱼。嘉宾们不准带手机和相机，在进入豪宅之前，每人会领到一张卡片，如果卡片上有一颗星，表示你的年龄可以喝酒，否则只能喝饮料。

虽然盖茨最初并没有出现，但Jim Gray（微软数据库专家、图灵奖得主）、Gary Flake（最年轻的微软院士）这些著名科学家的出现，已引来"未来之星"的一片尖叫。任重说，他们团里有几位学生对Jim Gray说："我们非常崇拜你，一直期待着与你见面。""是吗？"Jim Gray说完，微笑着给他们来了个拥抱。

"他们都很nice（和善），没有架子。和你交流时，他们会详细了解你的研究领域，不是那种客套式地询问，而是十分好奇地和你探讨技术上的问题。"任重说。

巧的是，任重在晚宴上还遇到了三个浙江大学的校友。他们都在微软雷蒙德研究院实习。"这个世界真的很小"，任重不由得感叹。

不拘小节的盖茨，自信的盖茨

晚宴进行了半个钟头后，盖茨出现了。

任重一眼就发现盖茨的裤子上沾了些巧克力酱，嘴上还残留着面包渣。有人告诉他，接待客人前，盖茨往往会先吃点东西，因为接下来，会有无数的问题等着他，可能连吃饭的时间都没有了。

任重和他的中国同伴一共问了盖茨6个问题。有人问盖茨："2008年，你会来北京观看奥运会吗？"还有人问："胡锦涛主席和你会面时，有哪些不为人知的趣事？"盖茨回答说，他和胡主席聊到了乒乓球，他们两人都非常喜欢打乒乓球。

任重的问题是："在这个激烈竞争的时代，微软在吸引人才方面有哪些策略？"谁都知道微软的对手是谁，盖茨显然听懂了任重的"弦外之音"。他表示，自己并不认为现在的竞争比以前更激烈。他说，之前也有过很多明星公司，但微软公司一直能招到最好的人才。

盖茨还特别提到，微软有世界上所有跨国公司中最为成功的研究院，每年都能在国际一流的杂志上发表有影响的文章，这些技术很多都成功地转化到微软的产品上，这样的环境，对高级人才会有非常大的吸引力。

"他给我的感觉是非常自信。"任重说。

亲临未来之屋，无所不在的计算机管家

虽然没有走进比尔·盖茨的居室，但任重说，位于微软展览馆的"未来之屋"同样令人大开眼界。据说，"未来之屋"里的很多技术也被使用在比尔·盖茨的豪宅中。在这间世界上最先进的智能化住宅里，12位中国学生亲身体验了一次人类未来的居家生活。

任重描述说，未来之屋的面积有100多平方米，如果不细看，感觉就是幢很普通的住宅。事实上，"未来之屋"利用了许多先进的显示技术及人机交互技术。你可以这样想象：通过这些高科技的集成，好比房子里有一位虚拟的、无所不在的"计算机管家"。

一进门，导游就问"计算机管家"："天气怎么样？""今天都有哪些安排？""计算机管家"一一做出回答。导游紧接着发出指令："请把房间换到welcome(欢迎)模式"。任重说，他当时看到窗帘自动拉开，明媚的阳光照了进来，整个房间的温度、背景音乐都有了细微的变化。

在"未来之屋"里，还有一面颇为神奇的"魔镜"。任重说，橱柜里的每件衣服都有一个射频ID（类似于商品的条形码），当你拿着衣服站在镜子面前，镜面里会出现一个电脑显示器。显示器通过解读衣服上的信息，会告诉你今天天气怎么样，你穿这件衣服是否合适，甚至还会给出一些时下最流行的搭配方案……

让任重啧啧称奇的还有"未来之屋"的多媒体室。大人们给孩子讲故事，整个房间的灯光、音乐会随着故事情节的变化而变化。当你说到草地上出现一头小山羊时，音乐会变得柔和，音箱里还会出现"咩咩"几声羊叫，让孩子有身临其境的感觉……

　　任重说，就单项技术而言，"未来之屋"并没有太了不起的技术，"但能把这么多高科技集成一个家居里，以一种你最容易接受的方式来改变你的生活，这就是它的过人之处。"

美国研究人员对技术有一种纯粹的热情

　　除了微软，任重等人还参观了美国波音公司、MSN研究院。任重说，此行让他颇为触动的是，他接触到的美国研究人员对技术本身有一种纯粹的热情，而很少掺杂技术以外的东西。这种纯粹的热情，往往是中国学生（尤其是研究生）所欠缺的。

　　另一点最深的感受是，之前他们更多的是在埋头做学问，却很少有机会了解科技如何改变人类的生活，"而当有一天，你看到这么多成功的人，看到了他们研究的东西正在给人们的生活带来如此巨大的变化，你会有一种被震撼的感觉。这种震撼，会成为我们今后研究的动力"。

（原载于2006年7月5日《都市快报》第2版，记者：王雷）

阅读提示：大学生入基层做"村干部"，是一个学习实践的好渠道。面对陌生的民情，遇事插不上话，大学生村干部刚入职就遇到了难题。然而，他主动出击，设置"农民信箱"与农民搭上话，发挥自身特长开办暑期补习班。从细节做起，为老百姓办实事，大学生村干部，任重道远。

"挂职村干部"的第一课

"大学生村干部要上的第一课，就是语言课：怎样才能与村民搭上话，聊起家常？"起先，浙江大学经济学院大一学生赵彧对此并不在意。因为，他要去挂职当村委会主任助理的湖州市南浔区菱湖镇南双林村，离他家所在的南浜村，仅有5公里路。

7月6日，和赵彧一起从浙江大学出发，到湖州担任"挂职村干部"的25位大学生中，有1/3不是本地人，比起他们，赵彧的优势很明显：可以用家乡话与村民沟通。

但20多天后，赵彧却发现，要和村民"搭上话"的确不容易——"他们彼此之间称呼小名，商量问题不用政策性语言，和陌生人说话时有些腼腆。"

让他没想到的是，在即将"卸任"的时候，不经意间办的暑期补习班，却赢得了村里人的交口称赞，"村里来了个大学生，教课比学校里的老师水平还高"——"挂职村干部"的第一课，对赵彧和他的同学们来说，才刚刚开始。

熟悉的村庄是如此"陌生"

短短几小时，让赵彧有了19年来从未有过的困惑：自己对脚下的这片土地，原来如此陌生。

"具体通过与村干部密切交流，查阅该村相关历史档案，来了解村委工作情况。"在《挂职南浔区南双林村村主任助理工作计划》中，赵彧这样规划着"挂职村干部"工作的第一步。

然而，走进村委会办公大楼后，他却傻了眼——村里根本就没有"历史档案"可以让他翻阅，要了解村情民风，必须通过"口口相传"的非文字记录。

7月6日上午，为迎接大学生"挂职村干部"的到来，南双林村特意召开了村干部会议。这时，赵彧又发现，村里没有专门的会议室。

办公楼是一幢已略显破旧的三层小楼，外墙的水泥有些剥落，露出红砖。租给一家纺织厂当车间的一楼，不时传出机器的轰鸣声。3楼才是村委的办公点，共3个房间，村支书、村委会主任合用一间，会计和妇女主任各用一间。

"在村干部会议上介绍此次挂职锻炼的具体内容"，也是赵彧工作计划的一部分。用标准的普通话读着事先精心准备的计划书，赵彧多少有些惴惴不安。他已经感觉到，与说话很少用"术语"的村干部相比，他对村里新农村建设情况的了解，可以说是"两眼一抹黑"。

比如，村里的第一个公共厕所，该如何选址？村民的新房建设，该如何监管？尚未开展垃圾收集工作的村庄，该如何保持整洁……村庄规划和建设中的一切，对大学生赵彧来说，都是陌生而新鲜的课题。

会议结束后，善解人意的村支书邱根方把赵彧领回了家。"挂职村干部"碰到的又一个意外是，不知该从何处了解农家生活的他，竟反过来成了支书的访问对象——面对"怎么想到要考浙大""平时学习有人辅导你吗"等问题，赵彧只能如实回答。

"其实很多情况都不清楚呢。连村民家里有没有厕所都不知道。"这个1米84的大男孩略带羞涩地告诉我们，在最近的工作中，他都尽量少喝水，"回家才上厕所"。

尽管生长地南浜村距离挂职的南双林仅5公里，赵彧也一直把自己认同为"农村长大的孩子"，但直到这个夏天，他才发现，要了解农民，还有很长的路要走。

遇事插不上话的"村干部"

"主任走到哪，我就跟到哪。"

　　显然，与所有首次担任"挂职村干部"的大学生一样，赵彧并不满足于仅仅充当"会议记录员"的角色，尽管在他到来之后，村里的各种会议内容，才开始纳入被认真记录和整理的"轨道"。

　　"小赵很用心，刚来那几天，他边熟悉村里的情况，边追着问我可以为村里做些什么。"村委会主任费阿华对赵彧的工作热情加以肯定，他还逢人便要介绍一通："这是浙大来的小赵，到我们村挂职当一个月的主任助理。"

　　"村里新农村建设的规划图经过杭州专家的审定，已经落实下来，这些楼房正在整修中。你们看，这个小亭子，是最近刚建好的。"7月26日，当笔者来到南双林村时，赵彧介绍起村里情况时，已十分娴熟。

　　"你们知道村干部为什么要经常去施工现场盯着吗？"赵彧说，规划图中的尺寸，在具体建设中是1厘米都不能出错的。假如允许一个农户将房基向公用通道延伸1厘米，就有别的农户会占道10厘米。村干部在监督和管理工作中，必须一碗水端平，"公开、公正"。

　　赵彧对村情的这种了解，很大程度上归功于刚到村里时的"好奇"与"兴奋"。不管费主任跑工地、跑现场，还是与包工头碰面，他都紧随其后，还要"提一大堆问题"。

　　然而，让他尴尬的是，在很多场合，尽管很想给村主任搭把手，他却"连话都插不上"。

　　村里主干道"新街"的东南边，是规划中村民公园的所在地。为把石料、沙子等建材运到这里，必须铺一条路。铺路过程中不可避免地占用了村民的池塘，不想纠纷由此而起。

　　"才2000元一亩的补贴，这算什么规定？"等到赵彧跟随村干部来到现场时，该村民的情绪已十分激动，他提出的要求是每亩赔偿15000元，要不然就让村里把路挖掉，恢复他家的池塘。

　　这架势，让赵彧一时不知所措。学校里学到的法律知识，此刻显然用不上。当费主任等干部边喊小名边给该村民递烟，待其情绪平和后，再耐心地讲解国家政策时，赵彧只能在一旁静静地听着、看着。

　　"主任助理的工作，没有想象中那么简单。"赵彧总结说，村干部们讲政策，从来不"照着文件读"，而是结合实际讲话，突出让村民"受益"的地方。像"池塘纠纷"，最后是通过做通那位村民的爱人的思想工作，才"迂回"地取得成功的。

赵彧说，在农村工作，怎样与农民"搭上话"，就是个很大的挑战。

因地制宜的"农民信箱"

"怎样才能自然地与农民搭上话，然后交上朋友？"

在来到南双林之前，赵彧曾经设想过这样的理想模式：通过推广农民信箱，将手头的"电脑绝活"教给农民，同时了解农民在生产、生活中的具体需求，比如，需要推销哪些农产品，有哪些知识需要通过网络获得。这样，既能给农民带去实惠，谈话也不至于陷入"空洞"和"尴尬"。

因此，他在计划书中这样写道："在村委内部首先推广并注册一部分农民信箱，使村干部能很好地了解农民信箱的益处，起到模范带头作用。之后，在普通农民朋友中推广时，就可以借助村干部在群众中的威信，达到事半功倍的效果。"

赵彧自认为"贴近农民实际"的沟通方法，在现实中却又遭遇了尴尬。

事实上，在村委会的3间办公室里走了一个来回后，赵彧的心里就敲起了小鼓。不要说没有办公用的电脑，连支书和主任使用的桌椅，在他眼里，都是破旧不堪的。

仔细询问之后，他才发现，村里电脑的普及率，离他设想的实在太遥远了，连主任家里都没有电脑。大多数村干部，从没碰过鼠标。

在村里推广使用"农民信箱"，是此次浙江大学与湖州团市委联合开展大学生"挂职村干部"建设新农村活动的"7项目标"之一。可是，赵彧要完成这个任务，看来难度"相当大"。

情急之下，几位与赵彧有相同境遇的"村主任助理"在一起合计，"三个臭皮匠顶个诸葛亮"，想出了好主意。他们在菱湖镇农业技术指导中心的帮助下，找到一间电脑教室，把镇上所有的"农民信箱联络员"召集在一起，集中上了半天的课。

"通过手把手地教，他们都学会使用农民信箱了。"在这些学员中，包括赵彧所在村的会计。但是赵彧很担心，如果电脑不在村子里普及，"农民信箱联络员"

能发挥的作用将十分有限。

暑期补习班让农民记住了我

7月15日前后，驻村1周多后的大学生村主任助理们，普遍出现了"焦虑症"。

赵彧的"症状"是：帮会计算账时有点"没精打采"，填表格填得"心浮气躁"；翻报纸时更加难受，"心里像有什么东西在挠痒"。

除了做做会议记录，跟着村干部后面出出现场，赵彧几乎没能干上什么"正经活"。连帮会计算账，也是他"自己要求来的"，"技术含量又实在太低"。

本来打算在一个月的时间里"甩开袖子，大干一番"的赵彧，只闲了两天，就觉得有点委屈了。"村里是不是有点不重视我？"这样的疑问在他心中渐长。

事实上，这时，也是村主任费阿华最焦虑的时候。"大学生进村当挂职干部"，无论对于南双林村，还是菱湖镇、南浔区甚至湖州市，都是破天荒第一次。怎样使大学生在实践中更加了解农民和农村，并且从中得到锻炼，让费阿华他们颇费思量。

"一个月的时间太短了，大学生们对农村社会的了解又太少了。"费阿华表示，"即使他们在村里帮不上什么大忙"，能让这些"知识面广、但实际操作能力不强"的优秀学生，在一个月的工作中，对农村实际情况有些"感悟"，已经是他最大的心愿了。

但赵彧并不满足于获得一些"感悟"。回想他在6月获悉学校将要派学生前往湖州建设新农村的消息时，他依然十分激动："可以代表学校去服务家乡建设，对我而言，有双重意义。"尽管当时正值期末考试，赵彧还是第一时间去报了名，并且"晚上躺在床上不停想"，为面试做准备。

当时的他，可能没想到，一个月之后的自己，会在南双林村的大街上四处"找活干"。

贴在街上的一则"家教广告"启发了他。此时，正值村民忙着养殖鱼虾和第3季蚕，闲在村里的孩子没人管，正是父母的一块心病。

几天后，虽然简陋，但不乏农家特色的"暑期补习班"建起来了。赵彧的一位高中同学的姑母"赞助"了家里临河的"堂屋"。2张木桌、8条长木凳上，围

坐着求学的农家子弟。

"上午是高中生的课，一共11个学生。我同学教7个学生的数学和英语，我教4个学生的物理和化学。下午是初中生，都由我的同学来教，上的是数学和英语。给他们讲的都是新课，哪里有不懂的地方，就一对一地辅导。"

有意思的是，在我们偶遇的几位村民中，很少有人知道"村里有位挂职村干部"，但他们却都知道"来了大学生，给孩子们上补习班"。村民朱良琴的女儿下半年念高二，她说："大学生的课，上得比学校里的老师还好。"

"办补习班，是我力所能及的，也是真正为村里做的一点实事。"赵彧说，他作为"挂职村干部"的第一课，还远远没有结束。

（原载于2006年8月1日《浙江日报》第10版，记者：童颖骏 实习生：娄华艳）

阅读提示：用知识回报祖国，是浙大学子一直践行的理念。作为中国青年志愿者扶贫接力计划的一员，十几年来，浙大西部支教团吸引了一届又一届的学生。他们代表学校，前往贵州、四川等地区，像曾经的师长一样，教书育人。在这条传播"爱"的路上，支教团成员们付出了无悔，同时也收获了难忘人生。

留下值得怀念一生的记忆

——浙江大学西部支教团员的故事

"你我的爱温暖了祖国的西部，流过汗，流过泪，留下了幸福，我们用微笑照亮孩子们回家的路……"这是浙江大学西部支教团的团歌。5月27日下午，在美丽的西子湖畔，记者在和浙江大学研究生支教团的部分团员聊起他们西部支教的收获时，第11届支教团总团长、浙大管理学院研究生王承超，不由自主地唱起了这首团歌，神情中充满自豪。

从1999年开始，浙江大学共选派了12届逾百名优秀本科毕业生，作为中国青年志愿者扶贫接力计划研究生支教团，前往贵州湄潭和四川昭觉两地进行支教服务。这个计划被简称为"1+2"，即一年支教、两年研究生学习。

第7届团员张川霞现在已经是浙大管理学院的老师。她是2005年参加支教团的，目的地是川西南凉山彝族自治州境内海拔2800米的国家级贫困县昭觉。"从成都坐9小时火车到西昌，再坐4小时汽车

自2013年起，党委研工部每年都组织"竺可桢奖学金"的研究生获得者们赴遵义、湄潭探寻西迁足迹。图为2013年研究生竺奖获得者们在浙大西迁旧址处合影。

才到昭觉。"张川霞说，"看到昭觉民族中学的孩子们40多人挤在宿舍地上睡大通铺，家访时看到老乡家里除了一口架在砖头上的锅之外，什么都没有，我才知道什么叫贫穷，心里难过得直想哭。"

让张川霞们想哭的，还有饮食单调、听不懂方言、孤独寂寞等一系列考验。"昭觉是典型的高寒地区，一年中有10个月是寒冷的冬天，只出产土豆。我们几乎天天吃土豆，大家开玩笑说，我们每天的菜谱是：早餐马铃薯、午餐土豆、晚餐洋芋。"

努力克服生活困难、适应环境之后，浙江大学支教团员们各尽其能，扎实工作，取得的成绩足以让他们感到自豪。令第11届支教团昭觉服务地团长高亮最自豪的是，为了让金曲乡的孩子们上学不再趟过冰冷的河水，他们向很多企业发邮件、打电话寻求帮助，终于打动了杭州民生药业有限公司，由公司出资修建了一座"民生桥"。支教团员们累计为昭觉的380余名贫困学生募集了现金近20万元及总价值150余万元的物资。

第4届研究生支教团的宋冰晨、王维松，利用自身的专业知识，建立了"浙江大学支教团"网站，通过网络媒体寻找热心人士的帮助。2006年年底，浙大支教团成功组织了"百人圆梦大行动"接力计划，动员近千名浙江热心市民捐款逾10万元，为支教地160余个品学兼优而家庭经济困难的孩子解决了1年至5年不等的学习生活费用。

在为西部做出贡献的时候，浙大支教团员们走出了一条不断创新的支教之路：他们在湄潭创建了首个"心理咨询室"，为当地学生排解心理问题；创建了"陪你走高三"项目，开设专题讲座，进行结对辅导；开办计算机、英语、普通话等各类教师培训班数百场，受益教师千余人；启动"求是强师工程"，每期将10名贵州湄潭县骨干教师送往杭州二中、杭州十五中接受为期半个月的培训。

"用一年不长的时间，做一生难忘的事"。回忆起自己的支教生活，张川霞说，现在自己似乎忘记了当初的艰苦和困难，只留下幸福。"临走那天，我们故意跟学生说早上7点就走了，不要来送。结果9点钟我们一出门，学生和老乡们全在门口等着！孩子们拉着我的衣服一声声"张老师、张老师"地叫着，我的眼泪再也忍不住了。"

王承超说，浙大支教团中流行着一个"七十分之一"理论："如果我的一生是七十年，我愿用其中一年，也就是生命中的七十分之一来做志愿者，可能生命会更加精彩。"

浙大传媒学院的李岩教授，门下三个女研究生都是支教团员。她说："这些城市独生子女的选择蛮有勇气的。在艰苦的环境中，这些被误解为吃不了苦的'80后'孩子，都表现出非常优秀的一面，一段志愿者经历对他们的一生会产生深远的影响。"

在浙大研究生支教的昭觉，有一种花叫索玛花，春天到来的时候，这种花会开满昭觉的山坡。正在接受支教培训、暑假即将启程的第12届团员们，也做好了到祖国最需要的地方去的准备。相信他们也会相逢在索玛花开的春天，留下值得怀念一生的记忆。

（原载于2011年5月30日《中国教育报》第1、3版，记者：杨咏梅 朱振岳）

一条山路与六颗年轻的心
——浙江大学学生赴四川省昭觉县支教纪事

3月2日，杭州一家能源公司发起一个为四川省昭觉县瓦洛基点校小学捐赠课桌椅的活动，让大山里的孩子不再蹲着上课和吃饭……这场活动是浙江大学几名研究生牵的线。

陆智辉、费滨、贾峻苏、杨大鹏、张一、王辰是浙江大学第13届支教团成员，从2011年夏天到2012年冬天，他们在四川省昭觉县支教。

2013年年初，他们回到了校园。此时，12所昭觉乡（镇）小学的4570名小学生穿上了冬衣；瓦洛基点校小学的"爱心宿舍"完工，328名学生不用再每天往返七八个小时上学，可以住校了。

"第一堂课——学生们让我'吹牛'"

去昭觉的路很难走，翻越海拔3000米的解放沟山，需要走上100多公里的盘山路。

看到沿路破败的房屋，席地而睡的村民，满身灰尘的孩子，"一腔热血"的6个90后男孩有了想哭的冲动。"当时，感觉自己像是进了难民营。"陆智辉说，虽然之前听学长说过这里的情况，但身临其境，另有一番滋味在心头。

在当地政府的安排下，陆智辉和伙伴们挤进了当地一所中学的学生宿舍，6人睡起了上下铺，拉起了唯一一根能与"山路另一端"联系的网线，准备安营扎寨了。

6个人都承担了教学任务，教的内容很杂，有生物、政治、信息技术；既要教初一、初二，也要教高二。陆智辉被分到昭觉县民族中学，他告诉记者："当天，教务主任就'扔'了两本生物教科书给我，10点钟就要去上课。我问有没有教辅书，因为从来没有教过，有点儿紧张，但得到的答案是：'没有了，被其他老师领光了，你自己想办法吧。'"

"因为昭觉是彝族的主要居住地，这里的大人、小孩都讲彝语或四川话，语言上比较难沟通，第一堂课，学生们让我'吹牛'"（在昭觉当地，吹牛是指聊天）。"老师，生物是什么？大学是干什么的？"这是孩子们问得最多的问题。

"跟孩子们接触后，我发现，他们其实很好学，很向往外面的世界，都想走出去。但那条长长的'山路'、落后的思想以及贫困的生活，让他们无法圆梦。如果没考上大学，他们或许就要一辈子待在大山里。"张一说，为了满足孩子们的学习热情，支教团成员利用周末休息时间，在当地小学开设了英语课。王辰在民族小学上第一堂周末英语课时，就受到了全校师生的广泛关注，当天就有200余名学生来上课。

聚微之力，情暖昭觉——收到"爱心包裹"50吨

杨淑芳是一个很特别的学生，她所在的班也很特别，是民族中学的"爱心孤儿班"。"在昭觉，有很多人因吸食毒品和地下采血买卖而感染艾滋病。"陆智辉说。这个班学生的父母大多因艾滋病去世了。12岁的杨淑芳由她的叔叔、婶婶代管，常年就两套衣服，一套冬装，一套夏装。陆智辉看在眼里，想象着自己如果也在这个处境下会怎样，心里一阵酸楚。"除了教学，我们都在努力寻找各种途径扶贫。"陆智辉说。

进入11月，当地气温接近零摄氏度。6名志愿者把募集来的1000多件衣物打包，扛到金和地木希望小学的小操场上。老师们告诉班里的孩子们："快到操场领衣服。"冲在最前面的孩子叫阿比拉日，只穿着一件短袖，一条单裤，外加一双凉鞋。陆续跟上的其他学生的穿着也差不多。"我们拿出一件厚棉衣把阿比拉日裹了起来，但衣服太大，直接盖过了她的膝盖。"贾峻苏说，因为大部分旧衣物都是大人的，很难找到适合孩子穿的。"我们问阿比拉日，你最大的愿望是什么？"费滨说，孩子告诉他，就是想穿一件新衣服。

回来的路上，大家谁也没有说话，那一晚他们集体失眠了。第二天，杨大鹏就上网折腾了。"他建议，把这里的情况在网上发布，让更多的人知道这里的贫困，让更多的人伸出援助之手。"费滨说，我们在微博上发出了"微暖"倡议：少逛一次街、少请一次客，省下1元、10元、100元，积少成多、聚沙成塔，为孩子

们购买棉衣、棉裤和棉鞋——聚微之力，情暖昭觉！

几天后，费滨接到了在浙江嵊州做外贸生意的蒋涵阳先生的电话，他说想到昭觉看看。2012年1月1日，蒋涵阳和妻子开了一辆商务车，带了一车的新棉被、新棉衣和新鞋袜。

短短一个月，"微暖计划"就募集资金和物资70余万元，浙江大学第13届支教团共收到来自全国各地的总重量达50吨的爱心包裹。经过支教团成员的精心整理和分类，寒衣、棉被等过冬物资和书籍、文具等学习用品，全部发放到昭觉民族中学、职业高级中学、龙恩乡中心校、金和地木希望小学、日哈乡中心校、谷曲乡瓦洛基点校、金曲乡中心校、新城镇中心校、比尔中心校、赤火村小等12所学校学生，还有新城镇、日哈乡、金曲乡、阿并洛古乡等乡镇的贫困村民手中。

"像老师那样——做一名支教志愿者"

就在大家为自己所做的事情感到小有成就的时候，瓦洛基点校校长李怡宁敲开了他们宿舍的门。瓦洛基点校位于昭觉县谷曲乡，因为交通不便，学生每天都要经历一番跋山涉水才能到校。"学校一般10点上课，下午2点就放学了，因为孩子回家要走4个小时。"李怡宁说，他非常想把学校改成寄宿制校，这样就可以让孩子们有更多的时间读书。但学校穷得叮当响，李怡宁无能为力。

贾峻苏亲自体验了一次4个小时的山路走起来到底有多难——往返瓦洛基点校花了5个小时，满头大汗的贾峻苏觉得自己的双腿像在云中漫步。支教团成员当即决定帮助李怡宁建设"爱心宿舍"。

"说容易，做却难，我们一直没能找到能帮上忙的人。"张一说，但过年期间的一条短信，给了他们希望。"那真是一个神奇的机遇，过年我回陕西老家，在乘公交的时候，偶然看到路边竖着一块广告牌，牌子上有一行字和一个手机号码，意思是有公益活动可以找他们。我抱着试试看的想法给那个号码发去了短信，结果真的接到了回复，那是一家传媒公司。"

建"爱心宿舍"历时30天，花费3万元，2012年4月底正式投入使用。"爱心宿舍"不仅有供学生住宿的上下铺，还有可以洗澡的浴室。

支教的日子结束了，6名志愿者准备返回浙大。龙恩乡中学校长沙马五和送给他们一套彝族成年男子穿的衣服，衣服上镶着两条用老银做成的链子，象征着幸福安康。"后来我们才知道，这是沙马五和结婚时穿的服装，只穿过一次。"陆智辉说。

陆智辉现在已是浙江大学农学院的研究生了。回到杭州后，他收到阿比拉日写给他的信，信中说，阿比拉日有了好多漂亮的新衣服，还有一名爱心人士资助她的学业。她现在最大的愿望就是能考上大学，去看外面的世界，然后回老家，像老师那样，做一名支教志愿者。

（原载于2013年4月16日《中国教育报》第7版，通讯员：潘怡蒙 记者：朱振岳）

阅读提示：知识是回馈社会的桥梁，而热情好客、无私奉献的中国传统美德则是回馈社会的基石。在推动祖国体育事业发展的过程中，浙大学子多次以志愿者的身份参与其中。在北京奥运会期间，他们向外宾展示着中国新生代的风采；在残运会中，他们带着"求是小浪花"的名字，播撒爱心，服务大众，收获赞誉无数。一个个小故事，被无数陌生的人铭记、传颂。

做奥运志愿者 我挺骄傲

（报道一） 领迷途德国记者回"家"

我于28日在大堂处理了一件"职能范围"之外的事情，连自己都有些意外。

上午刚到大堂没多久，就看见主管和一位外国朋友在交谈。原来他是德国汉堡DOSB的记者Jens先生，由于提前到达北京，没有拿到注册证，需要到国家会议中心领取注册证。而出租车司机误将国家会议中心（National Convention Center）理解成了我们所在的北京国际会议中心（International Convention Center），他就莫名其妙地出现在我们的大堂。

把他送到国家会议中心就可以解决啦！于是我联系礼宾叫车，把他送过去。

等车的时候，我站在外面陪他聊了一会。Jens是一个很健谈的德国人，因为是记者的关系，他比较喜欢提问题。他20年前来过中国，从他欣喜的表情中，能看出他对北京变化的衷心祝贺。他说他真的喜欢北京，喜欢中国。

车到了，我把他送上车，和司机交代清楚后，就挥手和他再见了，我听到他说他很开心我帮助了他。

时间过得很快，还有10分钟我就可以吃饭啦！突然，一个熟悉的身影从自动门一闪而出——Jens！怎么回事呀？咋回来了？我正疑惑呢，Jens过来拉住我就说开了。原来，他没有证件，国家会议中心的工作人员根本不让他进。于是问题来了：他要去拿证件。

经过多方询问，我们帮助Jens联系到了一个可以解决这个问题的机构。虽然他还不能拿到注册证，但是他至少可以进入他想去的地方了。

晚上我回到宿舍，想起他留下的联系方式，就发了封E-mail给他，我特别想知道接下来这件事会怎样发展，因为他今天的一句话提醒了我：I am the first one but may not the only have this problem.（我是第一个但应该不会是唯一一个遇到这个问题的人。）他说的有道理，万一再有客人被送到这里，我们也可以按照一个相应的流程去帮助他，可以节省时间呀！

稍晚时候，他回信了，说要等到周一才可以拿到注册证，不过今天的鼓楼之行让他很开心。

（原载于2008年7月29日《浙江日报》第8版，
浙江大学外语学院奥运志愿者：吴丹妮）

（报道二） 外宾对中国菜赞不绝口，我挺骄傲

从21日被分到北京五洲大酒店的五洲食府熟悉情况，到28日作为志愿者正式上岗服务已经有8天了。8天中辛苦伴着忍耐，虽然工作很平淡，收获却并不平淡。我感到欣慰，感到喜悦，感到一种小小的成就感。

由于刚开始的这几天，大部分的外国记者还没有入住酒店，所以酒店内显得格外冷清，我所在的五洲食府除了晚上会有一些客人来吃饭，其他时间都比较空闲。这些空闲时间也成了我学习和帮助他人学习的最好时间，在奥运会前夕，我想这是个不错的机会。

如何让外国人吃明白中国菜，菜谱的翻译还真是一门博大精深的学问。而了解菜谱、了解菜品的口味并适当地翻译，也是我们更好地为外宾提供服务的前提。我和另外一个志愿者同学在空闲的时候，会不时拿着食府的菜单和酒水单学习上面的英文单词。除此之外，我们还学会很多餐饮业的专业知识，比如"沽清"，就是指酒店今天不能够提供的菜品；冰镇的饮品要倒在冰镇过的杯子里等等。

除了学到这些知识让我开心外，看到外宾们对中国菜赞不绝口时，我更是感到骄傲自豪，心满意足。记得第三天的晚上，有两位年轻的外国男士走进五洲食府，他们点的菜里有一盘山药酸奶。当这道菜上桌后，起初，那一盘看上去黏糊糊的东西，并没有讨他们的喜欢。过了一会儿，其中的一位吃过后，舔舔嘴唇，用力地点了点头，另一个随即也跟着吃了起来，一会儿工夫，这盘山药酸奶就被他们吃了个精光。另外，外国朋友也喜欢吃辣，对食府的川菜也是十分青睐。

同一个梦想，外宾的赞赏也让中国人的梦想显得更加圆满，更加辉煌。

在餐厅的志愿服务，也让我看到了服务员工作的辛苦，接触、体味到了一个真实的世界。这些和我们几乎同龄的服务员，教会了我许多在学校学不到的东西，我相信我们这样相互帮助，必定会让大家在以后的人生道路上走得更多一份从容。

One World, One Dream!

（原载于2008年7月30日《浙江日报》第8版，

浙江大学外语学院奥运志愿：吴燕妮）

（报道三） 我对外国记者说"Hello!"外国记者对我说"你好！"

我的志愿服务工作很有趣，是一名"保安"，因为我被分配到了北京五洲大酒店的安保部，每天的工作就是和一群保安一起站在停车场的门口，对进入酒店的车辆和人员进行安检。在岗位上，我的主要工作是进行语言翻译，外国人出现的时候，也就是我出场的时机。

记得第一天上岗的时候，因为酒店入住的客人还不多，我站了很久也没看到一位外国人。突然，一个金发碧眼的男人向我走了过来，哈哈，我终于可以说英语了。男子对我笑了笑，然后说了一句"Morning（早上好）！"虽然这是中学英语课本第一册第一单元第一课学的对话，但多多少少我也算"开张"了，于是我也笑着说了一句"Morning！"不过，后来保安同事告诉我，那个老外不是酒店里的客人，而是酒店请来的外教……白激动了一回。

一天，我遇到一群外国游客，他们想找一个丝绸市场，可能想买些有中国特色的纪念品。我问了北京的一位同事，他说酒店附近没有丝绸市场，于是我就让他们去旁边的一个大商场问问。后来一位同事调侃说，你不是浙江大学的嘛，你可以这样和那个外国人说：首先，你们打出租车去首都国际机场，买一张去杭州的飞机票，到杭州把西湖逛一遍，然后再去杭州丝绸市场，想买多少有多少，如果赶得快，还能回来看开幕式呢……哈哈，这位保安真有趣。

有一次，一对外国情侣走进酒店，我就用英文对他们说，让他们配合安检。在我用英语解释完之后，忽然听到他们用很流利的汉语说："谢谢你，这些我们都知道了。"啊，原来他们会说汉语啊！看来中国这几年的迅猛发展确实掀起了一股"汉语热"，入住酒店的这些外国媒体记者都会说几句汉语，其中也不乏普通话说得比国人还标准的。经常会有这样有趣的场景，我对一个外国记者说"Hello"，他则用汉语对我说"你好！"有几次，我看到有外国人走过来，就马上迎上去，谁知道那个外国人就直接找我的保安同事，和他用流利的普通话交流起来了，真是"强悍"。

这一次在北京的"保安"经历确实带给我很多新鲜的感受。我和保安同事们，我和外国记者们，每天都在同样的地点上演着不同的剧情。每天都会有新的快乐，每天都会有新的期待。

（原载于2008年8月6日《浙江日报》第6版，
浙江大学外语学院奥运志愿者：伍曾辉）

（报道四）　客人们来了

今天是中班，我和以前一样，继续在前厅驻守着，准备随时处理发生的事情。

大概一个小时后，几个身材高大的注册记者向我走来，询问NBC（美国广播公司）的办公室在什么位置，一听是纯正的美音，再打量一下他们的注册记者证件，我确定他们是NBC的记者或者是转播的工作人员。于是我告诉他们在这家Hotel旁边的Crowne Plaza，并将他们引到了门口。

刚送他们出门口没多久，我们的主管就把我们叫到一起，告诉我们5点到6点将有一大批记者进驻这里。为了节省登记入住的时间，让他们以最快的速度进驻，我们需要协助前台办理登记的姐姐们。在她们为记者们办理登记的同时，我们要向记者们介绍如何进出安检，怎样使用房间卡到达相应的楼层（这是奥运期间这里启用的新设备，需要向记者们说清楚）等等，这样可以节省很多时间，提高工作效率。刚说完，门口就变得熙熙攘攘了，有人，还有很多行李。

客人们来了。

不能多讲话了，赶紧投入工作。大家各自到相应的位置进行翻译介绍工作，包括引领他们领取行李到相应电梯到达房间等等。经过一阵忙碌，不到30分钟，前厅又恢复了以往的宁静，只有安检门偶尔发出的声音。

我粗粗算了一下，大约进驻了40个记者，有4个登记台，按照规定，一个记者的办理时间不能超过5分钟，那么这样看来，我们省出了将近20分钟。哈哈，很有效果嘛，小成就感顿时就上来了，不错不错！

回到大写字台旁，刚要坐下，之前那几个高大的注册记者又出现在我面前。

"啊呀，不会指错路回来投诉的吧……"(镇定了一下)

"您好，先生，有什么需要帮助的？"（心里打鼓……）

"哦，我们要去转播层，顺便过来谢谢你的，你给了我们很好的帮助。"

原来没那么糟糕呀！

"不客气，这是我的工作。"我报以十分灿烂的微笑，哈哈，其实，80%是如释重负的微笑吧。

"真不好意思，不过我们还有一个请求，呃，你可以告诉我们转播层在哪里吗？"

"当然，这边请。"

……

（原载于2008年8月7日《浙江日报》第4版，
浙江大学外语学院奥运志愿者：吴丹妮）

（报道五）"我试试筷子！"

在中国人的餐厅里吃饭，筷子是必备的吃饭工具，筷子对于中国人来说已经成为一种熟悉到几乎不会再去关注的事物。奥运会期间，筷子却重新引起了我的注意。

在北京五洲大酒店的五洲食府做志愿者一个多星期了，我总能看见食府的柜子上放着很多专门为外宾准备的刀叉，亮闪闪的，摆放得十分整齐。不过，我发现这些刀叉似乎并不是外宾们的首选。

一天晚上，快9点钟的时候，餐厅里来了一位外国中年男士。他选定了吸烟区靠角落的位置坐下来，点了一杯红酒、一份牛柳粒，还有一碗京味儿打卤面。

菜上齐后，他便有滋有味地吃起来，可是每当拿着筷子去夹面条时，他总显得十分手足无措。我想了一下，便走上去问他是否需要刀叉。他脸微微泛红，笑着问我："你能告诉我这个该怎么用吗？"我只好扶着他的筷子做了一个示范。他看着我，又笑着说道："非常感谢，但是最好还是帮我拿一副刀叉来吧。"我很快递上一副刀叉，他道谢后又对我说，他会再试试的。

我在远处看着他，发现他还在那里用筷子挑着面条吃，刀叉放在了一边，那种执着的样子让我觉得很开心。虽然最后他还是用叉子解决了面条，但临走时，他说："用筷子吃面条确实很难，不过我会继续试试看，我觉得我可以。"我们相视而笑，那一刻我真的觉得世界在触碰着中国。

还有一天，晚上8点多，一位金发女士的米饭和一盘一品蒜香鸡上桌了。我走上前去问她要不要刀叉，她看看我说："不用了，我想试试。"只见她拿起筷子，对着米饭戳了过去，她抬头望了我一下，笑笑，又戳了过去。一番努力后，她好不容易塞了一口米饭到嘴里。米饭有些黏性，倒还容易些，那一块块的鸡肉可就不那么容易了。当我再一次问她需不需要刀叉时，她仍然坚持要用筷子。最终在一场"大战"后，她还是无奈地对我说道："帮我拿副刀叉吧。"我也用安慰的口气对她说"没问题"，微笑着递上了餐具。

我想，在北京奥运会结束之后，会有更多的外国朋友喜欢用筷子来吃中国菜的！

（原载于2008年8月12日《浙江日报》第8版，
浙江大学外语学院奥运志愿者：吴燕妮 记者：张冬素整理）

朵朵"小浪花" 层层"爱心潮"

——全国第八届残运会浙江大学志愿者工作侧记

系上一根细细的鞋带，在常人看来甚是简单的事，却难倒了一位来自辽宁的残运选手。男子400米比赛刚刚结束，鞋带却意外散开，这让只有一只手臂的他顿时陷入了困窘的境地。就在他努力着将要俯身时，一双手出现在了他的鞋旁，一侧的志愿者已经抢先一步蹲下，为他将鞋带系好。

"生命阳光，情满浙江"，全国第八届残疾人运动会于10月11—19日在浙江省举行。刚刚那些让人感动的场景，在主会场黄龙体育中心每天都会上演，志愿者们用双手为运动员带去了呵护与爱心，一双双援助之手与北塔上托着圣火的"机械巨手"遥相呼应，一股温情流淌在残运赛场内外，暖人心扉。

共同的名字——求是小浪花

一身蓝绿的服装，一个腰包，一顶白色的帽子，这是第八届残运会志愿者的装束。他们有一个统一的名字："小浪花"，浙江大学参加此次残运会志愿者服务的有856名同学，他们给自己也起了个名字："求是小浪花"。

"你们可以睡到自然醒，我们却要在天亮之前爬起来；你们可以吃上热乎乎的早餐，我们只能在车上啃无味的面包；你们可以骑车驰骋在紫金港，我们却每天要在固定的路线上跑来跑去。但是这一切，我们绝不后悔"。这段话摘自求是小浪花赛后控制中心组的微博，它正是志愿者们几日来真实生活的写照。

清晨6点钟，破晓的晨光还未唤醒大部分沉睡的浙大学子，"求是小浪花"们却早已整装待发，等待班车的到来，一时间寂静的校园内闪动着一片蓝色的"浪花"。每天他们需要服务13个小时，回来时已经夜幕降临了。

陆田圆是浙江大学2009级土地管理的学生，她主要负责给运动员端筐，空筐端过去，端回来的时候因为装了书包、衣服等杂物，偶尔还会有假肢，重量有十多斤。"其实还是挺重的，端的时候又要保持一定的高度，筐子的棱角磕在手上有点疼。"在陆田圆的手上已经有了一道道浅浅的痕迹，她羞涩地放下了袖子，遮住了那些痕迹。

志愿者端着筐来来回回一天要十多次，有时还得走上几百米才能到达运动员休息室，第一天服务下来，小组内大部分的女生手都很是酸疼，可从头到尾，竟无一人喊累喊疼。"端筐这工作其实很简单，甚至有些枯燥，但却很能培养大家的感情。"为了照顾女生，组内稀缺的男生总是自告奋勇地多承担一些任务，这也让女生们非常感动。

端筐组的同学至少还能享受到比赛带来的精彩，而有些志愿者始终未能领略到赛场上的风采。社科2010级同学郑贤虹是新闻宣传处的志愿者，被分在了新闻中心入口处的吧台。这个地方看不到任何比赛，收到的只是一张张写着密密麻麻数据的成绩单，她总是会询问其他志愿者比赛的场景。

可是，她非常热爱这个岗位，一待就是五天，赛会最后一天原本可以休息，一大早她还是跑了过来，下午再赶公车回学校做实验。"我放心不下这边的工作，所以就来了。"

几天志愿者做下来，郑贤虹已经和新华社、中央电视台等媒体的记者打成一片了，偶尔还会互相"调侃"一下。因为一些误会和不解，有些记者会大声地呵斥她，吓得她掉下了眼泪，嘴里却仍然嘀咕着"请您理解我们的工作，谢谢"。

所有的委屈和劳累驱不散郑贤虹心中那份对志愿者的执着，而像她一样默默奉献的志愿者数不胜数，这些小浪花们正在用他们的爱心、细心、耐心、恒心汇聚成一股钱塘大潮，将残运会推向更大更广更亮的舞台。

一道靓丽的风景线

"祝你生日快乐。"10月13日下午，志愿者休息室响起了生日歌，6名生日在赛会期间的志愿者过了一个集体生日。当日，校党委副书记郑强教授也送来了祝福，和寿星们一同度过这个特殊的生日会，并留下了寄语："坚强，坚定，浙大为残运会加油！"这也是每个志愿者身体力行的誓言。

当日，整个休息室洋溢着一股幸福的感觉，寿星姚玲噙着眼泪说道："这是一

志愿者为选手撑伞

个令人一辈子都难以忘记的生日，和志愿者一起分蛋糕，一起服务，真有一家人的感觉。"

这个休息室正是志愿者们的"家"，他们还特意制作了"笑脸墙"，贴在墙上的一张张照片刻录着"求是小浪花"们热情的笑脸，让人感觉很是温馨。笑脸边张贴着一份份寄语，每天都会有志愿者在这里贴上当日的心情。"我是启真湖里泛出的小浪花！""第九届残运会，我还来！""快乐因为充实，累但有意义。"在这里，小浪花诉说着关于残运会的一切，分享着奉献的喜悦。

要成为一名"小浪花"其实并不简单。此次共有856名浙大学子参加了6月份和10月份的志愿者服务，此前报名的同学达到3331名，这是省内报名人数最多的高校。经过四进一的选拔后，志愿者们还需要接受种种培训：校内培训、骨干培训、专项培训、现场培训。这些培训会在残运会筹委会志工部、省团校、校团委等部门的指导下有条不紊地进行着，为切实提高志愿者服务技能奠定了坚实的基础。

面对众多的培训，小浪花们放弃了平日休息的时间，从不缺席。"培训会，让我更深刻地理解了志愿者的责任和使命，系统的助残扶残技能，让我在赛事期间能提供更专业、更温馨的服务。"志愿者戚娇娇说道。

在残运会正式开赛前，浙大党员志愿者组成了党员先锋队，90名党员分布在器材组、安保组等34个志愿小组内。"党员挂牌服务，可以发挥党员先锋作用，促进志愿者相互学习、共同成长。"校团委副书记、八残会田径竞赛委员会志愿者工作处处长沈黎勇高度评价党员志愿者在整个赛事服务过程中所起的带头作用。

徐凌川是丹青学园大二的同学，他既参加了6月份的志愿者服务，又参加了10月份的志愿者服务，赛事期间从不缺席。"志愿者服务辛苦但幸福，运动员们带给我的是内心的震撼，我们又有什么理由不坚持呢？"

正如别在志愿者胸前的纪念章，"求是小浪花"诚然已经成为友爱、奉献、互助、进步的代名词，他们如同一道靓丽的风景线，在黄龙体育中心显得格外耀眼！

感谢你们的付出

10月13日下午，北京代表团领队刘春胜收到了一张精美的贺卡，递给他这张贺卡的正是浙江大学的志愿者。贺卡上的"老乡一家亲"5个字格外显眼，翻开卡片，上面写着两段话：一段是来自浙大全体志愿者对运动员的祝福；一段是来自志愿者给老乡的话，字里行间透露着熟悉的京味儿。

读着贺卡上的文字，刘春胜紧紧握住志愿者的手，连声道谢："感谢你们的付出，让我们感受到了东道主的热情。"

为了做这些贺卡，浙大的骨干"小浪花们"在正式上岗前度过了一个"不眠夜"。"我们连夜进行设计、收集话语、版面设计、打印等，一直通宵到凌晨5点。"整个计划的实施者陈同学介绍道。正是由于志愿者们的辛勤工作，贺卡在第二天就准备齐全，成功送到了相应代表团领队的手中。

薄薄的一张贺卡，表达的却是深深的祝福与爱心。这一份感动在黄龙体育场从开赛到闭幕从未停止。获得T42级100米冠军的四川运动员许雪晴动情地说："浙大志愿者们很热情，比赛期间一直陪伴在我身边，真的很感动。"

比赛结束后，校团委也收到了来自裁判、安保组等赛事参与者的感谢信。来自黄龙体育中心安保组的一封信是这样写的："无论全国残疾人运动会开幕式多么精彩，无论运动员收获多少奖牌，没有赛场秩序，没有安全保障，没有安保志愿者的付出，就没有成功。"

此次我校共有29名志愿者负责安保工作，他们大部分时间是纹丝不动地站在岗位上，没有观众，没有运动员，简单枯燥的岗位却需要很大的耐心和毅力。"很多志愿者一天站下来，腿都麻了，但是他们没有任何的抱怨和懈怠。"感谢信里这样说道。

浙大志愿者不仅在运动员和裁判口中经常被称赞，在观众中也有很好的口碑。

朱水根老人曾经是国家二级举重运动员，与运动有着不解之缘。在家门口看残运会，是老人一直以来的心愿，也是老人瘫痪20年来难得的一次出门。为了更好地照顾这位残疾观众，浙大"小浪花"刘天宇、韩帅、罗俊杰自告奋勇，在几天中当起了"全程陪同员"，顺利完成了一场爱心接力。

"这是我二十年来，第一次被人这么尊重。"朱水根老人望着志愿者们忙碌的身影，感慨地说着。写字非常困难的老人，还特意为志愿者们写下了谢意："志愿者奉献出的爱给人间带来美好世界！"

校团委负责志愿者工作的姚明明老师，带领着志愿者们全程服务了残运会。"浙大志愿者们的表现，超出了我们的预期目标，他们在服务过程中，更多地体现了人文关怀。"

赛事期间，"求是小浪花"受到了浙江省委书记、省人大常委会主任赵洪祝，省政协主席乔传秀，省委常委、秘书长、政法委书记李强，省委常委、宣传部长茅临生，副省长陈加元、王建满等领导的亲切慰问。

赵洪祝高度肯定了志愿者对残运会的作用，他指出广大志愿者要用心服务，并且认真学习残疾人运动员身残志坚、自强不息的拼搏精神。"你们辛苦了！"乔传秀在慰问浙大志愿者时对"求是小浪花"们付出的辛勤劳动给予了充分的肯定与鼓励。

浙大的志愿者们始终牢记自己的工作使命，以高昂热情的工作态度和顽强奋斗的工作作风激起了层层"浪花"，为残运会的顺利开展贡献了属于求是园的力量，"求是小浪花"的精神风貌和感人事迹也被中央电视台、《人民日报》、新华社、浙江卫视、《浙江日报》《云南日报》等媒体多次报道。

（原载于2011年10月21日《浙江大学报》第3版，作者：朱海洋）

阅读提示：爱心，是奉献，更是拯救。怀着对生命的尊重，90后浙大女生无私捐献自己的造血干细胞，拯救了素不相识的另一条生命。从四年前加入骨髓库，到据理力争最后成功配对，这位医学博士，在成为一名真正的医生之前，已经在无条件地拯救生命，践行着行医者救死扶伤的信念。

90后浙大女生捐干细胞挽救80后白血病患者
阳光女孩，谢谢你

昨天上午，浙江省中医院血液科12楼110张病床，住满了各种血液病病人，他们中大多是白血病患者。走廊角落一间病房门外挂着"干细胞采集室"的牌子。里面躺着一位浙江大学大四女生，她叫邵洲力，正在为白血病患者输送"生命种子"。

她捐献的"造血干细胞"，与北京一位80后的白血病姑娘配对成功，这可是不到1%的概率啊！

一墙相隔的白血病患者，还在苦苦等待相配的干细胞。一位白血病小男孩的妈妈悄悄来到邵洲力的床旁，摸着她的头说："你真有爱心，我代表白血病病人谢谢你！真希望像你这样的好心人多点，我儿子就有救了……"

浙大尖子生，大一时加入骨髓库

浓黑短发、丝边眼镜、笑容灿烂，这是记者见到邵洲力时的第一印象。她躺在床上，两只手臂连着管子，干细胞就从她身体中输送到了床边的机器中。她不时抬头看看那个收集干细胞的袋子。180毫升的干细胞悬液，采集工作持续了整整3个小时。昨日下午，这些宝贵的干细胞，由省红十字会的工作人员坐飞机直送北京的一家医院，并将在第一时间，输给一位80后的白血病姑娘，以挽救她的生命。

"北京那个姑娘叫什么名字？"我问小邵。小邵摇头说："她是谁不重要，但我很高兴这次可以救她。"

小邵说原本是定在去年年底捐献的，可是那个女孩病情突然很危险，无法接受移植。"我当时为她担心极了，怕她熬不过来。还好，她挺过来了，现在适合移植。我真为她高兴。"

小邵1990年出生，余姚人，刚满22岁，是浙江大学巴德年医学班的女生，是从全浙大选拔出来的"尖子生"，八年制，毕业后都是医学博士。她在大一时就加入了中华骨髓库，那时候刚满18岁。小邵说，当时她和好多同学一起献血，加入了骨髓库。没想到，当自己大四时，实现了挽救一个白血病患者的愿望。

前几天，小邵提交了自己的研究生志愿：想做一名妇产科医生。这次捐献造血干细胞，是她挽救患者的第一次"实际行动"。

她用学到的医学知识说服了父母

我问小邵，你来捐献，父母知道不？这次陪着来了吗？小邵轻描淡写地说："知道的，他们尊重我。"

去年下半年，小邵第一次接到了省红十字会工作人员的电话：你加入中华骨髓库留下的血样与一位白血病患者初配成功，你愿意捐献吗？

小邵用了一天的时间考虑。这一天，她先上网查找与捐献造血干细胞相关的科普知识，了解到捐献干细胞和捐献成分血的过程差不多，而且从生理上说，人体血液中的造血干细胞，一般一周左右就新陈代谢掉了，捐出来救人，并不影响自己的身体健康。

掌握了这些知识后，她给老家的父母打了个电话。

最开始，父母不太理解："你年纪小，万一对身体有影响怎么办？"小邵就把专业知识拿出来了：我自己就在学医，以后要做医生，教科书上都写了，对人身体不会有影响的。我捐一点细胞，就给他人一个活下去的机会，这事多好！

善解人意的父母，最后都支持有主见的女儿。

第二天一早，小邵就给省红十字会的工作人员回复了电话：我愿意捐！幸运的是，小邵与对方的骨髓高分辨配型也吻合，小邵可以捐献了。

隔壁病友说：谢谢你，年轻的姑娘

昨天，在病房里，班上好几位同学来探望小邵，陪床、买饭，照顾她。她们对小邵的评价，就是"低调"。

"这事连我们班主任都不知道，不少同学发现她'失踪'了，才知道她在做这么一件好事。"大家笑着说，为了支持小邵成功捐献，从过年以后，同寝室的另外3位姑娘，每天陪她跳舞、打排球、锻炼身体。

在小邵住院的3天中，几个同学轮流陪夜，一起做救人的好事，大家都很开心。

昨天，还有一件事让小邵得到了做好事的满足感：这个病区好几位白血病人和家属过来探望她："听医生说你年纪很小啊，真是谢谢你！"

（原载于2012年4月17日《钱江晚报》B7版，记者：王蕊 通讯员：贺佳晶 于伟）

第三章

缤纷校园

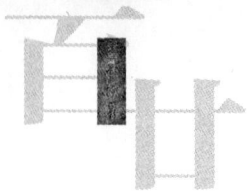

阅读提示：多姿多彩的校园文化，是浙大学子在浙里学习生活的重要组成部分。浙里的剧社，用表演和创造为求是园奉上了一部部深入人心的戏剧作品。秉承求是校训，不忘国史校史；演绎中外经典，传承戏剧文化。求是园里的表演，不仅是学子们课余生活的调剂品，更是在日积月累中，成了他们的坚守和信仰。

校园戏剧 灿若夏花

4月，是杭州一年中春意最饱满的时候，除了弥漫的花香、飘散的柳絮，浙江大学的校园内还多了一种戏剧的味道。从4月到6月，第二届校园戏剧文化节持续升温，一出出舞台盛宴将让浙大的学子沉浸在戏剧的苍穹中。

和戏剧在许多城市的萎缩相比，校园戏剧一直如夏花般灿烂。中国大学生戏剧节雏形出现于2001年，最初只是北京高校原创戏剧的一个研讨会，2004年更名为"中国大学生戏剧节"，成为一个全国范围内的活动。每一次戏剧节都会持续半个多月，吸引全国几十家大学的剧社参加。

我是黑白的，也是彩色的

4月9日傍晚，是浙江大学戏剧文化节的开幕式，也拉开了黑白剧社重建20周年纪念活动的序幕。《赵氏孤儿》作为黑白剧社的保留剧目，已是第十一次演出。然而还没到6点，就有持票的同学安安静静地在紫金港区的小剧场门口排起了长队，等待7点入场。慢慢地，队伍开始蜿蜒起来……

与以前的演出不同的是，2010年全国高校宣传部长论坛这一天正好在浙江大学举办，来自全国120多所高校的宣传部门的戏剧迷也都坐在台下，浙大的学生们则坐满剧场，连2楼和3楼都全部满座。两个小时的话剧非常有张力，节奏感极强，一气呵成。当浙江大学黑白剧社导演、指导教师桂迎老师按照惯例带领出场谢幕时，掌声雷动。

北京航空航天大学党委宣传部部长蔡劲松在北京曾观看过很多专业和非专业的戏剧演出，包括人艺、国家话剧院、中戏以及各个高等院校的戏剧演出，但对于黑白剧社的开幕演出，评价非常之高："一个校园剧社的地位与这所大学本身的地位是相称的，这是一次专业程度很高的戏剧演出，即便以商业演出的标准衡量，也有着很高的水准！完全可以到社会上去演！"

浙江大学黑白剧社，原是浙大这所百年学府1937年抗战之前的学生文艺社团，时称黑白文艺社。1990年，黑白剧社重建。许多人认识黑白剧社是在2002年的第二届北京大学生戏剧节上。这年7月，踌躇满志的黑白剧社，携《棋人》《擦肩之隙》和《思凡》三台戏"进京赶考"。

《棋人》是著名剧作家过士行的剧本，1996年曾由著名导演林兆华执导，由中央实验话剧院的演员在北京人艺小剧场首演，可以说是名作、名导、名演在前，然而一群年轻的大学生，却在简单的舞台上诗意地呈现了棋人的内心纠缠、意志较量，获得了专家的高度赞扬。

到2006年的大学生戏剧节时，黑白剧社已是声誉日隆，他们拿出了原创剧《辛迪·蕾拉》。它通过一个实验室里不同年级的几个大学生面对出国机会，各自表现出来的不同心理和随之发生的蹊跷事，透视出大学校园里青年人的自我封闭和隔膜情态。中国艺术研究院话剧研究所副所长宋宝珍认为，校园戏剧的题材相当不好写，分寸不好把握，但《辛迪·蕾拉》却将青春期的心理闭锁、校园人生的细微变化表现得摇曳生姿，其反映出的校园的深刻性也令人惊喜。

20年来，黑白剧社留下了30多台颇受赞誉的话剧和一些小品，在北京、上海、无锡、珠海等地留下了自己的戏剧梦想。

据说"看黑白剧社的话剧"是浙大学生必做的十件事之一。而很多学生找工作进行自我介绍时总会骄傲地说："我是黑白的，也是彩色的。"

失去尖锐性，就不是校园戏剧

人们习惯用"铁打的校园，流水的学生"来形容校园戏剧的随意，而在浙大则是"铁打的桂迎，流水的黑白"。因为有桂迎，黑白剧社更幸运地成为最业余的专业剧社。桂迎从1990年开始组织校园戏剧，20年来她从未放弃过，剧社的学生和她的感情非常铁。为了更好地指导学生，她还自费去上海戏剧学院进修。

她告诉记者，大学并不天然是戏剧家的圣地，但一所大学如果不能激起年轻人诗心的回荡，不能激起年轻人对人类问题的思索，不能给年轻人提供一个戏剧的舞台，那么，这所大学就是缺少感染力的。

作为一种植根于校园的艺术形式，校园戏剧的题材主要是校园文化，其主题与观点似乎也主要是"学生视角"。但大学生们的眼光和脚步并未仅仅停留在象牙塔之内，而是向着更广阔的社会生活发问、探索、认知。桂迎现在已经不在乎别人怎样评价黑白剧社的专业程度，她认为，校园戏剧的尖锐性、敏感度才是其存在的价值，校园戏剧比拼的并不是能达到怎样的专业水准，而是它的精神深度。这决定了校园戏剧不是学生的自娱自乐，也不是对经典的简单模仿。与专业戏剧相比，校园戏剧有更为自由的创作空间，更为蓬勃鲜亮的生命力，以及更青春的表达方式。

培养的不是明星，是对戏剧的热爱

2008年，中国文联、教育部和中国戏剧家协会等单位共同举办了首届中国校园戏剧节。中国剧协秘书长季国平认为，校园戏剧是戏剧的重要组成部分，它培养着戏剧的观众、培育着未来的戏剧人才。

早在20世纪初，教育界的有志之士就开始注重以戏剧训练学生的综合素质。南开学校的张伯苓校长曾亲自粉墨登场，他的胞弟张彭春成了南开新剧团的领导者和组织者。这些年除了和学生排戏，桂迎还开设了大学戏剧的通识课。她认为校园戏剧并不是要培养专业的戏剧表演人才，而是注重对青年学子的性格重塑。好的戏剧，第一可以培养与人沟通的能力，第二可以培养协作精神，最重要的是可以培养认知能力和审美能力。这正是我们的校园文化建设中最缺乏的一环。不是每名学生都有机会在舞台上表演，但欣赏戏剧也可以改变人生的方向。

李超是浙江大学2000级计算机科学与技术系的本科生，2001年加入黑白剧社，为了演戏，又继续攻读硕士学位，2006年毕业后就职于微软中国研发集团亚洲工程院，是一名非常优秀的软件开发测试工程师，他一直记得在黑白剧社的日子。每逢剧目上演仿佛过节一般的感受，大家花一个下午乃至一天的时间装台、走台，而演出之前的化妆就像是一场仪式。"从我的经历来看，作为一个工科的学生，欣赏戏剧无疑是在紧张思考之余跳出逻辑思维，是很好的放松；参加简单的戏剧表演训练，也可以更好地锻炼与人交流的能力，戏剧可以为我们的生活打开一扇门，几扇窗。"

此次浙江大学的戏剧文化节得到了上海及浙江其他大学的热烈响应，浙江师范大学阿西剧社的《沧海月明》、上海财经大学《天堂隔壁是疯人院》、上海外国语大学的《等到戈多》将陆续登台。5月中旬，为纪念戏剧泰斗曹禺先生100周年诞辰，黑白剧社的2010年度大戏《原野》也将与校园观众见面……

校园戏剧没有冬天。

（原载于2010年4月27日《人民日报》第18版，记者：杨雪梅）

为竺可桢老校长写一部话剧
——《求是魂》编剧手记

2007年，17岁的我考入浙江大学。那时的我绝对不会想到，5年之后，"为抗战中的浙大、为竺可桢老校长写一部话剧"这样一个光荣的任务，会落在我的头上。

竺可桢这位科学大师的一生跨度长达八十四年，受他教诲、感召的学者、青年又何止成千上万！如何将竺校长的一生凝练概括到两个小时的话剧之内？这是我们遇到的第一个难题。为此，我们请教了上海话剧艺术中心的国家一级编剧喻荣军老师。

喻老师建议我们采用"块面式"结构，即选取竺校长一生中的几个重大事件着力刻画，以点带面。少年留美、组建中国第一个气象研究所、烽火中的浙江大

话剧《求是魂》（卢绍庆 摄）

学、新中国成立后的全国考察、晚年在北京小四合院中坚持气象记录……在一个个事件的串联下，竺校长的一生逐渐鲜活起来。

经过紧张的前两稿创作，《求是魂》试验版在校内搬上舞台。这一版的《求是魂》还存在着很多问题，其中最突出的问题是，我们想表现的究竟是一个怎样的竺可桢？竺校长的一生是践行求是精神的一生，而"求是"究竟是什么？当代青年眼中的"求是"又是什么？这个问题如果不解决，《求是魂》的创作只能在大量人物、事件的迷雾中徘徊。这时候，浙江大学党委副书记任少波老师提出了大量有价值的建议。根据他的建议，我们提出了本剧的主线：竺可桢是"文明火种的守护者""上下求索的科学家"。围绕着这两条主线，我们重新组织了本剧中涉及的事件和人物，整个作品有了主心骨，有了灵魂。

在创作人物传记时，如何在追求戏剧可看性的同时忠于历史，是摆在我们面前的另一个重要问题。十分幸运的是，竺校长从在美国求学期间开始记日记，一生从未中断过！1936—1974年的日记长达800多万字，这对于我们创作小组而言，是最宝贵的素材。在竺校长的一字一句当中，我们彷佛目睹了历史的风云变幻。不管是在风雨飘摇的旧中国，还是在百废待兴的新中国，竺校长一直保持着学者特有的坚韧和单纯。他不停地学习、工作，不断追求科学和生命的真理，并将这份追求真理的精神无私地播撒给身边的人。拜读竺校长日记，如同跟大师促膝谈心，所有创作组的成员都得到了精神的滋养和思想的升华。

（原载于2013年5月6日《光明日报》第13版，
作者为浙江大学医学院临床医学〈八年制〉2007级学生、《求是魂》编剧：李和一）

梅君檐下 粉墨春秋
——我演京剧《霸王别姬》

梅韵芳华，兰质清秀。我对中国传统戏曲，尤其对京剧梅派艺术有着特殊的感情。平日里，我攻民族、美声唱法，在校学生合唱团中以校园歌手的形象出现于浙大的舞台上，同时我也是浙大学生戏曲协会的一名会员。

梅兰芳先生是我崇敬的艺术大师，与梅葆玖先生的交往更是我终生之幸，从梅门两代大师的身上，我日渐深刻地理解到梅派艺术的博大精深和源远流长。

除了戏曲理论的研究，我渴望尝试亲自登台演出京剧。我从梅兰芳先生及梅派传人的音像资料中汲取养料，依靠平时的体验和心得，努力以我歌者的嗓音与身形，吟唱京腔京韵。

在浙大第三届学生社团文化节开幕式上，我终于第一次出演梅派名剧《霸王别姬》，我头戴如意冠，身着鱼鳞甲，隆重登场。"看大王在帐中和衣睡稳……"那充满梅派韵味的唱腔在剧场中回响。一个眼神，一个手势，一个亮相，刻画出一位心怀大义而又柔情万端的古代贵妇。扮相华丽，歌喉清越，身段婀娜。满场的鼓掌声、喝彩声竟使我忘却了七尺男儿之躯，仿佛我和戏中的虞姬，和心中的梅兰芳先生都融为了一体。卸妆的时候，面对镜中的自己，恍惚间，镜中好似闪过了前辈名旦的身影。

而后，我在"在杭高校校园歌手大赛"颁奖典礼上，以美声民族组第一名的身份，又一次反串演出《霸王别姬》，形成强烈的舞台效果和社会反响。我的彩妆剧照有幸被刊登在11月23日的《青年时报》上。

梅葆玖先生曾对我说："看得出你是真喜欢，你是由于爱好才投入的，像这样的年纪，没有什么其他的因素干扰，不夹杂着其他东西，不功利，很有热情又很执着，完全是凭感情……我们说知音是很难得的，尤其是像你这样。"先生的青睐和厚望，令我感到自己肩负着沉甸甸的文化使命。在这样一个充满了物欲的浮躁时代里，是京剧让我的心灵中留存了一片净土，也让我的生命同民族艺术紧紧联系在了一起。前辈大师用毕生的心血凝聚成的艺术瑰宝，需要在我们年轻一代的手中传承、弘扬。

我曾为自己刻过一枚章："梅君檐下"，意为未入梅门而蒙君恩泽也。梅派的精髓在我的内心深处生根、发芽，我觉得自己不仅是一个勤勉的歌者，更是一个虔诚殉道的艺人。

（原载于2001年12月20日《浙江大学报》第3版，作者：池浚）

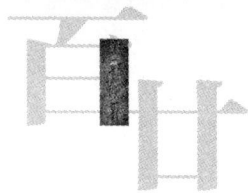

阅读提示：与戏剧一样，音乐也深深融入浙大学子的灵魂之中。浙大文琴艺术团早已成为浙大的金字招牌。特别是其中的文琴合唱团屡屡访问演出，斩获国际大奖；为国争光，传承中华文化。提起"文琴"这个名字，每一个文琴人都会感到深深的自豪。作为团队，他们在这里懂得了友谊，也看见了青春最美的样子。

用音乐为国争光
——浙大文琴合唱团赴西班牙斩获国际大奖后记

那一天，是伦敦奥运会开幕的第二天，中国健儿们正远赴伦敦为国争光。那一天，浙大文琴合唱团的40名团员也来到欧洲，在西班牙托雷维哈用音乐为国争光。2012年夏天，文琴合唱团远赴西班牙参加第58届国际哈巴涅拉及复调合唱比赛，最终荣获哈巴涅拉组别第三名，实现了我国合唱团在该组别中零的突破。

那夜，鲜艳的红色长裙和潇洒的白色礼服，每个人都在欢笑，他们沉浸在托雷维哈小镇海风的吹拂下，沉浸在用音乐互通的各国友谊中，更沉浸在中国国旗下创造的奇迹里，那一刻，他们分外美丽。

他们拧着一股拼劲儿

合唱是一种群体艺术，它特别讲究团队精神。就像文琴合唱团的指挥、艺术总监阎宝林老师所说："一个做事不考虑他人感受，永远以自我为中心的人，是唱不了合唱的。"

在接到比赛任务的那一刻，正是文琴合唱团在全国第三届大学生艺术展演归来的途中，消息让这群刚斩获金奖的学子们沸腾了。从未以合唱团身份出国交流演出的他们，这一刻，欣喜若狂。但是团长、外语学院2009级学生刘四方说："虽然我们团已是全国高校合唱团翘楚之秀，也在国际性比赛中屡次获奖，可是远赴海外参赛，对我们团还是个不小的挑战。音色融合度、气息方法还是我们非专业团的短板，同时还要在老外面前用西班牙语唱歌，确实很有难度。"

然而，一切的难题到了文琴人的手上，最终总是会迎刃而解。每周两次夜深人静的紧张训练，春节、暑期节假日的提前归队，在这个团队，鲜有迟到和请假，只有带病排练。炎炎夏日，在赛前集训中，大家每天早起做操，在排练中汗流浃背，依然认真投入。在紫金港小剧场走台时，每人身上裹得密不透风也没有一句怨言。因为他们拧着一股劲儿，一定要在这次比赛中证明文琴的能力。西语发音出现问题了，有队员请外国友人帮忙翻译；音程不和谐了，有队员用专业设备进行校正。在这个团队，每一个队员都把别人的事当作自己的事，拉动一切身边的人来帮忙解决问题。

"最让我印象深刻的就是那群孩子们的拼劲儿，在到达马德里的第二天，他们在空旷的停车场排练直到子夜一点，有很多得重感冒的，调不好时差的，都坚持排练。"带团老师鲍江华回忆道。在托雷维哈，只要一有机会，他们就想尽办法安排排练，直接在草坪上走队形、练声。老团员2008级学生张丽娜说："那几天，旖旎的美景并不能吸引我，因为我始终无法忘记自己肩负着的使命。整个院子传来各个团队的排练声才是最吸引我的，第一次听到国外团队的合唱，我们的紧迫感更加强烈了。"

随着队员们来到托雷维耶哈，每一次的排练就显得更加珍贵，他们见缝插针地借用不大的排练教室，充分利用排练时间。大家专注的眼神和夸张的表情都体现出了这个团队极强的凝聚力。渐渐的，哈巴涅拉的风情在不大的排练厅里回荡，悠扬的曲调令排练厅外的当地人也赞叹起来。

我们为中国歌唱

7月24日，全团从马德里乘车前往托雷维耶哈，历时6个小时的颠簸，终于在下午抵达小镇。梦幻湛蓝的地中海让车上所有人都兴奋到惊呼不已，全车人不约而同地合唱起了比赛的西班牙歌——到了这里自然而然就想要为海歌唱！

经组委会严酷的首轮选拔后，共有11个国家及地区、16支参赛队进入决赛的展演。浙大文琴所在的参赛组还有来自塞尔维亚、委内瑞拉和哥伦比亚的代表团

们。像有队员说的那样："由于语言不通，我们只对这些团队的国籍特别敏感，也就是说，其他团队不会称呼我们文琴合唱团，而是称呼我们'来自中国的团队'。"此时，合唱团员们不光是为文琴这个集体比赛，更是为了祖国来展示自己最出彩的一面。

轮到文琴上场了，20对美丽的姑娘和帅小伙们手挽着手，气质高雅地走上舞台。微笑，站定，随着旋律轻轻摇摆，在古镇码头唱起《古老的港湾》。海风轻抚比赛中沾满汗水的面颊，合唱队员们终于体会到了些许歌中水手的情愫。遥想大航海时代，起伏的浪涛和满月似的风帆承载了多少水手的梦想。摇曳的木船渡向大洋彼岸，又带着异国的舞蹈与歌谣返回海港，哈巴涅拉的曲调风格就孕育在这潜移默化的交流之中。

这时，队员们已然忘了这是在比赛，用极佳的声音状态和轻松的心理状态，向台下坐着的来自世界各国爱好合唱的观众致礼。展示的五首歌曲中，有三首西班牙语合唱曲和两首自选合唱曲，文琴合唱团的自选曲目是蒙古族歌曲《八骏赞》和现代派作品《春梦》。这些颇具中国风味的民族文化和京剧曲风都让外国评委们眼前一亮。

因为赛制的原因，队员们还观看了其他团队在之后几天的比赛。团员们说，亲临比赛现场看世界各国团队的舞台风采的感觉很棒，风格迥异的自选曲目，地道的哈巴涅拉，一样又不一样的规定曲目。第一次听到那么多哈巴涅拉，那么多新鲜的合唱作品，让我们惊叹不已。

声音唤醒异国乡念

在异国举办一场属于自己的音乐会，在教堂里唱一首属于自己的歌。这都是文琴团员们从未想过的事情，可是在这一天，梦想都变成了现实。

文琴合唱团在Beneficencia文化中心音乐厅的教堂里举行了专场演出，观众大多是来自当地的华侨家庭。

在进教堂的那一刻，那从五彩玻璃透过的斑斓而洁净的光，圣洁宁静，莫扎特《圣体颂》的旋律似乎一直在这里。尽管这是一个废弃的小教堂，但它就像一个小小的回声盒，歌声都凝固在空气中，萦绕在耳边，久久未散。

曲目都挑选得很好，"当我们小的时候，时常手挽着手……"旋律清澈，带着对青春逝去的伤感，合唱队员们都唱到心里去了，台下的华侨观众也听到心里去了。这是这群孩子在西班牙的最后一场演出。

一曲毕，观众席出奇地安静，大家眼中闪烁着动情的光芒，心里想着各自的故事。观众中有中国餐馆的女老板，有手工艺品店的店员，有拖家带口来看表演的华侨，还有其他所有黄皮肤、黑头发、黑眼睛的中国人。带团团长金海燕老师在微博上说，"遇到几个在西班牙谋生的中国人，没有很固定的职业，似乎也并不愿意暴露自己的身份"，"华人在外头生活打拼不容易，忽然觉得能在异国他乡为亲爱的同胞演出是何等的荣幸，这场演出也必然成为我们独特的回忆。"有团员这样说道。

一曲《思念》终了，点燃了这些阔别祖国几十年人们深埋的乡愁，很多华侨整场音乐会都在擦眼睛。在这么一天，这首经典中国老歌的旋律，回荡在瓦伦西亚这座西班牙小城市的土地上，是有着多少的运气和缘分。

西班牙之行顺利结束了，文琴合唱团第一次在海外获奖，也填补了中国团队在哈巴涅拉项目上的空白。

这是文琴合唱团成长过程中的一个里程碑。然而，团员们却没有自我满足："面对今天的成绩，我们不能忘记我们的老师、文琴的前辈们从零开始，历尽曲折为我们铺就的发展之路。同时，也要特别感谢我们团长组、声部长和许多有责任感的同学在团里团外付出的每一份辛劳甚至牺牲。而且，我们也要看到自己和世界一流团队的差距，要看到我们的潜力和巨大的发展空间。"

在这片土地上，一群孩子无忧无虑地歌唱，心灵世界满是阳光。哈巴涅拉的歌声依旧在海港回荡，但文琴合唱团却翻开了新的历史篇章。

（原载于2012年10月12日《浙江大学报》第3版，作者：陈曼姣）

文琴，青春之歌

（报道一） 合唱，让我们叩响世界的大门

76年前，有这样一群青年，在冉冉西迁路上，他们用歌唱鼓舞士气，穿着长衫蓝袄，气贯长虹；76年后，也有这样一群青年，在光影舞台上，他们用歌声绽放青春，与黎明与繁星一同歌唱，光芒四射。

他们所在的团体有个美丽的名字——浙江大学文琴合唱团，这支历史悠久的合唱团功绩非凡，2016年7月刚从俄罗斯索契世界合唱节斩获两项金奖归来的它，曾获得国内外各大合唱比赛最高级奖项。这支代表浙大学生合唱最高水平的合唱团体，其实大多由校内各专业的热爱唱歌的非艺术特长生组成，涵盖本、硕、博各个年级，是文琴艺术总团的分支。

舞台上的他们会发光

紫金港的秋夜繁星点点，伴着虫鸣从自习室回寝室的浙大学生路过小剧场时，总能听到剧场楼上传来悠扬的歌声，或空灵神圣，或动感激情，时而一曲《茉莉花》沁人心脾，时而几首流行乐改编新颖。他们知道，这是文琴合唱团又在排练了，有些同学甚至把自行车停在一边，靠着启真湖沿岸的垂柳，驻足静静聆听，在学习闲暇时，享受这艺术熏陶的静谧时刻。

"文琴合唱团，在我们一般学生的心目中，是一个神秘又酷炫的存在。平日里神龙见首不见尾，可一到专场音乐会，或是十佳歌手大赛，这些歌神歌后总能浑身放光地站在舞台上，绽放出他独有的自信和魅力。"大二学生汪嘉敏笑着说，"自从我室友加入文琴之后，我们的寝室就等于买了一台公放的唱片机。"

看过文琴合唱团演出的浙大师生，都对这群热爱艺术的歌者极强的表现力啧啧称奇。在文琴的舞台上，你可以在内蒙古草原骏马奔驰的八骏赞歌、西南山水间情人对歌的美妙互动中，领略我国多民族文化特色；你可以在《斗牛士之歌》《命运》《蓝色多瑙河》等世界名曲中，享受异域风情和经典的熏陶；在《如梦令》

中感受"误入藕花深处"的典雅情致,《念奴娇·赤壁怀古》体味"大江东去"的开阔旷达,在中国传统文化里汲取养分;在爵士乐、音乐剧选段中感受丰富的肢体语言,在唱跳结合里体验活力与激情迸射……无论是歌曲的遴选、动作的编排,还是舞美的风格,他们的专场演出都有着属于这支高校合唱团的独特味道,这群歌者一旦站上舞台,好像浑身都散发着自信和光芒。

　　合唱团现任团长、2013级电气专业学生张宝文说:"我们是一支由几十名不同专业、不同年级的热爱唱歌的人组成的合唱团队,其中大多数在来浙大以前从未受过专业的歌唱训练。但我们不是一支小打小闹的合唱团,特聘国家著名指挥家阎宝林及他的弟子客座指导,学校公体部的专业老师也会全程专业辅导,每周两次加上寒暑假等假期的不间断排练,在文琴几年下来,几乎每个团员都可以变成专业人士。"

合唱团在索契(周聪 摄)

合唱是心与心的共鸣

"在合唱团这几年，我最怀念的就是排练的过程，每个星期的周四和周六，就像是特定的聚会时光，把我们这些爱唱歌的好朋友们都聚集在一起，笑着唱歌。"2011级团长杨力蔚说。

文琴合唱团的排练强度很大，每周两个晚上，来自各个校区的团员都需要赶往紫金港校区参加排练，这种不间断的排练往往会一直持续到午夜。由于在文琴合唱团需要花费非常多的时间和精力，所以团员几乎在大学期间只参加这一个社团，也正因此，"在大学四年除学习外，专注做好这一件事"，就成为文琴人的座右铭。

除强度外，高标准、严要求是这个合唱团的另一大特征。每年需备战多个专场会演、多个全国级世界级比赛和很多临时任务的文琴合唱团，对自身的水准有非常严苛的要求，所以在排练时，常常因为一个小节的问题反复练习、反复强化，有时一整个晚上只能处理一个小节。"当出现瓶颈时，全团成员包括指挥和指导老师，都集体陷入一种心急如焚的状态，有时因为嗓子疲劳和身体疲乏，个别成员会出现一些不好的情绪。但合唱是集体艺术，这个时候互相理解和包容就尤为重要，当众志成城共同攻克难关后，我们都会觉得这一切都是值得的，这可能就是合唱的魅力吧。"杨力蔚说。当所有人都能为做好每个细节的处理而努力时，令人震撼的和声效果自然而然会产生，而在这样的一个团队中，每个人的幸福感都会倍增。没有宽容就没有合唱团，但没有苛求何来的合唱？对可爱团员的宽容与对艺术的执着追求，从来都不是矛盾的，热爱着合唱的人会用对自己的不断苛求来接纳更多志同道合的人。

无伴奏合唱是合唱几大形式中较为高阶的形式，一群人找到那个和谐的和声完全要凭互相之间的心灵感应，而这对于文琴成员来说不是一件难事，因为在这个团队最不缺的就是默契。这从文琴合唱团的后台就可见一斑，上台前全体合唱队员会排成两列，后面的人给前面的人按摩肩膀放松，这是文琴的惯例。"到了舞台上，大家都是这个集体的一分子，都要互相依靠，互相帮助，正像我们互相按摩肩膀放松一样，每个人都信任集体，为集体贡献自己的声音，我想这也是合唱艺术的魅力之所在。"

　　杨力蔚回忆，"我当时参加的专场音乐会上，最后一首歌是《只有和声》，那是我们第一次尝试虚拟合唱，就是将合唱谱、伴奏和每个声部的范唱上传到网上，向全校同学征集声像资料，最后通过混缩、剪辑，制作成视频，在音乐会上播出。这算是实实在在的传递歌中所唱的，'一心传一心，一声传一声，一音传一音。'心向一处，歌声方能往一处去，声音能够相融的人，大概心意也能相通吧。能找寻到与你共唱和声的人，是一种幸运，感谢有这样一个所在，让我成为一个幸运的人。"

文琴，是穿梭时光的传承

　　很多人对文琴合唱团名称的由来颇为好奇，这样美丽的名字有着怎样独特的含义？其实，"文琴"二字取自浙大校友姚文琴的名字。自1997年以来，汤永谦、姚文琴这对校友夫妇为浙大慷慨捐资，总计人民币近亿元。2001年，姚文琴夫妇出资300万元建立浙江大学文琴艺术总团。

　　这支前身成立于西迁时期的浙大合唱团有着自己的历史故事，浙大西迁时，在贵州遵义成立了浙江大学合唱团，首任指挥是著名声乐艺术家沈思岩先生。姚文琴是当时学校合唱团的"明星"，汤永谦正是被她的普通话和唱歌天赋所吸引。那个时候，他们的学习很紧张，每学期要修30多个学分，每周都有考试。汤永谦

合唱团唱校歌

曾回忆，尽管那时学习任务非常繁重，但他并不感到枯燥乏味。相反，他觉得学校安排的课外文娱活动丰富多彩，单是学生自行组织的各种社团就有52个之多，有效地缓解了同学们紧张的学习心理。

由于当时的演出条件非常艰苦，舞台和排练厅都很简陋，所以汤永谦和姚文琴立志要让当今的大学生有一个很好的演出环境，希望学校艺术团能给浙大学子带来精彩表演，提供精神盛宴，也希望通过艺术的熏陶，加强学生之间的人际交流，培育学生的文化情操。汤永谦曾说，"我一向赞成学生有一些活动，浙大的学生念书念得很多，很多毕业后只会做专业的事，我认为应该有一些team work（团队协作）的活动，将来到社会上会有用处，所以很支持。"

在他们的努力下，浙江大学文琴艺术团先后到联合国、美国哥伦比亚大学、普林斯顿大学、西北大学、加州大学洛杉矶分校、斯坦福大学等地进行过专场演出。他们以精湛的艺术表演，展现古老的中华文化，传播独特的求是精神，在国内外引起巨大反响。

"文琴艺术团到台湾演出，是我带队；到联合国演出，也是由我介绍给观众。如果要排一些经典的剧目，我还可以帮些忙。"为了让浙大学生有更多机会接触到外面的世界，增加与国际友人的交流，姚文琴可谓是不遗余力。只要浙大文琴艺术团访美演出，无论多忙，姚文琴都一定会赶到现场支持艺术团的表演。如今年逾百岁的姚文琴因身体原因不能亲自接待，也会嘱托家人出席，观看演出并在异国他乡招待文琴艺术团。

在世界舞台唱响乐主和同

在汤永谦、姚文琴这对世纪校友的推动下，文琴合唱团有了更多机会参加国内外重大赛事。继2012年以合唱团身份赴西班牙参加哈巴涅拉与复调国际合唱节实现我国合唱团获奖零的突破之后，2016年，文琴合唱团又接到俄罗斯索契世界合唱节的邀请。

"我们就像一个个身怀绝技的武林高手，平日里大隐隐于寝室、自习室，一旦比赛的集结号吹响，就会从各地飞奔而来参加排练。每到排练时光，我们就像一道道光，从四面八方汇聚，通过合唱合成一股力量。"张宝文说。

在接到比赛任务的那一刻，全团成员都欣喜若狂。但是团长张宝文说："虽然我们团在全国高校合唱团中已是翘楚，也在国际性比赛中屡次获奖，可是远赴俄罗斯索契参赛，对于我们这个刚面临换届、新成员居多的团体还是有很大挑战的。"炎炎夏日，在赛前集训中，大家每天早起做操，在排练中汗流浃背，依然认真投入。"排练到后期，歌谱都被我们翻烂了，到后来一首首写在五线谱的八声部都已烂熟于心。"

2016年7月，在索契冬季大剧院具有厚重历史的舞台上，文琴合唱团一曲无伴奏合唱《春梦》将观众带入亦真亦幻的中国古典梦境：梦醒时分的虫鸣鸟啼，花落花开间的低吟浅唱，营造出古宅清晨、如梦似真的意境，这首取材古诗《春晓》的歌曲融合了中国京剧腔调与西方现代作曲技法，让台下来自76个国家的专业评委和参赛合唱团都沉醉于独特的中国风格之中。

合唱团还演唱了《丑角的十四行诗》《畲族情歌》、*In the mood*、*Zha Xi Bi Nima*（吉祥阳光）及无伴奏民谣组曲目《采茶扑蝶》《湖畔》和《八骏赞》。这次参赛作品数量很多，风格迥异，既有国际化的现代派音乐，又表现了中华民族传统音乐的独特魅力，一举斩获青年混声组和无伴奏民谣组两个组别的金奖，向世界展现了中国人、浙大人的精神风貌。

"真正住进了奥运村，看到了来自世界各地的选手时，我心潮澎湃，当时真的很希望可以在颁奖仪式上为祖国升起国旗，我觉得这份经历是自己一辈子都难忘的珍贵财富。"合唱团员方秋实说。

在文琴合唱团的团员们看来，加入文琴是惊喜，而冠上文琴的身份后就是荣耀与责任并存。在合唱团，每一次比赛的结束都意味着一个新的开始，未来的路依旧需要每一个团员去铸就。

"所有的光鲜都需要超额的付出。"这群颜值与才华并存的年轻人深谙努力的重要性，人越踏实越坦荡，歌声越真诚越动人，未来的文琴合唱团属于最踏实的歌者和最真诚的歌声。就像有个老团员回味大学时说的："人生美好，有文琴同行，真好！"

（作者：陈曼姣）

（报道二）"每时每刻每分每秒都想在一起"
　　——我在浙大文琴合唱团的两年

　　"哦来到浙里/把青春献给你/相信/歌声随风远去/珍惜/舞台上我和你/一起制造回忆……"2016年文琴合唱团"天作之合"专场演出的最后一首歌，是指挥狄佳文老师亲自写的团歌《文琴》，我唱着唱着声音突然哽咽起来，不知不觉红了眼眶。

　　来"浙"里整整两年了。我的青春，除去学业，都像歌词里写的一样献给了音乐，献给了文琴。虽然总是因为排练到子夜一点而叫苦不迭、因为无休止地背谱而心力交瘁，虽然总是嘴上说着"唱完这一场我再也不唱了"，但身体却仍然诚实地每次排练都提早到场翻翻谱子、每次演出都尽心尽力，唱完了一场还期待着下一场。不止是因为我热爱音乐，更因为"文琴"这个团队已经成为我生活里不可分割的一部分，"文琴"就是我在浙大最温暖的栖地。

"文琴，一个难以割舍的梦境。"

　　2014年入学，正好赶上合唱团要去参加在苏州举行的第九届中国音乐金钟奖合唱比赛，所以报到的当晚就被拉进排练厅开会。会后拿着刚发的4份印着密密麻麻音符的五线谱飞奔回寝室，迫不及待地视唱起来。十多天里上午军训，下午晚上赶到排练厅排练，带我训练的学长十分严厉，不许我的音准和节奏出现一点错误，指挥的处理也要牢记在心，他每天都单独给我们新生训练。即便这样，在指挥考背谱时我还是吓出一身冷汗，连声音都唱不稳了。不管在赛前如何紧张，当我跟着学长学姐们坚定的步伐走上舞台的那一刻，灯光耀眼，望着指挥俏皮却坚定的目光，紧张感突然荡然无存，取而代之的是对舞台、对音乐的享受。合唱和独唱的紧张截然不同，独唱是"独当一面"的紧张，而合唱却是一种"和谐、团结"的紧张。为了整个团队的最佳音响效果，要把个人的声音与集体的声音最大化地融合。苏州中国音乐金钟奖那次是我第一次感到身在团队的幸福，有指挥为我们引路，有老师前辈为我们保驾护航，我要做的，就是无所畏惧地唱好每一个音符，完成每一个处理；那也是我第一次感受到合唱的魅力：唱出自己，听你听我，和声交汇，肆意流淌。

　　也是从那一刻开始，把我最好的时光献给文琴，献给合唱，成了我笃定的信念。我是个很讨厌"标签"的人，但"无奈"地从大学伊始就被贴上了"文琴人"的标签。无论走到哪里，都会被人指认"他是文琴的"。正因如此，每年的军训合唱比赛都有老师找我给连队指挥合唱；参加的社团或者班级搞文艺相关的活动，也都找我代劳；学校一有唱歌比赛，大家也都怂恿我参加。"文琴人"的标签给我带来忙碌的烦恼，但更多的是充满光荣的骄傲。

　　我爱"文琴人"这个标签，更珍惜我们这群人。记得文琴合唱团的前任指导老师、现在浙江音乐学院的教授阎宝林老师给我们指导时曾说过："很多人毕业后最怀念的就是合唱团，因为离开这里你很难再找到这样一群志同道合、水平相近的人来唱合唱了。"合唱是集体的艺术，更是人的艺术；合唱里最重要的，就是这群可爱的人——排练时在谱子上勾勾画画，深夜把每一个处理都整理好分享在微信群里的你们；认真记录队形动作，上台前不忘互相提醒注意事项的你们；舞台上放声歌唱，每次比赛回程的路上都压抑不住兴奋，在车上引吭高歌的你们……

"每时每刻每分每秒都想在一起。"

　　我和大家在充满汗水和欢笑的排练中度过一次又一次的音乐旅程——苏州、杭州、天津、诸暨、龙泉……直到俄罗斯索契的世界合唱比赛。在索契冬季大剧院门前等待上场的那一刻，我们一如既往地互相按摩着肩膀，男生们谈笑着互相整理头发和领结，女生们一边补妆一边重复着几处细节的处理。恍惚间仿佛时光倒流，回到了两年前苏州那届金钟奖的舞台前。文琴合唱团每年都有新人老人来来去去，但不变的是一颗颗真正热爱合唱的心。正是这一颗颗滚烫火热的心凝聚在一起，唱出了最年轻的打动世界的声音。从金钟奖的铜奖到世界合唱比赛的两枚金牌，我跟着文琴一同成长，今后，还会跟着文琴一起成熟。

　　文琴，有我最尊敬的老师，有我最爱的人，有大学里最铁的哥们。文琴，有一群志同道合的伙伴。如果问我有什么话想跟文琴的后辈们说，我不会说我们曾一起奋斗过的光辉岁月，也不会讲一起经历的风风雨雨，我只想微笑着告诉他们：请珍惜青春里和你一起唱歌的人。

因为那些人，陪你唱青春年华，陪你听时间流淌。

"每时每刻每分每秒都想在这里，我的文琴。"

（注：本文标题及楷体字部分均引自狄佳文老师原创歌曲《文琴》。）

（作者为人文学院汉语言文学1401班、文琴合唱团男低音声部长（2015–2016）：

李岩峰）

（报道三） 那些年文琴带给我的

离开文琴三年多了，手机里还存放着当时天天练习的合唱曲，心情好时还会不由自主地哼唱那时反复吟唱的旋律，甚至朋友们还会用"文琴合唱团女高音"这个闪亮的前缀向别人介绍我。在文琴合唱团的那三年，我学了听音识谱，学了钢琴指挥，学了中外经典，学了五分钟画舞台妆，学了用日语、西语甚至非洲东岸的斯瓦希里语唱歌，更重要的是，我变得更加自信，更加阳光，更加独立，也更加为人着想。是文琴，在一个个音符、一段段旋律、一曲曲和声中潜移默化地影响着一代代浙大人，让我们在享受艺术熏陶的同时，成长为一个更加全面的人。

开学第二天，我就加入文琴合唱团开始排练，那时排练厅还在浙大西溪校区的艺术楼里，每周四、周日，我们都要坐上前往西溪校区的校车。载着合唱团的校车真可谓是小型移动演唱会，随着校车从紫金港一路向市中心行驶，我们就一首一首唱起合唱团经典曲目，同一首歌，八个不同声部，在节奏交错中，可能你的邻座唱的是和你不同的旋律。那个时候，我才明白和声的美妙：当你们的声音交融的那一刻，心与心的距离是最近的。

在文琴期间，最幸运的是和团队远赴西班牙参加世界合唱节，这对于好多同学来说都是第一次出国门。看着托雷维哈比赛场地飘扬的各国国旗，我们都憋着一股劲，希望能通过自己的努力，在赛场升起我们中国的国旗。因此，在托雷维哈，只要一有机会，我们就想尽办法排练，直接在酒店外的草坪上走队形、练声。当时有好多因时差问题身体不适，或水土不服而腹泻感冒的团员们都仍然坚持排练，就像当时张丽娜学姐所说："那几天，旖旎的美景并不能吸引我，因为我始终无法忘记自己肩负着的使命。"

短短文琴几年，我们在音乐中提升审美素养，在合唱中品味情感、趣味、气质和胸襟。感谢文琴，带给我们无尽的回忆；感谢文琴，让我们富足精神，温润心灵。

（作者为2010级环资学院学生，文琴合唱团女高音：陈曼姣）

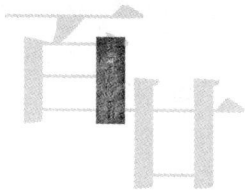

阅读提示：俗话说，文体不分家。与文艺一样，浙大学子的体育生活同样丰富多彩。篮球、足球、网球，他们因球结缘；艺术体操和武术队，为了共同的光荣和梦想，他们勇往直前。

像鸟儿快乐地翱翔

李学翰，浙江大学足球队队长，浙江大学体育系研究生二年级"赛搏"足球俱乐部队员。

头戴运动帽，身穿运动装，站在楼下大厅，不用想，他一定就是足球故事的主角了。短暂介绍以后，他跟我侃起了足球，没有距离，没有连日奔波的疲惫，他说刚踢完飞利浦大学生足球联赛和俱乐部的全国丙级联赛。

爱上足球

李学翰于1997年考进杭州大学体育系，进入杭州大学校队，至今已经有8年的踢球史。说起与足球的缘分，他神采飞扬。"那时我大一，学校有两块小运动场。每天早上一起来就往球场跑；中午吃过饭就在操场上坐着，等着人踢球；晚上没事干，借着食堂前的两盏路灯，继续踢。因为学校场地小，操场上每天都有几百号人在踢球。要踢球，只能以技术论输赢，谁赢谁上，我们球队曾经创造了连续七天赢下了整个场地的纪录。"当时的乐此不疲，让他的校园生活紧紧地与足球维系在一起。可以一起踢球是一种缘分，每天一起踢，踢出了感情，踢出了一批好朋友，现在他们都成了半专业的球员。本科的四年，大家一起在校队训练，一起在球场踢球。转眼间，毕业了，昔日好友已经纷纷离开，只剩下他一个人还在球场驰骋。几许怀念之后，他笑笑：假如读博，我会继续踢下去。

情谊无价

　　球场是球员个性飞扬的舞台，如何既能张扬球员的个性，又能把大家拧成一股绳是一门很大的学问。我向队长讨教妙方，他给我打了个比喻："我是学体育的，或许球踢得比有些人好。但是我的文化课没别人好，如果我今天因为这个嘲笑别人，那么保不准哪一天我也会被嘲笑。"没有解释，却一语中的，我看见了队长的谦和和实在。踢球没有很多名利，主要是快乐，因为好玩，大家才来一块儿踢球。队长说，人是有感情的，足球是11个人的事，机会是整体创造的。场上的情绪不能带到场下来，在场上可以很愤怒，但在场下，失败了，只有好好总结——除了运气不够、除了基本功不扎实外，还有什么不对？

　　除了队员之间的交流、情感维系外，交谈中，队长一再提到了球队的教练。教练对足球事业的热爱让所有队员钦佩不已，虽然他的工资并不高，但他尽量抽时间给学生们训练，并且还经常联系省内高校进行一些教学训练赛，增强队员的实战经验。有如此执着于足球的教练，难怪队员们对足球也如此之执着。

忙而有味

　　除了校足球队队长之外，李学翰还有另外一个身份——"赛搏"足球俱乐部的老队员。从本科起，他的大多数业余时间都在俱乐部训练，并经常代表杭州市俱乐部踢全省或全国比赛。这次刚参加完云南的全国丙级联赛，拿下了总决赛第五名的成绩。"俱乐部有专门的场地、教练训练，还有专业的队长、队员，俨然一支职业队。在俱乐部，他有机会和南非国家队对阵，与国脚观摩、竞技，代表西博形象赴港澳踢球。在赛博队里，李学翰学问高、资格老，但他单纯得和其他高生队员没有区别，队友们亲切地叫他"鸟翰"，因为他活泼、开朗，也因为作为前锋，他速度奇快，100米跑可以跑进11秒，他带球疾进时，就像鸟儿在翱翔。

　　作为一名业余球员，他向我历数了一年要参加的球赛，不包括教学训练方面的比赛有40多场，其中有16场学校赛事，15场俱乐部比赛，还有分门别类的10多场商业赛，密密麻麻的赛事，把他的日程排得满满当当。作为一名学生，参加这么多的比赛，他却没有分身乏术的那份疲惫。"虽然训练密度很高，但我不会累，因为人有目标在支撑，知道自己在干什么。有了那个方向以后，会有一股向前冲的动力，毕竟人的一生，特别是运动员的生涯很短暂。"但是参加的比赛多了，对学习势必有影响。既想踢球，又不能放弃功课，这是很难调和的矛盾，目前他就因为学习暂时搁下了训练，李学翰笑着说："最近在忙论文，训练只能吃老本了，毕竟毕业是第一位的。"

李学翰就这样一路走来，从当初的单纯爱好到现在的有所追求地踢球，对足球的理解深刻了，但是有一点没有变：他踢球依然是为了追求快乐。足球成了他生活的重心，也是他生活的色彩。

（原载于2004年12月10日《钱江晚报》第11版，通讯员：傅云燕）

年年花相似 岁岁人不同
——浙大网球队素描

　　铁打的营盘流水的兵，学校亦是如此，要保持长盛不衰极其不易。然而浙江大学网球队却是一支常胜队，每次征战全国赛总能满载而归。因为在他们看来，网球已成为一种生活方式。

　　秋阳高照。下午两点，浙大玉泉校区网球场内，校网球队的队员们正在分组对抗，尽管是队内友谊赛，但大家仍旧每球必争，拼得火爆异常。几个回合下来，个个气喘吁吁。

　　眼前的这批队员是全国大学生网球锦标赛的获奖"专业户"。"比起七月的烈日，这样的阳光真是太舒服了，瞧，汗都没怎么出。"虽然训练非常艰苦，队员们却乐在其中。

　　作为浙江大学体育方面的一块金字招牌，校网球队夺得过八次全国大学生网球锦标赛的男子组团体冠军和四次女子组团体冠军。面对如此骄人的成绩，有着20年教学经验的女队教练郎荣奎将原因归结于网球运动在浙大有优良传统。"从1986年开始，浙江大学就成立网球专业班，打下了较好的底子。"

　　普及就是硬道理，虽然队员如流水般更新，但每年1000多人选修网球课还是给网球专业班打下了深厚的群众基础。而五个校区近50片网球场地更是为队员的培养提供了良好的硬件设施。

崇尚快乐网球 人娇小心不小

　　身材娇小却不乏运动气质，张莹来回穿梭于底线，动作潇洒自如。

　　"那时，我家楼下有个新开的网球场，觉得好奇就'玩'了起来。"张莹是个好动的女孩，凭借过人的运动天赋，她很快熟悉了球性，也得到了教练的赏识。之后就是持之以恒的训练。

　　2003年，她去上海观看了梦寐以求的"大师杯"并成了其中一名球童。"看到我的偶像阿加西，太兴奋了！"她说，"只是前不久他宣告退役，不免有些遗憾。"

在刚刚结束的全国大学生网球锦标赛中，她与队友合力拿下了女双亚军，"那段时间晒得可黑了，抹再多的防晒霜也没用。"

张莹有个梦想：开一个网球会馆，里面可以打球，也可以健身、按摩休闲……"这样的会馆好像杭州还没有，所以挺想尝试一下。"对未来，张莹充满向往。

做人如同打球 不出界不下网

"做人如打球，力求既不下网也不出界。"今年20岁的西安小伙李俊岐道出自己的人生信条。阳光、帅气是李俊岐给人的第一印象。

说起打球，李俊岐有道不完的激情。6岁那年，他平生第一次触摸到了网球拍。"那时，自己也没比球拍高多少，整个人感觉傻傻的。"李俊岐回忆道。

在超级网球迷爸爸的鼓励下，父子俩一步一个脚印地开始了摸索。从最初的对着墙壁枯燥练习，到第一次参加比赛，聪颖的李俊岐用了5年时间。12岁时初次参加全国短式网球公开赛，他就取得了第八名的好成绩。"知道了自己的水平，我就更加有了拼搏的动力，不断突破自我就是目标。"

打过了不少比赛，但时至如今日，两年前的一场"绝地反击"仍让他记忆犹新。那是一场"联通杯"赛事，前5局的比赛他以0：5落后，而且第6局小分也以0：3落后对手。"也就是说，输掉最后一分比赛就结束了。那时，我干脆放下包袱，决定一博。"一个球、两个球……一局、两局……不可能完成的任务被完成，李俊岐硬是实现了惊天大逆转。"到最后，我完全将包袱扔给了对手，他也被打得目瞪口呆。"回想当时，李俊岐依然热血沸腾。

现在，李俊岐是浙江大学行政管理专业大二的学生。逛街、看电影，和大多数年轻人一样，李俊岐也追逐时尚。但打网球依然是他最爱的生活方式，他说，他要将网球进行到底。

北国苦练本领　边出汗边结冰

移动灵活、头脑清晰，内蒙古小伙张劲萧俨然是场上霸气十足的王者。由于内蒙古地区的网球氛围十分火爆，众多的场地也是其他省市无法比拟的，这造就了扎实的群众基础。回想起打球的经历，他打开了话匣子："记得第一次摸球拍，对网球毫无概念。"之后每堂训练课，张劲萧总是早到晚退，比别人更用心地训练。

一到冬天，零下二十几度的天气还闹出了不少内蒙古特有的"笑话"。"沙地洒上水后就结起薄冰，根本无法移动，摔个'嘴啃泥'是再平常不过。"他笑着说，"球也硬得像石头一样，去火炉边热了才能继续使用。"打完球，大家都相视一笑，因为彼此的头发上都早已结起了冰碴。"边出汗，边结冰的状况可不是哪里都能看到的，也算是独特的自然现象，呵呵！"张劲萧道。之后，大家戴上了套袖，将手臂、手腕都保护起来，才能缓解冬日打球的痛苦。

在打球经历中，让张劲萧最难以忘怀的是去年在他们家门口打的全国业余网球大奖赛包头分站赛。"那天父母、亲戚都来给我加油，让我感动不已。"与号称"沙漠驼鸟"的对手足足"拉锯"四个小时后，张劲萧终于艰难地赢得了比赛。结束时，两人都已累得无法动弹，倒地不起。"能在'主场'赢得冠军是再美妙不过的事情了，我情不自禁地和家人抱成了一团。"张劲萧回忆道。

（原载于2006年9月27日《钱江晚报》C10版，通讯员：徐小翔 周伟）

为了光荣和梦想
——浙江大学男篮与 CUBA 的情结

午后，在浙江大学的篮球场，你总能看到这么一群年轻人在不知疲倦地运球、奔跑、投篮。一次又一次地重复相同的动作只为了更高的命中率，一遍又一遍演练同样的战术只为了更加默契地配合。日复一日，年复一年，这群年轻人在为了自己的梦想，为了浙大的荣誉而奋斗拼搏。他们就是浙江大学男子篮球队，代表浙江大学参加CUBA的队伍。

CUBA中国大学生篮球联赛是中国体育史上第一个面向高校、面向社会，以培养高素质、高水平篮球人才为目标的大学生专项运动联赛。该联赛自1996年开始酝酿，1998年正式推行，历经十多年的发展，已成为国内篮坛三大赛事之一。回顾浙大与CUBA十多年来的点点滴滴，这是一段充满了惊喜、波折、期待的曲折之路。

扬帆起航引领篮球风潮

在CUBA风靡全国高校的今天，有多少人知道，这一个如此有影响力的运动联赛是在浙江大学男篮主教练陈南生、校友张宁飞先生和中国人民大学龚培山教授的共同努力下创办的。

回忆起CUBA的创始之路，现任中国大学生篮球协会副主席兼秘书长、CUBA中国大学生篮球联赛创始人之一的陈南生教练现在仍然记忆犹新："1996年4月，已经毕业的原校篮球队长张宁飞回来看我，希望能出资创办中国大学生自己的篮球赛事。历经两年多的筹备、推广、学习、交流、试行，1998年4月，第一届CUBA联赛终于打响。"

作为创始人之一，也作为当时浙大男篮的主教练，陈南生带队在武汉参加了第一届的比赛，在与617支高校代表队的激烈角逐中，浙大男篮获得了A级第三名的佳绩。对于一项全新的赛事，浙大男篮对CUBA的未来之路满怀期待。学校方面对队伍培养的重视，校园篮球运动的火热开展，进一步促进了男篮水平的提升。2000年、2001年连续两届的东南赛区冠军、全国决赛亚军的优异战绩让人们对这支年轻的队伍充满信心，在CUBA中开创一段属于我们浙江大学的时代。

追逐梦想，我们正在前行

随着CUBA在全国的影响力越来越大，参与比赛的学校球队越来越多，竞争也越来越激烈。从第五届CUBA开始，浙大男篮退出了CUBA八强的行列……大家都期盼着浙大男篮能走出低谷，重塑辉煌！

而今，一个看似平凡崭新的赛季已经来临，学校对这个赛季充满了期望。原因很简单：浙大男篮有了新的教练、新的理念。

这位带来新理念的教练叫武国正，刚从北京体育大学教授的岗位上退休。为了加强球队的建设，提升球队的实力，学校特别聘请了这位有经验的教授来指导男篮队伍。

对于新教练的到来，最有发言权的还是浙大男篮队长赵亮："武教练平时就像爷爷一样关心我们，但是一到场上，谁都不敢大意。球队与武教练仍处在磨合期，想要领会武教练先进的篮球理念，队员们还需更加努力。"

"这支球队充满朝气。"队中"四朝元老"俞则丰这么评价自己的球队，"只是我们打得还不够拼，在武教练的指导下，我们已经有了不少的进步"。武教练对球队也充满了希望，只要球队的队员团结一心，刻苦训练，这支队伍一定能重回巅峰状态。

今年的浙江省预赛，浙大接连战胜宁波大学、绍兴文理学院，夺得浙江省冠军，将代表浙江参加接下来东南赛区的比赛。接着即将进行较量的对手中，就有6届CUBA冠军得主华侨大学男篮。

比赛现场（卢绍庆　摄）

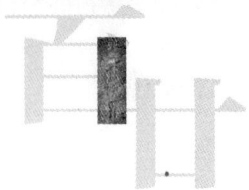

然而，面对强大的对手，队员们并不害怕，他们对比赛充满信心：我们一定会全力去拼每一场球，不会让浙大的老师和同学们失望。我们从来没有放弃过重回CUBA顶尖球队的梦想。现在，正是重新起航的好时机。

荣誉背后：体育文化风靡校园

为什么浙大能在CUBA的创办中起到至关重要的作用？为什么浙大这么努力地营造学生热爱篮球的氛围？这是因为学校一直在校园里提倡热爱运动，传播体育文化，篮球作为其中一项广受喜爱、广泛普及的体育运动而备受重视。

CUBA是现今中国唯一一个民间出资举办的全国赛事，CUBA在创立之时就定位为依靠产业化、社会化运作的赛事，在体育产业还不成气候的中国，发展道路上的困难可想而知。但无论怎么艰难，CUBA始终坚持"育人"的宗旨，坚持以联赛为平台，以推动体育文化为方针，拒绝冠名，拒绝烟酒广告。

作为创始人之一，陈南生老师对此颇为感慨："这其中的艰辛能有多少人知道？但是，我们一定会坚持下去。CUBA是大学生篮球文化的传播者，更是当代大学生学校体育文化的风向标。CUBA是一个真正属于我们中国大学生自己的赛事。"

回望现在的求是园，体育文化无处不在。冒雨举行的运动会、精彩的排舞表演、激烈的3vs3篮球赛、《天下足球》浙大行、阳光体育长跑……正是有了这么多体育爱好者、参与者，体育文化才得以在校园中传播。

CUBA的意义不仅仅是比赛的胜负而已，它承载着传播体育文化这个更为艰巨的责任。

今年的CUBA联赛即将打响，让我们期待浙大男篮能取得骄人战绩，同时祝福为了光荣和梦想而踏上征程的浙大男篮。

（原载于2011年1月14日《浙江大学报》第3版，作者：叶盛珺 蔡骋宇）

学霸打篮球，真的不一样

2013赛季浙江省大学生篮球联赛甲组的赛程，已经进入一场定胜负的1/8决赛阶段。昨天下午浙江大学对杭州师范大学的比赛打到第四节最后4分钟，球场上出现了一个不易令人察觉的细节。已经以73：39遥遥领先的浙大队换人，15号张嘉骐换下4号张骋，这是控卫换控卫，也是硕士换硕士——前者是自动化专业，后者是医学专业，两人都是在读硕士研究生。此时，浙大队在场队员，还有一位是能源专业在读博士。

从奥运会到CBA，从国家队到职业队，以现在中国篮协注册在册的球员，无法组起这样一支平均高考成绩超过600分的高配"学霸"阵容。读书好，打球行不行？旁人好奇的问题，不是他们自己所关心的，学霸球员们有自己的打球方式，也有自己的篮球人生。

打篮球就是在上课

"考研是保送的，篮球有加分。但是如果不加分……应该问题也不大吧，是不是不太谦虚？"张嘉骐笑着说。

关于"学霸"，网上有这么一种说法："你不会的别人会，你会的别人做得比你快，最后分数还比你高。"林书豪证明了脑子好打球也可以好，那么"学霸"打篮球破对方的阵是不是也一定像在考场上解题那样见招拆招？未必。

"每年大赛前我们有机会和我们学校打CUBA的高水平队打两场，要输给他们一半，就像今天这场的比分一样。"张嘉骐语气坦然，"和他们打比赛我们就赚到了，能学习的东西很多。比赛完了，听'教头'给我们讲一讲为什么输这么多，完了大家还要坐下来一起分析总结。"这话题一转就从打球跑到学习上去了。

张嘉骐口中的"教头"，是最早带领浙大篮球队征战CUBA的元老级教练陈南生。说起"学霸"球员和通过特招进来的高水平队球员有何区别，"教头"举了个例子：

"我给高水平队开赛前准备会，讲战术，才讲了半小时，下面都不耐烦了，说，'教练，你放心吧，我们肯定拼，上去肯定好好干。'那么怎么干？用什么战术干？就不知道了。给本科生讲战术，每个人都会认真听，一起参与讨论，准备会可以开两三个小时。"

一堂纸上谈兵的技战术会真的可以开两三个小时？"如果说一场球输了，总结会可能两三个小时都不够。"张嘉骐印证了这个说法，"所有的问题都必须解决掉。每个人先说自己的问题，再说别人的问题，讲完之后教练要发言。会后自己还要思考，这时候就很费脑。"

听战术就当是上课，赛后总结好比是考完试制作"错题集"，浓浓的"学霸"味道，有没有？

几何学得好，有助于破联防

参加本次联赛的这支浙大队，有15位报名球员，包括一个在读博士，两个硕士，在没有入选大名单的球员中，高学历的球员更多。用解几何题的方法来打篮球，这是学霸球员独有的方法。相比高水平队球员甚至是职业球员，硬件条件不足的学霸们不是用身体、经验，而是用方法在打球。

打球需不需要理论指导？"教头"陈南生又一次用举例来证明。"其实篮球战术就是几何学、物理学，球员在场上的运动就是点在平面上的运动，比如下快攻三名队员要成等腰三角形跑位，破联防成梯形站位。但是以前有的特招队员居然反问我：什么是等腰三角形？"

这样的例子有些极端，张嘉骐对此的理解是，有理论指导，理解得更快。理论基础能帮助球员更好地理解战术，更重要的是能引领球员在千变万化的赛场上活学活用，因为，功夫在平时都已经下足了。

"今天的比赛我们都没有叫战术（暂停），只要看到对方用盯人战术，我们喊一声'是盯人'，就知道该怎么打。队里不会很明确地说用什么战术，但是在平时训练当中已经融合进去了。"他说，"在平时有问题一定要解决，不然这个队不适合你，我们队一直有这样的风气。"

学霸球队收获的不仅是冠军

张嘉骐今年读研一，说到会不会考博再多打两年，他很干脆地说，那是学习方面的事情，不会和篮球混为一谈。以后的工作，更不会和篮球有关，"但是篮球还会继续打"。

张嘉骐说，到了研究生阶段，大部分时间都是在实验室里面，交朋友的渠道就更窄了。篮球是男生交朋友的一大方式。在他身边，并没有多少人们想象中的宅男、极客，"我们实验室就有个群：篮球同好。篮球是个很重要的社交方式。"

学生球员，先是学生。学霸们平时练球的时间不够多，有自己的学习压力，用张嘉骐的话说，他们有两个老师，一个是教练，一个是导师。有时候两头都在催，很难办，只能靠自己协调。"就是靠这股热爱啊，要拿冠军。"

"我们一周只有三次练习时间，每次两小时，大赛前也是这样。但我们不仅仅只是一周三练这么简单，靠的是底蕴。准备会，总结会，吃饭一起来，所有东西都是井然有序的。新队友进来会说，不愧是冠军队。"作为队长，张嘉骐为这支球队此前获得的四连冠而自豪，但看得出来，让这个团队里所有人刻骨难忘并终身获益的，还是学霸的风气以及留存下来的底蕴。

（原载于2013年10月29日《钱江晚报》C6版，记者：楼栋）

求是园里舞动的精灵
——记浙江大学艺术体操队

伴着动感十足的音乐，五位身着彩色艺术体操服的姑娘，轻轻挥动手中的彩带，时而舞出螺旋形，时而舞出蛇形，时而又变换队形交换彩带，一个转身，一次回眸，都叫人惊叹。

刚柔并济的舞姿，眼花缭乱的技巧动作，每次在训练场开练，都会吸引众多目光："多么赏心悦目的形体艺术啊！"

与众不同的我们：三项全国"首次"

浙江大学艺术体操队的姑娘全部来自教育学院体育学系运动训练专业，由浙江大学自主培养。

大长腿、马甲线、颜值高、协调性高的艺术体操队员们，本身就是浙大校园里最靓丽的风景线之一。最重要的是，姑娘们不仅长得美，拿起金牌来更是毫不手软。队伍2009年成立以来，在五届全国大学生锦标赛中夺得32金，其中2014年和2015年连续两年参赛并包揽了高水平组集体和个人项目所有金牌，最终从参加第二十八届世界大运会选拔赛的全国24所高校466名大学生中脱颖而出，取得了初赛资格。

在2015年第28届世界大学生运动会上，浙江大学艺术体操队代表中国取得了艺术体操集体全能第五、集体单项"五带"第五和集体单项"6棒2圈"第五的成绩。

这次出征开创了若干新的纪录：我们国家首次由一所综合型大学、首次由C9[1]、首次以大学师生自主培养组队方式，参加世界大学生运动会这一国际大赛

---

[1] C9：九校联盟的简称，是中国首个顶尖大学的高校联盟，也是国家首批985重点建设的9所一流大学，浙江大学是其中一所高校。——编者注

盛事，改变了以往国家艺术体操队组织并代表中国大学生参会的历史，这是一次有益的探索。

创业，我们从一将一兵开始

然而，就是这样一支满载荣誉的队伍，2009年刚成立的时候，只有一名学生。

2006年，浙江大学成立了运动训练专业，体育学系的副教授单亚萍就琢磨着能不能组建一支艺术体操队。"艺术体操能培养女生高雅的气质，大学教育有益于艺术体操运动员提升文化修养和竞技科学水平，艺术体操专项发展完全可以成为我们大学的女大学生素质教育、学位教育特色发展一个很好的切入点。"作为艺术体操项目的国际裁判，单亚萍有着这方面的信息、资源和视野，更有着自己独到的见解。2009年，经过一个时期的观察、讨论和规划设计，她提出申请成立浙江大学自主培养艺术体操队、试行艺术体操专项招生，很快获得学校学院的批准。

单亚萍信心满满地亲自担任教练，招兵买马。然而，第一年只招到了一名学生。唯一的这个"兵"是刚退役的健将级运动员王艺澄。王艺澄凭着过硬的专业水平，拿到了浙江大学运动训练专业的录取通知，成了浙大艺术体操队的第一名队员。

第二年，北京体育大学的一名大二学生转学来到浙江大学，王艺澄终于不再孤单。

"我们分析了原因，综合型大学肯定是一个大优势，但学校之前没有艺术体操专项招生，没有参加全国艺术体操队伍比赛，在全国没有影响力，也没有吸引到足够多的眼球。"

浙江大学艺术体操队的征程就这样开始了！2010年，单亚萍带着这两位队员，以浙江大学艺术体操队的名义首次出赛，取得个人单项2金2银和一项第6名的好成绩，两位姑娘的表现渐渐打响了浙江大学艺术体操队的牌子，更多体操优秀人才把目光转向浙江大学。同时，浙大综合型大学优势开始凸显——许多艺术体操特长生选择浙江大学的一个重要原因是有"全面发展的空间，未来发展的自由"。浙江大学作为一所综合型大学，非常注重学生全面发展、注重学位教育的质量和特色，要求学生运动员兼顾学习和赛训，同时为"文武兼备"的优秀运动员提供学术发展、综合发展的长足空间。

六年后的2016年，浙江大学艺术体操已经拥有了一个不同的队伍：国际级和国家级健将、一级和二级运动员16名。

奋斗，我们都是浙大的一分子

在国内高校中，浙江大学艺术体操队成立时间不是最早的，师资力量也不算最强。可是在2014年全国赛中，浙大出人意料地击败全国其他高校，包揽高水平组9枚金牌，取得了2015年世界大学生运动会的组队资格。

"算是惊喜吧。但更是一个全然不同的考验。拿到组队资格后，大家都在看着浙江大学。下一步浙大要怎么办？浙大能不能打破成规，顺利走上大运舞台，是对我们这支队伍的考验。"单亚萍说。

第一大考验是备战大运会的配备，与专业队相比，这是一个先天弱项。作为综合型大学当中的"首家"，没有可借鉴的经验。训练场馆条件无法跟专业队比，原有场馆还比较"土"，没有艺术体操地毯，场馆高度仅6米，无法满足训练要求，常常一抛器械就打顶或挂住彩带。然而，就是在这样的条件下，在2014全国赛后的日子里，在没有计划预算支持的情况下，艺术体操队克服困难，迅速投入了紧张的备战训练。

艺术体操队的奋勇拼搏，打动着周围的浙大人，"我们都是学校一分子"。

2014年年底到2015年春，从购置艺术体操训练专用毯到完善出赛队伍配置，学校院系自力更生，从各种渠道想办法、解难题；副校长严建华老师当时主管校文委体委，调配资金、调配人员并出任艺术体操队的领队，坐镇光州现场甘做后勤"大管家"，领队和副领队全身心投入，做好运动员赛前的各项服务保障工作，让队员们保持良好的竞技状态；校内兄弟院系施以援手，邵逸夫医院协助调配了江迪锦医生，被队员和教练誉为"最帅队医"；本地同行开放调剂了陈经纶、萧山体职院的场馆给小姑娘们练习。而教练单亚萍通过个人和同行渠道，从联系外教，组织队员赴上海、萧山等地异地封闭集训适应场地变化，到设计服装，无微不至。

2015年，艺体队姑娘们出征世界大学生运动会赛前合影。前排左起1~6分别为队员季倩倩、余浩聪、马伊娜、王亲亲、韩雨晴、陈莹莹，后排左起1~5分别为随队翻译胡毅、主教练单亚萍（体育学系副教授）、领队严建华（浙大副校长、时任文委体委主任）、副领队顾建民（教育学院副院长）、队医江迪锦（浙大附属邵逸夫医院）（教育学院供图）

　　第二大考验是备战大运会留给这批姑娘们的磨合期，只有短短3个月。与专业队相比，浙大艺术体操队训练时间本就少，主要是周一到周五每天两小时，大部分队员国际大赛经验空白、自信不足。C9大学的专业学习压力，更是所有队员尤其是高年级队员无法回避的问题。当小姑娘们因伤病、学习压力、训练水平停滞出现情绪时，单亚萍召集大家开了一个长会，分享了自己是如何在五年时间加倍训练、科学训练出别人8年训练成果的故事。每次训练结束，她总是在第一时间把冰袋发给受伤队员，叮嘱她们冰敷和努力恢复，不断给她们打气："保持你最好的状态，挖掘出自己全部的潜力。"

　　2015年的农历春节，大部分队员匆匆回了一趟家就返校了，家住得远的队员甚至没能回家过个团圆年。教练和队员都咬紧了牙关，"此时此刻，唯有拼尽全力"。2014级的韩雨晴是一级运动员，进校水平跟健将级队员确有差距，计划大赛任务是个人项目，她常为自己技术水平不足、缺乏大赛经验而感到不自信。单亚萍不断鼓励她，告诉她机会总是留给有准备的人，要敢于奋斗。于是，队友们发现，小韩总是第一个进训练场，最后一个离开，遇到问题一次又一次向老师和前辈请教、一遍一遍反复摸索，"以勤补拙"。

有时，考验突如其来。就在开赛前2周，集体项目的一名队员因伤无法上场，对一个非职业队伍而言，这绝对是个考验。大赛规定，集体项目如缺一名队员是不能参赛的。是进还是退？事关国家形象、学校声誉，学校和教练临场拍板，韩雨晴放弃个人赛、顶上集体队员的空缺，最终浙大艺术体操集体项目获得集体全能第五及两个单项第五的成绩。经历过大赛洗礼、经历过奋斗的韩雨晴和浙大艺术体操队伍的姑娘们不断成长，她们胆子大了，技能也进步了——2015年秋冬，她们出征新一届全国艺术体操锦标赛，一举夺得高水平组集体项目集体全能第一、集体单项"五带"第一和"6棒2圈"第一3枚金牌。

"尽力做好我们自己，赛出自己的水平。"在第28届世界大学生运动会上，姑娘们为中国赢得了艺术体操集体项目荣誉，受到中国大学生体育协会和社会各界赞赏。浙江大学则为国内综合型大学，特别是C9高校参与国际竞技体育，激励更多青年参加体育运动，推动大众体育运动做出了有益探索。

场上场下，我们只有一个名字：浙大艺体

艺术体操是女性独有的一项运动项目，队员们个个巾帼不让须眉，比赛的器械装饰都是姑娘们自己动手缠绕制作。2014年11月，艺术体操队参加在成都举办的全国大学生健美艺术体操锦标赛。当时场馆里训练场地有限，要想上场地练习得排好长时间的队，于是队员们商量后决定去场外训练。11月的成都已有几分寒意。姑娘们穿着单薄的比赛服在寒风中坚持训练，没有一个人抱怨，大家明白，她们是一个集体。

在艺术体操队平时的训练中，学姐们发挥了较为重要的作用。编排动作时，学姐会组织大家一起观看录像，协商动作，参与编排。队员的专业水平参差不齐，但大家的目标一致，齐心协力，取长补短，努力克服困难，不断地磨合、协调，反复练习和掌握有一定难度的集体动作。在平时的工作中，每个人也会根据自身特长主动承担一定的任务，无须老师或者学姐分配任务。一年又一年，学姐带学妹，学姐毕业了，当年的学妹成为学姐，继续带新来的学妹，如此一拨带

一拨，延续了艺术体操队的自主精神。

团结、协作是艺术体操与生俱来的特性。尤其是集体比赛项目，更是不分你我。每一位成员都为集体的荣誉而战，因伤病不能为集体而战的成员，就主动退居二线，帮助队员准备比赛。

2010级队员杜雪琪因伤病不能继续比赛，但是她仍留在队伍里继续帮助队员们训练，以另一种方式"参加"那次比赛。韩雨

2015年7月，艺术体操队姑娘们在世界大学生运动会赛场上。（单亚萍 摄）

晴第一次参加个人项目比赛时，因为时间紧张，来不及重新编排动作。杜雪琪主动协助单亚萍，充当小教练的角色，根据韩雨晴个人技术水平的实际情况，为她编排了四套个人动作。最终，韩雨晴凭借自身的努力，在全国比赛的个人项目中取得了不错的成绩。

队里的姐妹们除了一起训练，还会经常一起自习，几年来，队里出了许多"学霸"。当初带着读研目标进来的第一位队员王艺澄始终不忘初心，在打好比赛的同时兼顾学习。她花了两个暑假的空余时间去新东方补习英语，英语六级成绩达到500多分，成功保研，并获得研究生英语课程免修资格。在她的带领下，艺术体操队的姐妹们一起挑灯夜读，学姐们会积极为学妹们的学业、职业规划出谋划策，无私分享自己在竞赛和学业兼顾方面的宝贵经验。几年间，她们的学习成绩在运动训练专业里始终名列前茅。历届艺术体操队的20余名队员，累计获得各类奖学金以及优秀学生、优秀学生干部等荣誉称号近90项次，获评国家奖学金1人、浙江省政府奖学金2人、校级优秀毕业生1人，保送研究生3人。在教育学院，艺术体操队几乎成了"学霸队"的代名词。

目前队里已经有10名同学在2014年参加浙江省艺术体操裁判理论和实践学习，通过考核并获得了国家一级裁判证书。姐妹们经常利用假期，担任浙江省艺术体操赛事的裁判工作。她们的团结一致、配合默契，成为裁判队伍中的一道

风景线。毕业队员大部分也选择成为专业竞训队教练，继续与这项美丽的事业为伴。

除了做好自身的运动训练和学业职业规划，艺术体操队的姑娘们还积极投身社会公益项目。教育学院阳光义工计划"形体健康项目"自2015年开始设立，由艺体队成员担任义工，服务学习的第一站是学校离退休排舞队。针对排舞队训练活动及校内外赛事需要，师生共同讨论集体舞设计、创作与编排，以及形体训练与安全的注意事项。通过一年来20多次的教学交流，姑娘们逐步学习和探索如何参与社区文化生活，也在竞赛训练创优和群众体育推广之间找到了更好的结合点。

成绩和光荣已属于过去，然而，light up tomorrow（点亮未来），浙大艺术体操队注定将为未来探索，为未来创造，为更美好的未来学习。

（作者：沈佳丽）

【附录】

浙江大学艺术体操队2010—2015年主要获奖情况：

2010年，第五届中国学生健康活力大赛，丁一丹获球操、带操2枚金牌和绳操、圈操2枚银牌，王艺澄获得圈操第六名。

2011年，全国青少年艺术体操锦标赛，丁一丹、王艺澄、金婍佳、金婵佳、金莹五人组成的团队获集体全能冠军，梁雨婷获得青年A组个人全能冠军，并获集体项目"艺术表现奖"。

2013年，中国大学生健美操艺术体操锦标赛，浙大艺术体操队夺得8金6银1铜，并获得大赛"优秀运动队"和"最佳音乐奖"两项荣誉，王曼亲获个人单项3金1银，并获评"优秀表现奖"。王曼亲和金莹被评为优秀运动员。

2014年，第10届中国大学生健康活力大赛暨2015年世界大学生运动会选拔赛，浙大艺术体操队夺得高水平组9金6银，体育院系组个人项目2金3银以及3个第六名、1个第七名；单亚萍老师被评为优秀教练员并获得最佳编排奖，王曼亲获最佳表现奖，金莹、季倩倩获评优秀运动员；浙大艺术体操队组队获得代表中国大学生参加2015年世界大学生运动会艺术体操比赛的参赛资格。

2015年，第28届世界大学生运动会，浙大艺术体操队为中国军团赢得艺术体操集体全能第五、集体单项五带第五和集体单项6棒2圈第五。

2015年，第11届中国大学生健康活力大赛暨中国大学生健美操、艺术体操锦标赛，浙大艺术体操队获高水平组集体和个人项目共9金4银并获"最佳音乐奖"，单亚萍老师获评"优秀教练员"。

武林高手在"浙"里
——记浙江大学武术队

夜深人静时，大厦突燃明灯！两团黑影缠斗正凶，走近一看，只见一位人持虎头手持双钩，钩拉提带、咄咄逼人，奋力掷向对方，而对方一人亦不甘示弱，举起春秋大刀还击，挥臂劈砍，正好迎面挡住袭来的双钩，并反守为攻，虎步前进蛟龙破海……肃立围观者众。

此处并非江湖，是浙江大学西溪校区体育馆三层。

对练者、围观者、指点者，正是我"浙"里的师长同学，或许还有痴迷中国传统文化的国际教育学院学生。

这样的场景，经常出现在隆冬腊月，也常出现在骄阳酷暑，其他同学的课余生活时间和寒暑两假，正是"浙"里武林高手闭关修炼的要紧关头。高强度训练、快节奏对练动作、精简训练服的要求，冷暖空调都几近无用。夏季，几个回合下来，衣服上干掉的汗水能凝成白色盐花花纹。然而，"冬练三九，夏练三伏"，无论是手握世界金牌的师姐师兄，还是新入门的师弟师妹，始终坚守这一古训，恪守中华武德。

这，就是求是园里的武术与民族传统体育专业、浙江大学的武术队。同学们和教练亲切地称：我们都是浙江大学"民传人"。

并非"专职武林人士"

2006级本科、2012级硕士生毛亚琪（现名毛娅绮），多哈亚运会女子南拳、南刀南棍全能金牌；

2010级本科、2016级硕士生王地，仁川亚运会男子南拳南棍全能冠军；

浙江大学武术队十年征程：三届世界武术锦标赛、两届亚洲武术锦标赛、一届世界青少年武术锦标赛、两届世界太极拳健康大会、四届香港国际武术比赛夺冠，海内外比赛金牌超过170枚……

虽然功夫很厉害，可他们并不是"专职的武林人士"。作为浙大学生，队员们必须兼顾学习与训练：周一到周五上午学习文化课，下午上训练课。"如果需要准备比赛，我们就只好利用周末的时间来'加班'。因为与体校的运动员相比我们训练时间少，赛前加练也是唯一的办法了。"武术队队长刘树洋说。

十几年的训练中，老师已经摸索出一套适合武术队队员的赛前训练方法了。什么时候增加训练强度，增加多少强度，什么时候该适当降低强度，降到什么程度，已经可以很好地把握了。"武术比赛大多在8月，所以7月份队员们都会留在学校训练。上午8点半到12点，下午1点半到4点半，每天7个小时的训练雷打不动。"

当然，达不到训练要求的，还得加练。

不是翻转不到位，就是落地不稳。其他队员早已轻松完成这个动作，直到比赛前一周，李华还是不能突破这个瓶颈。

"起跳高度不够，再来！"

"还是低了，再来！"

李华一遍遍地尝试，却又一遍遍地失败。休息的时候她会躲到角落里悄悄地抹眼泪。"不是因为太辛苦，而是懊恼自己做不好动作，不知道问题出在哪里。"但是轮到自己训练时，她又会擦干眼泪，重新振作，努力寻找突破方法。

"起跳高度不够，是不是可以通过加快旋转来弥补？""或者，我力量再加强些，整个动作连接就会顺畅些？"……

她一边加练，一边琢磨，终于在连续练习一周之后，"拿下"了这个动作，成功率达到99%，远远高于那些比她先成功的队友们。

这种坚韧不拔和突破意识，表现在赛场上，也传导到学习上，也随着团队海内外赛事、公益服务、实习实践的脚步，一代一代地传了下来。

成为李连杰那样的高手

台下十年功，为的是台上一分钟。

经历过了亚运会，2012级武术队成员王地说："我非常感谢浙大，是浙大教会了我思考问题，面对问题，并用行动去解决问题。"

2010级本科、2016级硕士生王地，获得仁川亚运会男子南拳南棍全能冠军。（李志明 摄）

南拳项目不是浙大的强项，有些问题教练也解决不了。王地只能靠自己，不断摸索解决问题的方法。每天除了学习文化课、自主进行高强度训练，他还抽时间一遍又一遍地看之前与高手比赛的视频回放，不断改进自己的动作。就这样，每天平均五六个小时的训练风雨无阻。阅读室关门了，他就跑去训练室训练。在训练室里昏黄的灯光下，他不断地挥洒汗水，只为最初的梦想——成为李连杰那样的武术高手。终于，2014年王地第一次站在了仁川亚运会南拳项目的最高领奖台上。那一刻，他热泪盈眶，多年的坚持与付出终于得到了肯定。2016年，他在武术世锦赛中代表中国获得首枚金牌。几年来，他包揽了诸多高级别赛事的冠亚军。当人们惊羡他的成功时，他只是微微一笑。困难和问题磨砺了自己，而浙大的老师和同伴让自己学会了如何应对难题。正如白岩松所说，人们声称的最幸福的岁月其实都是最痛苦的，只是事后回忆起来的时候才那么幸福。

人生难得几回搏

在训练中受伤很正常，带着伤病上赛场也很正常。在"民传人"看来，伤病不是退缩的理由，反而是体现"民传人"顽强拼搏精神与扎实基本功的时候。

队长刘树洋就曾带伤出战。比赛前一天，他完成动作时伤到了脚，考虑再三，他决定随队伍一起出征。临上场，他调整了脚上的绷带，马上进入比赛状态。由于脚伤，他的前两个个人项目均以失败告终。最后一个项目太极拳是他最拿手的。他调整好状态，强忍着剧痛，有条不紊地完成了全套动作。最后，他获得了金牌。"比赛总有输赢，但'民传人'的精神不能丢。"

"民传"是个大家庭，队员之间亲如兄弟姐妹，比赛场上更是如此。一次去参加省里的比赛，拿到参赛服装后，大家发现衣服上没有亮片。如果再重新做时间不够，也会造成浪费。于是大家买来了亮片，打算自己缝上去。没想到，队里的女孩子都不会缝。这时，刘树洋接过了这个针线活，一个人花了整整7个小时的时间，为服装缝上了亮片，成了大家公认的幕后英雄。

不只是会比赛

十佳大学生、省新苗人才计划项目主持人、国家汉办推荐赴西澳孔子学院志愿教师……

武林高手们在赛场外是怎么过日子的？大家很好奇吧。打好比赛很重要，但身在大学，讲求全面发展、全人教育。身为大学生运动员，讲求文武兼备、德艺双馨，这也是大学武术人才培养的特色内涵和魅力所在。

求是育英、立德树人，武术队"家"是小，但家风重。武术与民族传统体育专业隔年招生，每级学生不超过十五个。教师们、教练和同学们在立德、立志、立业上是哪一点都不准含糊。队员们的学习水平整体"站前排"。每年大部分队员都拿到学校一级的奖学金荣誉。

大师姐毛亚琪，她把运动人体科学与高水平竞技相结合，"对毛亚琪单跳后空翻蝶步的运动生物力学分析"课题拿到了浙江省新苗人才计划的资助，文武双全，使得她入选首届浙江大学十佳大学生。师弟王地，连续三年获学业奖学金和优秀学生荣誉，在2014—2015学年国家奖学金学院公开答辩中取胜，也入选

2006级本科、2012级硕士生毛亚琪，获得多哈亚运会女子南拳、南刀、南棍全能金牌（郭晓伟 摄）

了第六届浙江大学十佳大学生。在武术队，每年都有学生因出色的学业表现和赛事表现，争取到学校推荐免试研究生的名额。

武术作为民族传统文化的瑰宝，不能只活跃在赛场上。林小美教授这样教育她的学生："我们有责任让更多的人来了解武术项目，传扬武术精神和中华武德。"

2009年起，武术专业一部分同学和教练们自主创建民族传统体育健身义工小组，成为浙大教育义工之家的新成员。同学们担当小教练，义务为校内教职员工、国内国际学生、周边社区和杭城的中小学提供武术健身短期课程。期间，师生还合作设计形成了"旭日东升"武术特点的课间操、工间操。从2010年至今，义工小组设计并为师生送上了七届的"激情武月"现场教学展演活动，展示技能技巧，讲解文化与民俗、传播武术精神和武德，"激情武月"活动更因广受欢迎而连续六年入选浙江大学学生科技文化节重点项目。

武术也是武德。七年下来，武术专业同学加"阳光义工"活动已成全员行动，义工小组成了大家服务公益、检验所学、历练教学能力和品德意志的宝贵的第二课堂。每周一次，队员们化身"教练"，指导报名参加培训的学校老师们练习太极拳、南拳（健身气功）。一开始，面对"'教授'弟子""'博士生'弟子"还有"洋弟子"，小教练们几乎不敢教，即使"弟子"动作做错了，也不好意思指出来。反倒是"弟子们"来指导他们应该怎样教学。一期又一期的培训课程教会了老师和同学们几套拳法，也教会了队员们如何教学。更重要的是，小教练们也在服务中体会到了老师的教诲，更新着自己对专业的认识："虽然组织义工活动、参加服务，都要花费不少原本休闲的时间，但看到这么多老师、同学喜欢我们的课，这么用心地学，心里确实挺开心满足的。老师同学们对武术武德的解读，也帮助我们重新认识自己和自己的专业价值。"

以武会友、以武交心、以武传道

民族的，往往也是世界的。以武会友、以武交心、以武传道，古老而充满活力的中华武术吸引不同地域、不同文化背景、不同肤色和语言的人相互靠近，借此认识中国、了解中国和爱上中国。为此，浙江大学当仁不让，为之贡献，乐为马首。浙大武术专业师生利用国际赛事力争上游、自主创建教学实习、认知实习和公益服务活动，已悄然成为"浙"里国际化培养的特殊渠道、跨地域人文交流和民心相通的特色载体。

以武会友，浙大武术队的舞台远不止校内、国内。"民传人"正在世界舞台上绽放求是雏鹰的锋芒。到目前，11个年级的同学都有海外赛事经历，包括美国、加拿大、俄罗斯、日本、韩国、新加坡和缅甸等25个国家地区。其中一部分队成员凭借卓越表现，代表中国武术队走上亚运会、大运会等高级别国际比赛。2016年暑假，新进校的一年级武术队队员郑梦轩就代表国家赴保加利亚布尔加斯参加第六届世界青少年武术锦标赛，并夺得了女子剑术A组冠军。

以武交心，在赛事以外，武术专业的同学也以综合实力制胜、以武术特色立身，通过竞争性选拔或者接受特别邀请，加入学校学院海外项目，积极向世界传播武术技巧与中华传统文化。每年学院"B&R"21世纪海上丝绸之路沿线国家教育观察主题的短访项目，包括赴韩国SNU、赴泰国AIT团队里，都活跃着"民传人"的身影。每年学校文琴艺术团的出访节目单上，都看得到"民传人"的名字。年复一年，武术专业的同学和老师的好学、善教、有礼、重德，为校内外、海内外所知。

以武传道，既靠传承，亦需创新创业。近年来，欧洲、美洲和亚洲的国际学生闻名而来，不仅拜师学艺，也跟着老师们攻读硕士学位和学士学位，正式加入浙江大学国际教育学院。陆续还有三位本科、研究生同学入选国家汉办孔子学院志愿教师，走进了澳洲，翻开传道授业解惑的海外篇。2012年起，浙大的武术专业教学团队与加拿大友好机构合作建立了第一个海外武术教学和专业认知实习基地（多伦多实习基地），迄今已推送4批学生赴多伦多实习。项目主要面向本科生，一般在暑期持续1—2个月，把实习做到了"深度"，把义工做到了海外，培养了"洋弟子"，也练就了同学们参与国际竞争的自信自强精神。这一深度实习制度探索，同时也有利于我们中华武术文化的国际传播，不停留在赛、访、演的台子上，而是从传统表演方式转向更专业化、联动性的方式。

十年来，浙大武术历经风雨，亦见彩虹，习惯了荣辱得失，不变的是求是人传播中华文明、优秀传统文化的赤子之心。

（作者：沈佳丽）

【附录】

浙江大学武术队2007—2016年主要获奖情况：

2007年，第九届世界武术锦标赛，张春艳获剑术第一名。

2007年，中国四川国际峨眉山武术节，毛亚琪获南刀第一名。

2008年，第七届亚洲武术套路锦标赛，张春艳获剑术第一名。

2009年，第七届香港国际武术套路大奖赛，周南获剑术、长拳、集体器械第一名，器械对练第三名，太极剑第三名。

2009年，香港国际武术比赛，顾威获集体器械第一名，陈式太极拳、其他长器械第三名。姚清爽获集体器械第一名。

2010年，第三届世界太极拳健康大会，王汝妃、柯上丽获集体太极拳一等奖。

2011年，世界武术锦标赛，成成获刀术第一名。

2012年，亚洲青年武术比赛，俞特获枪术第一名。

2009年，第七届香港国际武术节，吴蔓获孙氏太极拳、棍术、对练、集体器械第一名，吴雪霜获得传统南拳第一名、南刀第二名、集体器械第一名，黄蕾获集体易筋经第二名、集体五禽戏第二名、八段锦第三名，王汝妃获杨式太极拳、集体器械第一名，42式拳第三名。

2008年，巴斯杯第二届国际武术比赛，马国亮获枪术第一名，章波获南拳第一名，俞特获剑术第一名。

2010年，第三届世界太极拳健康大会，刘树洋获集体太极拳、32式太极剑一等奖，42式太极拳二等奖，余其胜获集体自选太极拳、42式太极剑、24式太极拳一等奖，李丹丹获42式拳、42式剑、集体太极拳一等奖。

2013年，第八届香港国际武术比赛，姚逸旻获42式剑第一名，郑雅倩获散打52kg级展示第一名，周丽冰获24拳、初级刀术第一名，陆玮浩获朴刀第一名。

2014年，第5届世界传统武术锦标赛，钱晓乐获其他拳术一等奖。

2014年，第九届香港国际武术比赛，陆玮浩获长拳、通臂拳第一名，剑术第二名，吴鑫尊获南拳、双刀第一名，刀术第二名，全能第四名，周丽冰获得棍术、九节鞭、通背拳第一名，全能第四名。

2015年，加拿大武术全国赛，陈泽彬获男子甲组太极拳第一名。

2015年，第十三届世界武术锦标赛，王地获南拳第一名。

2016年，第九届亚洲武术锦标赛，吴灵芝获女子刀术第一名。

2016年，世界青少年武术锦标赛，郑梦轩获女子剑术第一名。

阅读提示：社团，是大学生们最熟悉的组织。在浙大，活跃着这样一批积极、善良、创造力十足的学生社团。他们用公益筑起爱的桥梁，他们亲力亲为倡导绿色生活，他们献血集资联结社会角落。社团，凝聚了莘莘学子的力量，也放飞了当代大学生最简单纯粹的梦想。

绿色是我心 环保是我行
——记浙江大学绿之源协会

你是否注意到：寝室楼下垃圾桶边，专门用来收集空牛奶盒的纸箱；便利店、超市收银台台面上的标语——"环保，只是一张塑料纸的厚度"；洗手间的镜面上节约用水的标语……制作这些纸箱和标语的是浙江大学绿之源协会，这个社团成立并不久，可就是因为一代代绿之源人对环保的执着与热爱，让这个社团成了全校五家示范性学生社团之一。

他们的活动很少用海报、横幅、喷绘等宣传用品，仅仅是"借用"回收来的废纸、牛奶盒等，花很长时间去制作成各种宣传用品，用完后继续回收；他们每天都会开例会，小小的办公室"挤"满了人，可丝毫没有减少他们对协会的热爱。就是这群"可爱"的人，用他们的行动保护着我们的地球，引导更多的人加入环保队伍。

"只因我们是绿之源人"

8月正值酷暑时期，一个小房间睡了10个人，所谓的"床"只是当地小学的木板，没有空调，夜晚只有一把破旧的电扇悠悠地转动着，细细的还夹杂着热意的风儿缓缓地扫过，因为蚊子多，还得"全副武装"。这样的日子，绿之源协会的成员们过了一个多星期。

近三年来，绿之源协会每年暑假都会组织成员下农村进行环保科普活动。今年暑假，绿之源派出了三支小分队。"一支小分队去了温州乐清西门岛进行回访，在当地小学进行环境知识的教育，还对当地的珍稀物种红树林进行调研；一支小分队到遂昌进行竹产业调研；还有一支小分队去安吉竹乡进行调研。"绿之源的秘书长张雯雅介绍道。

为了节省开支，队员们都"勒紧裤腰带过日子"，三餐都是自己用煤饼炉煮，一天下来每人的伙食费只有四块钱。而且调研过程基本上是步行，一天走下来，晚上还要开会，散会后大家一挨着那木板床便"鼾声四起"。

张雯雅参加的是安吉的调研活动，回忆起在安吉的那段时间，张雯雅感慨良多。"即使条件如此艰苦，可大家从未抱怨，累了就互相鼓励，做这一切只因我们是绿之源人。"

"我们会入户调研，与村民直接进行面对面交流；更主要的是对孩子进行环保教育，寓教于乐，以手工课、绘画课为主，适当渗透专业知识，还会带孩子们辨认植物，在玩的同时丰富了环保知识"。活动丰富多彩，自然得到了村民们的欢迎，几天下来，村民们都叫得出队员们的名字，也记住了这一群"可爱"的浙大学生们。就在今年协会纳新时，一位新生看到后惊呼："是你们啊，去年你们还在我们家乡调研呢。"

一个多星期的调研活动在一场"环保教育"成果展中拉下了帷幕，当晚的活动得到了村民的热情参与。为了完成这一次展出，队员们齐上场，唯独少了一个人——林梦燕。"她内心很想见证这一次的成果展，但是为了帮大家做晚饭，她一个人留下来煮绿豆粥。"

其实，在这一次调研活动中，每个队员都像林梦燕一样默默地奉献着，做的事情虽小，折射出的却是一种互助、一种执着、一种感动。在2011年第八届浙江省大学生农村环保科普行的表彰大会中，绿之源协会荣获浙江省"优秀社团"称号。

"环保就是一个执着的信念"

"你信不信，几十元钱可以办好一个校级活动，并且具有很好的反响效果？"

协会指导老师王伟挺说。

　　一个校级活动要赢得好的反响，几百元的经费都显得捉襟见肘，更何况几十元，但这样的事情在绿之源协会中却不足为奇。"活动道具我们自己做，宣传方式我们靠摆摊，宣传品用回收的东西制作……"王伟挺一语道出了协会的"省钱之道"。

　　在绿之源内部流传最广的一句话是：环保是什么？环保就是一群傻傻的人做一件傻傻的事。这群"傻傻的人"为了赶制活动道具，往往会一群人在办公室做到半夜；这群"傻傻的人"为了宣传效果，忍着饥饿"拉"住过往的每一个同学介绍活动……环保这一件"傻傻的事"，绿之源协会一做就是12年，已经成了一种信仰。

　　"绿之源带来的是对心灵的触动，对环保的奉献。只要对环保有帮助，同学们会不计任何报酬，尽力去做。"

　　为什么绿之源人能够这样无私地坚持环保事业？"力量之源"是成员们内心的社会责任意识与环境保护意识。"绿之源的定位始终是公益，永远站在别人的角度思考问题，我们要的不是张扬，不是过多的褒奖，只是希望通过我们的行动来唤起大家对环境保护的关注。"

　　"环保公益"理念已然成了支撑起协会的骨架，每年新会员加入时都能被社团的文化深深感染，于是这一支"傻人做傻事"的队伍得到了传承与壮大。

　　从千禧年前绿之源的成立到如今已走完了21世纪的第一个10年，从一个由环资学院学生会和团委的骨干自发组织成立的院级社团到如今的"省优秀社团"，绿之源协会带给这所求是园的不仅仅是一场场的活动，也不仅仅是一句句深入人心的口号，他们更像是一股力量，吸引更多人加入队伍，心间满含对环保的热爱，手间满是对环境的呵护。

"小家庭传递大温暖"

　　"祝你生日快乐，祝你生日快乐……"例会之后，几名同学端着蛋糕走进了办公室，随后灯光灭了，大家唱起了生日歌，淡黄的烛光、温馨的气氛让每个人的脸上都映衬着幸福的感觉。

　　绿之源小小的办公室挤满了人，唱生日歌是绿之源的干事和部长们，这一次生日会是他们策划了好几天的成果，蛋糕上写着"疯子，生日快乐"。在绿之源，每个人都会有自己的"自然名"，而寿星"疯子"就是协会会长吴奉蔚。

　　像这样的生日会，在绿之源里并不少见。每位社员过生日时，社员们会自发地为他过生日。"社团的生日就是每个人的生日，每个人的生日也是社团的生日。"绿之源的成员对此深有感触。

　　绿之源协会也有自己的生日，每年会员们都会举办生日晚会，庆祝这一个"集体生日"。生日晚会上，社员们会以部门为单位，表演节目，气氛十分融洽。在晚会的最后环节，"新人老人"还会互赠礼品。

　　"绿之源协会，不仅是一个社团，更是一个小小的家；绿之源的故事，不仅是一个关于环保，关于绿色的故事，更是一个关于奉献，关于生活的故事。"他们的"家"很小——10平方米不到的办公室，还有很多回收的牛奶盒、纸板等，但是就是这样一个家，每天晚上大家在这里"家庭聚会"。

　　"我们关心的不光是环境，人也是环境的一部分。"王伟挺说道。的确，在绿之源，同学们感受到一个"大家庭"的温暖，这种温暖属于会员，属于社长，属于老师，属于每一位绿之源人。在绿之源，人人都是主人。

　　绿之源的特点，就是生命的感动；绿之源的精神，就是无私的奉献。希望每一个浙大人都有绿之源的特点、绿之源的精神，伸出我们的友谊之手，爱护环境，奉献社会。正如写在绿之源办公室墙上的一句话："我只是伸伸手，就做了很多。"

（原载于2011年11月18日《浙江大学报》第3版，作者：孙正楠 朱海洋）

爱就在身边
——走进浙大红十字会

　　一种理想，可以磨平52年的风风雨雨，幻化为一种信念；一种信念，可以持续52年的爱心大潮，进化为一种精神；一种精神，可以勾勒52年的博爱大厦，升华为一种行动。

　　52年，这样的理想不变，这样的信念不减，这样的精神不灭。浙江大学红十字会成立于1960年，是全国高校中最早的红十字组织。在校领导及有关部门的指导下，在全校师生的支持下，在红十字会人的经营下，52年来，从当时186名会员到如今的几千名会员，在收获累累硕果的同时，浙大红十字会更给予了这个社会温暖和感动，"人道、博爱、奉献"在他们心中，也在每个浙大人心中熠熠生辉！

用我们的爱，守护你们

　　在古东社区一间再寻常不过甚至显得有些破旧的民房里，锈迹斑斑的铁门虚掩着留了一条细小的缝儿，似乎等待着谁的到来。主人洪阿姨夫妇都是聋哑人，屋里显得异常安静，夫妇俩时不时看看墙上的钟。洪阿姨起身开铁门去张望，当她第二次推开门时，脸上顿时浮出了欣喜的笑容。

　　究竟是怎样的来客让洪阿姨夫妇如此挂念？原来，因为要照顾因脑瘫而无法生活自理的儿子，夫妇俩很少出门，十分缺少与外界的交流。从四年前开始，浙江大学红十字会的志愿者每隔两周到洪阿姨家陪他们聊天，一张张纸在志愿者与洪阿姨夫妇之间传递，他们的心也愈行愈近。

　　在这些志愿者的身上还有另外一层身份——"经销商"。在一次偶然的机会中，志愿者发现洪阿姨家里摆着的毛绒玩具个个栩栩如生，得知这些娃娃竟是出自洪阿姨之手，志愿者马上提出以爱心义卖的方式，在浙大校园里出售，帮助洪阿姨家贴补家用。几年下来，少说也售得了好几千元。

　　类似于这种志愿者深入社区，定期开展扶老、济困、助残的社会公益活动，浙大红会每年都会举办很多，社区、学校、老年公寓、街道工疗站……这些地方都留下了浙大红会的影子。

　　2008年汶川大地震，牵动着每一个红会人的心。同年7月份，浙大红十字会"情系灾区·爱心圆梦"赴北川灾区志愿实践队到达北川、绵阳等地震重灾区践行帮扶计划。一年后，计划继续进行，志愿者再次走进灾区支援重建，并将在学校募集到的捐款交到了14名北川县贫困学子的手中。

　　春风化雨，滋润心田。在每年"12·5"世界志愿者日前后，浙大红会的志愿者更是以丰富多彩的活动，传承"人道、博爱、奉献"的红十字精神，推进心灵的交流沟通，增进社会的理解认同，展现了浙江大学深厚的人文情怀。

　　"只要有机会，我愿意当一辈子的志愿者，让我们唤起心中那份对社会深深的责任感！"志愿者吴莉丽在日记本中如是写道。

　　每年的志愿者都在变动，但是那一颗炽热而又让人无可抗拒的爱心却永恒不变。一种关怀，可以让阳光投射到冰冷的角落；一种信念，可以让爱心绵延到未来的尽头；一种精神，可以让博爱浸染到人类的心田——那就是红十字精神！

用我们的爱，延续生命

　　白色的献血车后，排起了长长的队伍，似乎大家等待这天已经许久。

　　"这是我第一次来献血，有些害怕，但更觉得神圣。"一位正排着队的女生说道。女生很瘦小，才超过献血标准体重一点点，"我前几天刚刚成年，就把这第一次的献血当作成人礼啦！"

　　好不容易轮到她了，坐在献血椅上，她有些紧张，但随着紧握的拳头缓缓地放松下来，鲜红的血液染红了导管，女孩脸上浮出了一丝笑容。拿到红色的献血证时，她更是兴奋不已，全然忘却了手臂上针眼的疼痛。

　　无偿献血是浙大红十字会开展的特色公益活动之一，已经连续开展了28年。如今，无偿献血活动日益制度化，每年冬季和夏季，在学生宿舍区都会出现几辆来自省血液中心的献血车。在校红十字会的积极推动下，浙江大学的无偿献血工作一直处于省内高校前列，成分献血及造血干细胞的捐献也逐渐普及。1次全国

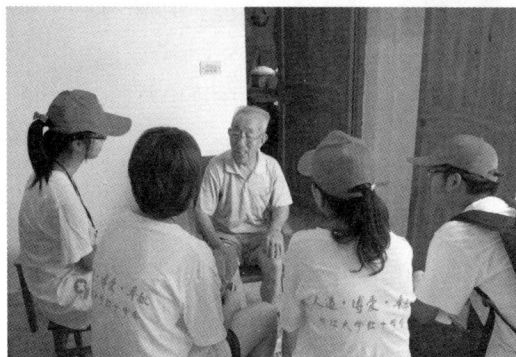

社团成员在开展活动

先进、5次全省先进、5次杭州市先进……当众多的荣誉涌向浙大红十字会，他们中没有一个人懈怠或骄傲，而是将这一股爱心巨浪推向新的高潮。

2010年，中国科学院院士、著名的有机化学家黄宪先生住院期间，由于急需A型血，浙大红十字会立马在校园里启动了一场生命接力。短短几个小时，闻讯赶来的78位学生的血液汇聚在一起，师生情谊、人间博爱让人动容！

浙大红十字会在全校范围内撒播着爱的种子，这些种子生根发芽，在求是园里开出了娇艳的花朵。近30年，学校涌现出了一大批无偿献血的先进个人：

鲍坚东是2005级生命科学院博士，从2001年第一次献血至今，已累计达到34200毫升，成为浙江省高校的献血状元。2006年，一次偶然的机会，鲍坚东了解到成分献血，几乎从那时起，他开始了成分献血，坚持至今。

邵洲力是竺可桢学院巴德年医学班的学生，也是浙江省第101位干细胞捐献者，她毫不犹豫地献出了宝贵的干细胞，输给一位北京患白血病的80后姑娘。这场生命接力，让距离1600公里的两座城市紧紧地连在了一起。

……

像鲍坚东、邵洲力这样的爱心公益人士在浙大举不胜举。"爱是一种氛围，让大家不由自主地伸出援助之手。"浙大红十字会常务副秘书长陈德凤说道。

当来自五湖四海的血液通过小小的导管，汇聚在一个人的身上；当远在天际两端的人，因为爱心让他们的生命航线有了交点；当爱如沙般汇聚成塔，如河般奔腾成海……红十字会文化将你我的爱融为一体，让奉献爱成为我们这代人的价值追求！

用我们的爱，传递温暖

每个学期结束的时候，学生寝室楼下的转角处总会出现一个箱子，箱子不大但很精致，上面贴着"旧书回收箱"。设置这些纸箱的正是浙江大学红十字会。

"通过闲置书籍的捐赠与义卖等方式获取的资金，就是自助基金的主要来源。"红十字会学生分会会长刘天宇说，"该基金专门发放给在学校内因突发意外而出现生活困难的师生、员工，以暂缓他们的生活困难。"这个自助基金是浙大学生自己发起的公益基金，从2006年至今已成功运行6年。基金通过回收、义卖旧图书等方式获取资金，共给予33名师生总计4万多元的经济援助。

每年新学期伊始，两顶帐篷，一条横幅，一块有些褶皱的展板，这就是基金来源的"工厂"。这样的图书义卖活动每年会举行4次，每次图书都会销售一空。义卖一结束就意味着需要启动新一轮的回收。"其实难度最大的还是收书环节，这段经历让我一直不能忘记。"发起自助基金的一位老成员在回忆基金成立之初时说道。

2010年寒假时，雪下得异常大。沈钊、王兆祥、潘宗琴、陈璐、乐生健等五位同学冒着寒风，推着一辆三轮车，在雪地里深一脚浅一脚地走遍了所有的寝室楼。在拉完校区内最后一批旧书后，他们的头上已经覆盖了薄薄的一层雪。

来不及休息，陈璐又和另外一位干事方莹芝赶着去为一位因意外受伤的女生送去自助基金和问候。到达校医院的时候，她们的鞋子早已进了水。"但是能够帮助同学，我们觉得很充实，好幸福。"

病床上的同学手里拿着装有2000元的信封，又看了看冻得脸色有些发紫的陈璐和方莹芝，感动得说不出话来，在"挤"出了一句"谢谢"后，掉下了眼泪。

不久后，自助基金收到了女生写的一封感谢信。信中说道："这次骨折虽然让我感受到了伤病的苦痛，给学习与生活带来了不便，但同时也让我充分体会到了人情的温暖。"

这样的场景一直让自助基金的同学感动着，这份感动也成为一种动力，让他们任劳任怨。

"旧书回收和义卖的方式，既促进了资源的循环利用，也为大家奉献爱心提供了一个平台"，如今陈璐已是自助基金中心的部长了，从入校到现在，对于这样的公益活动，她一直乐此不疲，"我会长期坚持这种爱心旧书义卖活动。"

"我们设立专门的自助基金财务账号，接受严格规范的会计和财务管理，坚决做到专款专用，并接受校红十字会理事会上级部门的监督。"刘天宇说。每次捐助之后，自助基金会及时在校内公示，并公开帮扶情况以及基金的剩余金额。"当然，为保护隐私，我们不随意透露受捐者的身份信息。"

以点滴奉献，让爱心流转。在一场场爱心接力之中，我们看到的不是一个人在战斗，浙大红十字会汇聚的是全校师生的爱心，引领的是广大青年的大爱情怀，承载爱的这一本本书便是支撑爱心的宏伟力量！

用我们的爱，关爱你我

乐声轻缓，舞台上正上演着一幕情景剧，一举手一投足，将一个关于"爱"的故事娓娓道来。观众们围坐在玻璃圆桌边，正津津有味地欣赏着。

就在这个舞台，很多个周末的下午，都会举办这样小规模的团体辅导（以下简称团辅）活动，而主题词就是"性、爱、友情、亲情"等，每次团辅，都能得到学生的热情参与。

"教育面很广，也很有深度，关键是很有趣！"

"活动太丰富了，让我获益匪浅。"

"把敏感的话题通过这样的方式呈现，真是太奇妙了！"

……

组织这些团辅活动的正是浙大红十字会的同伴教育中心。

"同伴教育"在广东等南方地区并不陌生，但浙大红十字会的同伴教育尚属浙江地区首次。2007年暑假，浙大红十字会的领导、指导老师及会员赴南方考察红十字会工作情况，了解到经过多年的努力那里的同伴教育项目已经取得了较好的效果。而浙大长期以来一直缺乏一个行之有效的性健康教育方式。回到学校后，老师和同学立马筹划在浙大建立这样一个同伴教育中心。从成立中心，到培训第一批同伴教育者，从开展第一次活动，到如今收到同学的广泛好评，这些都离不开红十字会人的艰辛努力。

陈德凤这样评价同伴教育的意义："生殖健康教育，是青少年健康成长与发展的重要组成部分，而同伴教育正是为青年人提供适宜的、易于理解和接受的生殖健康方面的培训、咨询和服务。"

在同伴教育中心，有专家与老师的专业讲解，也会有专业知识的宣传。"但是，如果由学生自己为身边的同龄人搭建这样一个生殖健康教育的舞台，效果会更加显著。"陈德凤说。

"每一次团辅都会由部门精心策划，别出心裁的开场白，轻松愉快的小游戏，引人深思的主题讨论，让大家大胆畅谈与青春有关的话题。"同伴教育中心部长乐天民说，面对这些在学生中有些"敏感"的话题，中心有着自己的一套办法。比如，在与"防艾"有关的团辅中，中心会以别样、生动的方式传授避孕套的使用方法，活动中多了几丝趣味。

一位已经在中心工作两年的成员坦言："一开始接触同伴教育，感觉很尴尬。"然而这样的"尴尬"在第一次活动后便消失了，因为那份对于校园防艾工作的执着，对于校园性教育的专注，对于同伴教育的责任。"我们一直在努力为校园营造一个温馨、理性、开放的氛围，让广大师生树立起正确的生殖健康认识。"

2011年，为了增加整个杭州市高校红十字协会的凝聚力，在杭六所高校的红十字会学生分会共同成立联盟，以人道为基础，以博爱为准则，以奉献为行动，让更多青年学子拥有爱的印迹！

用我们的爱，为你护航

每年的校运动会上，总有那么一群人，头戴一顶红帽，身穿印着红十字的T恤，背着医药箱，和校医院的白衣天使一起在田径场上来回奔波，为运动员保驾护航。这就是浙江大学红十字会的医疗分队。

特别是遇到下雨天，因为跑道湿滑，运动员们发生摔伤或肌肉拉伤等意外的风险也大大增加，这也让红十字会的医疗分队异常忙碌。"我们会增加医疗分队的人数，也要求成员要谨慎，在田径场上来回巡视，随时准备应对意外的发生。"

红十字会学生分会组训中心部长张晨介绍道，一天下来，成员们的鞋子很多都湿透了，可谁也没有抱怨一句。

关于这支队伍，还有一个故事。2009年的夏天，临安天气炎热，一位游客突发脚部抽搐哭喊不停，同行的人吓得不知所措。这时一支临时救助队伍出现了，立即进行紧急救护，通过脚部按摩和心理疏导减轻游客的疼痛。这支医疗救助队伍正是浙大红十字会学生分会的成员们，那时他们正在临安开展暑期社会实践活动。

像这样的突发状况还有很多，在日常生活中，"红十字会人"总比别人多留一份心，时刻准备用自己的专业知识和技能，在人们最需要的时刻伸出援手。

在浙大红十字会，还有一支特殊的医疗小分队——组训中心。

"组训的大部分成员都来自非医学类的专业，最初一进入组训中心，我们便会组织他们前往省红十字会进行急救培训，再经过一次次内部培训，最终才能'实战'。"张晨详细地介绍了组训干事们的成长过程。

因为教授的是急救技巧，在危急关头，正确使用可以拯救一条生命，在内部培训时，干事们一点也不敢马虎。"尽管内训的重复性很高，但是我们每一次都会一丝不苟地练习包扎技巧，每次医疗救护知识讲座，我们都会一次又一次地预演。"

张晨口中的"医疗救护知识讲座"，就是新生在军训期间，始业教育中的战地救护知识讲座。"要准备这样一场讲座，成员们往往要准备一个暑假。"

组训中心的工作并不是仅在学期初举办这样一场讲座，而是贯穿整整一年。为了增加在校学生的医疗救护知识，中心每年还会承办全校性的"红色之翼"医疗救护技能大赛，组训医疗小分队全体出动，开展医疗救护技能讲座，用流利的讲解、娴熟的包扎技巧、专业的心肺复苏手法为参赛者提供全程的辅导。

组训中心的手语小分队也始终活跃在红十字会的舞台上。每遇红十字会的大型活动，他们就会穿上统一的会衫，用手语展示红十字会的风采。"每次例会都会有手语培训，无声的交流让人觉得更温暖。"组训中心的干事阮思绮说道。

用我们的爱，心手相连

在白沙学园的架空楼里，正进行着校红十字会学生分会组训中心的例会。例会接近尾声，生日歌的旋律突然响起，所有的人拍着手唱着歌，只剩下"寿星"何炎彬激动地张大了嘴。大家变魔术似的拿出一个生日蛋糕，点亮了蜡烛，微微的烛光映照着每一个人的脸庞，祝福的目光投向何炎彬，此时他已经热泪盈眶了。

能够得到这样精心设计的"惊喜"，并非只有何炎彬一人。红十字会每一位干事的生日，部门成员都会安排出意想不到的"花样"。

"进入大学的第一年，原以为又要过一个寂寞的生日。但是，那一天突然收到了整个部门的生日短信，瞬间有种家人般的温暖。"现任组训中心副部长杨旭对自己进入大学后的第一个生日仍记忆犹新，"这份温暖让我萌生了强烈的留在红十字会的念头。同时，也感觉到自己背负着一种责任，希望通过自己的努力把红十字会精神发扬光大"。

有人说社团生活只是大学的一个阶段，但在红十字会，社团的意义要丰富得多。在一些校友口中，经常会听到这样一个称呼——"老红人"。许多离开红十字会甚至早已走上工作岗位的"老红人"，仍旧心系红十字会，并用自己的行动支持着浙大红十字会各方面的活动。

励音骐、王成裕是往届红十字会学生分会的会长，近几年他们总是会回到浙大红十字会看望他们的接班者。除了精神上的鼓励，他们也会提供物质上的支持。

"我承诺，将自己的第一份工资捐给红十字会！""老红人基金"便是在这样的信念与自发组织下成立的。

每一年，"老红人基金"中的部分款额也会汇入日渐成长的自助基金，以解他人燃眉之急。虽然金额不多，但"老红人"们的这份执着与坚持，让红十字会的每一位老师和学生都非常感动。

作为自助基金的发起人之一的励音骐，同时也是"老红人基金"的管理者，每年都会向"老红人基金"捐助1000元。

"我们不仅仅是在做一个学生社团，做红十字会应该做的事情，更在用我们的

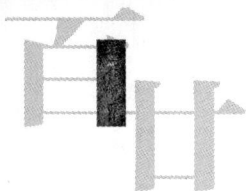

力量与激情，把红十字会建设成一个有归属感的家。"刘天宇说。

浙大红十字会在工作上取得的成果有目共睹，同时，在"人道、博爱、奉献"的红十字会精神熏陶下孕育出来的"家文化"，也让每个参与其中的人感到发自肺腑的真切情谊。

在浙大，红十字会学生分会不只是一个引领广大学生奉献大爱的学生公益社团，更是一个文化育人的平台，同心同德育大爱文化，同心同向树崇高价值，同心同行筑盛世华夏！

如今，面对一个多种文化交流、交锋的世界，一个价值取向多元的时代，正是诸多像红十字会这样的公益社团，如同时代洪流中岿然不动的航标，引领着广大浙大青年学生的价值选择；正是如此多的令人感动的人和事，牵动着一代代莘莘学子走向阳光天地；正是这种大爱情怀如同春雨般沁入人心，激励着万千华夏儿女担起伟大复兴之重责！

一所百余年著名老校，五十几载薪火相传的红十字精神，绝不仅仅是浙大几代红十字会人的美好记忆，它是浙大校园文化建设的精彩华章，是当代中国大学文化育人的不竭追求，更是中华民族昂然挺立的坚强基石！

（原载于2012年5月11日《浙江大学报》第4版，作者：朱海洋 陈小千）

阅读提示：在点滴生活中，个性迥异的学子们各展所长，将求是园点缀得绚烂多彩。浙大"相声男"、浙大礼仪队、浙大"力学哥""校园爱情标准"和"文言文校歌"等词条在网络上引发热议。学子们用不同的方式表达着对求是园的深情，那些一起读书的时光和用镜头记录下的成长，都会成为与母校分别后的日夜里，最难忘的记忆。

宁静致远 文言文写就的校歌

我刚进浙江大学时，大二的学兄学姐们刚刚结束军训。每逢有大一、大二学生的联谊活动，大二学生的集体节目必定有合唱校歌一项。于是会有这样的场面：歌者严肃而动情，而听者一派天真模样，笑嘻嘻地交头接耳。因为我们全然不能理解用文言文写就的校歌的含义。

"浙大"校歌的歌词是这样的：

　　大不自多，海纳江河，唯学无际，际于天地，形上谓道兮，形下谓器，礼主别异兮，乐主和同，知其不二兮，尔听斯聪。

　　国有成均，在浙之滨，昔言求是，实启尔求真，习坎示教，始见经纶，无曰已是，无曰虽真，靡革匪因，靡故匪新，何以新之，开物前民，嗟尔髦士，尚其有闻。

　　念哉典学，思睿贯通，有文有质，有农有工，兼总条贯，知至知终，成章乃达，若金之在熔，尚亨于野，无吝于宗，树我邦国，天下来同！

现在，我已经开始成为当年歌者的角色。再听到大一新生评论我们的校歌太难理解的时候，我会不愠不火地回答说：哦，我们刚进校的时候也有你这样的感觉，等你学会了这首歌以后，你会理解它、喜欢它的。

感动于浙大校歌，是因为它具有海纳百川的胸怀与大气

浙江大学校歌歌词是老校长竺可桢当年请著名国学大师马一浮先生写的，写好以后有人提出异议，认为不够通俗，读起来有些拗口，不适合做校歌。竺校长曾考虑改写，但他又觉得，马老作的歌词虽然文理艰深，但含义深远，很能体现浙江大学所追求的"求是"精神。最终这首"大不自多"歌被正式定为浙大校歌。

钟爱浙大校歌，是因为它的宁静致远和对心灵的撞击

学唱校歌是浙大学生军训的重要内容之一。当我坐在整洁的寝室里，不求甚解地一遍遍轻唱，越唱越感觉神清气爽，那颗因为年轻而浮躁的心也越来越安宁，仿佛处在一种很辽远的境地。后来自己分析原因，领会到这种学术和精神高远的文字会给人以一种让灵魂高贵的东西。

这是一首会让人日久生情的歌。问其他同学，也是一样，从全然不理解到慢慢喜欢，到感动。感动的不是它的高深，而是它在不疾不徐的节奏中所静静散发出的那种幽兰一样的芬芳。

沉醉于浙大校歌，是因为它给我们一种激励与责任

在我们现在的生活和思想里，有太少的虔诚太多的冷漠，有太少的深刻太多的浅薄。当年，竺可桢校长把这首歌定为浙大校歌的高明之处就在于，它是从一个学者的角度诚恳地告诉我们，人之为学是为了什么，应该怎样以一种谦恭而不失严谨的态度去理解和追求学问。每一个想求学、想以所学为祖国为民族做一点事情的学子都会被它打动的。

军训结束的合唱比赛的最后一项是全体肃立合唱校歌。那是我终生难忘的场面：那么多年轻而又聪明的脸，那么响亮、整齐而又虔诚的歌声。只觉得这首歌就这样在我的身体里轰鸣，让我热血沸腾，一种责任在肩头上滋长。

在歌声里，我仿佛看见竺可桢校长和马一浮先生，这两位真正的学者殷切而又安详的微笑。

　　我现在已经知道歌词的白话文翻译，但是翻译终究会损失原文的韵致。而且中国古文字中的和谐清润也是我们爱这首歌的重要理由。

　　有时候我想，在浙大读书的时光会以怎样的形式流入我以后的岁月，回忆里会有校园、老师、同窗，回忆里也必定有这首校歌。我甚至会想，等我华颜不在，青丝渐霜，我还是会时时唱起它。那时我会怎样微笑呢？那笑容里，必定是有骄傲的，因为我曾是浙大的求是学子，也因为浙大有这样一首校歌。

（原载于2003年3月16日《浙江日报》第7版，作者：李奕宁）

浙大"相声男"这下"嘚瑟"了

吴頔、李斌、赵博、姚兆为，浙江大学的四枚开心果，两年来"不务正业"地在校园剧场穿着长衫经历了几十场的演出，不仅在浙大刮起了一股相声风，他们产生的"化学反应"，也让浙江大学今年在招收文艺特长生的关注重点上有所调整。

"我热爱文学，对文学颇有研究。"

"是吗，说来听听。"

"比如，在《钢铁是怎样炼成的》里，男主角一生悲惨，知道为什么？跟他的名字有着密不可分的关系。他叫'保尔·可悲剧'，能有啥好事？"

"什么乱七八糟的，人家叫保尔·柯察金！"

"是啊，保尔·柯'茶几'。你不知道呀，人生就是一茶几，上面摆满了杯具哇！"

伴随着一片掌声，浙江大学紫金港校区的小剧场里，800名前来听相声的观众，就像被台上的一块磁铁牢牢吸住似的，一到"引力"加强时，笑声立马井喷。别误会，郭德纲没来浙大说相声，台上的角儿，是4个穿长褂的85后男生。他们现在可"嘚瑟"了（嘚瑟，东北方言，过分招摇之意，现为网络语言，有得意的意思）。

因为他们，浙大要招曲艺特长生

虽然这4个分别来自信息学院、医学院、材化学院、电气学院的"校宝"，当年没有一个是文艺特长生，但浙江大学校级专业艺术团队"文琴艺术团"，因为他们的出现，专门在去年成立了曲艺队，目前已经吸纳了20多名热爱相声艺术的校友。

浙大招生办透露，浙大将在今年的文艺特长生招收中，重点关注有相声等曲艺才能的学生。据悉，浙大每年招收艺术特长生，都会根据学校文琴艺术团的演员资源缺口，定向开放招生名额。

"因为你们的'化学效应'，浙大的招生方向都有了一定变化，自豪吗？"听到记者这个问题，笑点很高的几个男孩却变得很严肃："我们就是自学自练，只是舞台经验丰富点，真不敢说水平有多少高。我们现在只是努力想为后面的学生腾一腾地方。"

南方裁缝做不出专业褂子

2007年年底，4个天津籍的学生因为怀念老家的"特产"——相声，聚到一起自娱自乐了一把。没想到，这群MP3里尽是相声段子的小伙子们，从此在浙大风风火火地将相声"弘扬到底"。

从100多人的小厅专场，到七八百人的校园剧场，4个男生两年多中共经历过几十场演出。很多同学出了剧场的门，就开始念叨经典段子，这在南方城市真不多见。

对这4名男生来说，演出固然是为自娱自乐，但对相声这门艺术，一定是毕恭毕敬的。他们很少应群众好奇的心理，在随意的场合给人即兴来一段，因为他们认为相声不单是讲笑话，这是门需要在演员、观众和环境都达到一定要求的情况下，才能表演的艺术。

每次演出，4个人都会按照传统相声表演的行头，穿长褂演出。除了李斌的褂子是从天津带来的，其他几名成员身边都没有现成的服装，只好在浙江找地方请裁缝现做褂子。可这几套大褂至今让几名男生耿耿于怀："不专业。"他们说，其实相声演员的服装很讲究，比如袖子长度、褂子总长等等。因为缺乏相声文化的土壤，南方的裁缝师傅并不知道这些门道，也没用上乘的料子裁剪，做的褂子自然不符合他们的要求。

（原载于2010年5月14日《钱江晚报》C8版，通讯员：周炜 记者：章咪佳）

"工科男"确实具备一股和文艺男不同的"冷浪漫"科学指数直逼"谢耳朵"

400枚硬币搭建"悬空"建筑 浙大"力学哥"一夜走红网络

几百枚1元硬币被当作"砖头",错落有致地搭建起梯田状的、伦敦大桥状的,甚至还有机械章鱼相貌的硬币"建筑物",是不是很牛?

还有更绝的,这些建筑中有一大部分"砖头"都悬在空中,完全没有任何支撑却稳稳当当!日前,一条"浙大力学哥经典之作"的帖子,在微博、人人网上迅速走红。图片中海市蜃楼般悬着的硬币,看得女生尖叫,男生佩服。

昨天下午3点,记者在浙大玉泉校区见到了这位"力学哥"。"力学哥"姓熊,来自黑龙江,是浙江大学航空航天学院工程力学专业的大三学生。当戴眼镜、穿着白T恤、运动短裤,踏着双洞洞鞋的"力学哥"出现在眼前时,他就像高中里那些成绩很好的同学一样,和大家对工科生的想象也比较吻合,不穿牛仔裤,说话有条理,做事极讲原则,比如,他一再拒绝再次演示搭建硬币的过程:"比较耗时间,而且这事不太带技术含量,就是玩玩的。"

而且,他拒绝拍照,让一旁的摄影记者只能看着他干瞪眼,恨不得眼睛就有拍照功能。

硬币建筑"悬而不倒",跟"力学"没关系

"力学哥"虽是名副其实的力学系男生,但他首先声明:"搭硬币只是生活中的一个极其偶然的事件,并且与力学的高深理论毫无关系。只要你有耐心,一个个垒,你也能做到。"

熊同学告诉记者这些神奇建筑的来源:8月30日早晨,"力学哥"起床,看着自己攒了两年的三四百枚1元硬币,儿时搭积木、搭麻将牌的手感突然上身,他将硬币一枚枚从书桌中心开始,递进式地摆起,一层层、一阶梯一阶梯地往桌边垒。大约20分钟后,一个有1/4"身段"悬在空中的梯田状硬币建筑诞生了。"力

学哥"用相机拍下了这个小玩意，放在自己"人人网"上的相册里，这个帖子起名"我也来炫富"——价值好几百块呢！

"牛！""这也可以？"围观网友纷至沓来。于是第二天早上，"力学哥"又趁着起床不久，推出了"硬币工程"第二季。第二季作品的难度明显上升，"力学哥"说，他曾经在网上看到过这个硬币建筑造型，两边叠起两根硬币"柱"，支撑中间硬币单面叠加起来的空中"楼层"。

几张造型图上网，工科男一夜爆红

"力学哥"做了个小挑战，将中间凌空的部分加长了一倍——第二季作品中空的长度达到约10厘米。"力学哥"说，这是他三季作品中难度最大的一季，"这是唯一一个我没有用上所有硬币的作品，在搭建这个'楼'的时候，我用不少硬币搭起了辅助'柱'，到整个'建筑'完成，我抽掉了边上，包括中间的不少'立柱'，有点像咱们通常玩的抽积木，让这个'建筑'看上去悬而不倒。"

同学怂恿"力学哥"把图片传到浙大的论坛"cc98"上。这下子，这个在浙大上学2年却只在论坛发过2个卖书帖子的工科男，一夜爆红了。

第三季"建筑"图片在微博上也开始被猛转。"力学哥"做了第三季硬币建筑，这是个从视觉上秒杀观众的旋转式"建筑"，但却得不到"力学哥"的高度评价，"这个比较简单，就这么错开地垒上去就是了。"

第三个清晨，"力学哥"的室友还在睡觉，他怕制造个轰然倒塌的"豆腐渣"工程会打扰室友，保险起见，加大了"建筑"的横面，没有往"摩天大楼"的范儿垒上去。这个看去有点类似《黑客帝国》里的机械章鱼的"建筑"，不禁叫人浮想联翩：当年达·芬奇为君王设计的旋转楼梯，能让陛下的两个情人在上下楼梯的时候完全不打照面，莫非就是这个模样的？

制造"冷浪漫"，证明工科男不"木讷"

仔细看看"力学哥"的膜拜者，以文科女生居多。她们一改以往对理工男"木讷""不解风情"的评价，一致认为这些作品"好浪漫"。

　　"其实，理工科男确实具备一股和文艺男不同的冷浪漫"，"力学哥"说，他们工科男精通科学专业，在生活里也有着同样科学精致的生活，比如大名鼎鼎的"谢耳朵"（美剧《生活大爆炸》主角）。

　　"力学哥"绝对有冷浪漫的潜质，他热爱自己的专业。"我们专业在浙大比较冷门，但其实非常实用有趣。""力学哥"说，工科生就业其实很紧俏，而且这些学科都是重大项目的基础。在细分专业结束后，"力学哥"就构架好了自己将来的路，"研究生阶段我准备转向应用力学方向，博士就不读了，会压窄研究范围。我的理想是去做汽车设计，力学基础、应用研究，多汽车外形的奇异想法多管齐下。"

　　除了在科研上有条清晰思路，生活中的"力学哥"也不乏情调。看过他的人人网相册的人都会发现，相册里最多的是各种风景照。这都是"力学哥"到处跑、到处拍来的，虽然现在的设备只是"佳能G11"这个卡片机，但"力学哥"经常上网和专业人士探讨光圈、快门、焦距等调节技巧的灵活运用。

　　仔细看"力学哥"相册里的照片，会发现有一些照片上打着水印"photoed by NB human"（牛人摄），有自信也有自嘲在里头，反正是满满一腔挚爱。说到摄影作品，"力学哥"有点小小痛心："其实我更希望大家关注我的照片。"

　　这名工科男还很爱运动。骑自行车是"力学哥"的又一生活情趣。身高174厘米，体重55公斤的"力学哥"有点偏瘦，但他的筋骨极好，探讨这个问题的时候，有点严肃的"力学哥"竟然不经意扬起右手臂，拱了拱肱二头肌，扭头朝我一笑："嘿嘿，身体蛮好的。"

　　　　　　　　　　　（原载于2011年9月4日《钱江晚报》A13版，记者：章咪佳）

"硬币哥"和"月饼哥"带给我们的

　　"硬币哥""月饼哥"这两个称呼，大家一定不会陌生，这两位来自工科的浙大男生在一夜之间红遍网络。"硬币哥"因为在人人网上传了几张他用硬币搭建而成的"建筑"照片，备受关注，而"月饼哥"则是用学校发的月饼做了齿轮、曲柄滑块等机械构件而一夜走红。在人人网和微博上，关于他们的帖子被不断分享转载。从cc98（浙大学生论坛）到新浪网，从网络到大众媒体，"硬币哥"和"月饼哥"都是大众瞩目的焦点。

　　一提到工科男生，或许大多数人的脑海里都会浮现一个戴着厚厚镜片、穿着旧T-恤和短裤，手里永远拿着一本《理论力学》读课本的形象。我们总把他们戏称为"猥琐男"，觉得他们唯一的爱好是打网游，觉得他们只知道钢筋网架、电容信号等等一大堆常人难以理解的知识。而现在，我们的"硬币哥"和"月饼哥"告诉大家，工科男生也有耐心和可爱的一面，不仅算得出内力，也码得起硬币；不但解得了方程，还做得出月饼。

　　我浙能人辈出，我着实为求是园中能出现这样的两位"哥"而感到自豪。虽然他们做的并不是什么惊天动地的大事，也没有因此拿到奖学金或什么证书，但他们仍然愿意投入自己的时间和精力，去抓住生活中一闪而逝的创意。今天的社会上，缺少的不正是这样的人吗？社会发展很快，人们也变得越来越浮躁，总喜欢用利益关系来衡量一切。正因为这样，这些看似于自己无用的灵感就被人们忽视了。

　　"硬币哥"和"月饼哥"带给我们的，不仅是几张作品的照片，而是一种生活态度——敢于想象并且敢于实践。他们做的事的确看起来没什么现实意义，但至少说明求是园中的浙大学子，还有着这样可贵的精神。

　　不能否认，工科比起其他的学科，有它独特的一面。今天我们看到的"工科男"们，明天都将走上建筑工地，和工人们一起面对钢筋水泥；或是一头钻进工厂，在无数的电子元器件中实现着自己的理想；或是对着电脑屏幕，用一行行代码书写青春。无论怎样，学习应用学科的他们将成为未来社会发展的基石，将人类伟大的想象力变为我们触得到的现实，在最最基层的地方发挥着自己的光和热。今天在桌上垒起的硬币，可能明天就成为横跨在我们头顶的宏伟建筑；今天切出来的月饼，明天或许就会有和它一样形状的齿轮运转在机器上。比起网络上的噱头和吹捧，我们更愿意看到这样的明天。

　　愿我们的求是园中能涌现出更多像"硬币哥"和"月饼哥"一样的工科男们，愿他们小小的灵感和实践能变成明天的现实！

　　　　　　　　（原载于2011年9月16日《浙江大学报》第3版，作者：黄道璇）

浙江大学礼仪队十名美女白裙飘飘走红网络

最近，浙江大学礼仪队的一张照片在微博上很火，10位女生穿着白色镶蓝边的礼服，站成一排，双手叠放在身前，笑得很灿烂。

我们想办法联系到了学校礼仪队的负责老师蒋老师，希望能采访礼仪队的同学。傍晚5：40，我们在浙江大学紫金港校区见到了礼仪队的四位女生。

这张照片是10月份拍的

到学校时，四位女生已经在小剧场的休闲吧里等着了，见到我们，忙着泡茶招呼，很热情。她们刚下课赶过来，还没来得及吃饭。说起网上大家在转她们的照片，几位姑娘都还不太清楚。

穿粉色大衣的是梁思姝，礼仪队队长，今年大三，读农业资源与环境专业。她扎着马尾辫，谈吐老练。梁思姝说，网上的定妆照是今年10月份拍的，那会儿刚招了一些新队员，形体培训结束，就拍了这个定妆照，意味着新一届礼仪队正式诞生了。礼仪队主要负责学校活动的礼仪流程，比如运动会的颁奖、会议的接待等。

说到这里，她介绍起同来的几位队员。几位姑娘都是素颜，但都是皮肤白皙，个子高挑。穿藏青色大衣、戴黑框眼镜的是副队长万辛夷，今年大二，读生物医学工程；穿驼色大衣、笑起来有两个小酒窝的是崔琼尹，她是礼仪队的宣传部长，今年也上大二，读工业设计专业；还有围着大红围巾的巩智利，她是礼仪队人力资源部部长，今年上大三，学的是建筑学。梁思姝说，礼仪队的女生中，大部分都是学理工科的。

礼仪队的女生有学霸也有特长生

巩智利老家在辽宁本溪，当年是保送到浙江大学的，高中获得过全国高中学生化学竞赛辽宁省第七名。现在除了在读的建筑学，还辅修德语。她说，德国的建筑在全球都有名，她本科毕业后想去德国深造，所以要先在语言方面做点准备。

万辛夷家在温州，毕业于瑞安中学，当年的高考分数是理科670多分。在礼仪队同学眼里，她是个"学霸"。一位同学说，她平时话不多，但学习很用功，成绩很好。

队长梁思姝毕业于安吉高级中学，被浙江大学应用生物科技专业提前批录取。梁思姝对生物很感兴趣，高中时参加过浙江省生物竞赛，获得过初赛一等奖。从小到大，梁思姝都是班长，也当过学习委员。

崔琼尹的专业很出色，她小学开始学国画，学了六七年，后面就一直坚持下来。高中上的是杭七中，也一直坚持美术专业，高三那年被清华大学、中国美术学院、浙江大学的美术校考录取。现在，崔琼尹还在拍摄一部电影，具体名字她暂时不便透露。

服装是队员和老师一起设计的

很多网友看了定妆照后，都夸姑娘们的礼服好看。这礼服以白色蕾丝为主，领口、袖口和腰间都用了蓝色的细线条点缀，看上去端庄大方。

梁思姝说，去年礼仪队穿的还是一套红白相间的缎面礼服，那套礼服已经穿了五年了，老师和同学都有些审美疲劳，所以今年想换一套。但是，请专门的设计师设计费用太高，于是就自己想，收上来十几个方案，最后大家选了这一套，和指导老师颜老师一起完成了最终的设计。

一站就是几小时，脚经常磨出水泡

礼仪队的选拔要求会不会很高？

梁思姝想了想说，其实只有两个要求：一是要一米六五以上，二是气质要好，主要表现在形态和站姿上。今年招新队员时，有130多位同学报名，最后录取了20多人。

　　刚进礼仪队，新队员要上两节形体培训课，每节课两个小时，由专门的老师来上。这两节课主要是训练基本的站立姿势、走路姿势，然后还有化妆课，这些课程结束后，基本上就可以参加典礼了。

　　但很多刚进礼仪队的新生要面对一个难题：刚走出高中校门，面对七八厘米高的高跟鞋，刚开始不太适应，很多队员就穿着高跟鞋在寝室里来回走，自己练习。崔琼尹说："多穿穿就适应啦。"

　　梁思姝说，适应是适应了，但有时候一场典礼要好几个小时，比如之前的校运动会，要从早上六点半站到九点半，中间不能休息，更别提坐下来了。几场活动站下来，脚上经常会磨出水泡。忙的时候一个月有十多场活动，空的时候也有两三场。

　　今年，礼仪队还招了第一届男队员，身高都在一米八以上，个个都是帅气的小伙子。梁思姝说，冬天迎宾，女生衣服单薄，站在门口不合适，有时候台上需要递话筒什么的，女生也不太方便，所以想招一些男生，分担一些工作。

（原载于2013年12月19日《都市快报》A10版，记者：姜晓蓉）

校园爱情标准的那些事

【编者按】：恋爱是"青春必修课"，是大学校园里永不过时的话题。那么，哪些是大学生选择恋人时应优先考虑的呢？校园恋爱，有自己的"爱情定律"吗？在最美的"人间四月天"，在"这是一个恋爱的季节，大家应该互相微笑"的校园吟唱中，我们以浙江大学为例，展开了对高校校园爱情标准的调查。

什么才是最受浙大女生欢迎的男生特质？高？帅？富？并非高帅富，最受浙大女生欢迎的男生特质是——有上进心。什么才是最受浙大男生欢迎的女生特质？白？富？美？亦非白富美，最受浙大男生欢迎的女生特点是——"合眼缘"。

最受欢迎的特质

除了"有上进心"，最吸引女生的男生特质还有"阳光开朗"和"成熟稳重"；

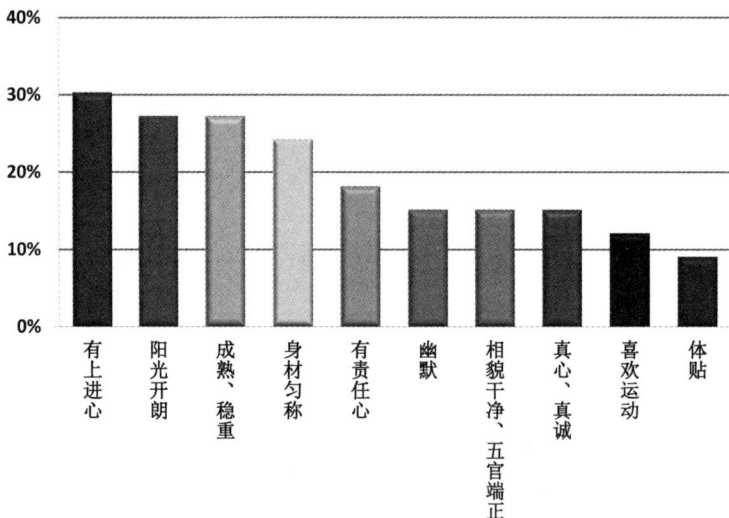

十大最受欢迎的男生特质

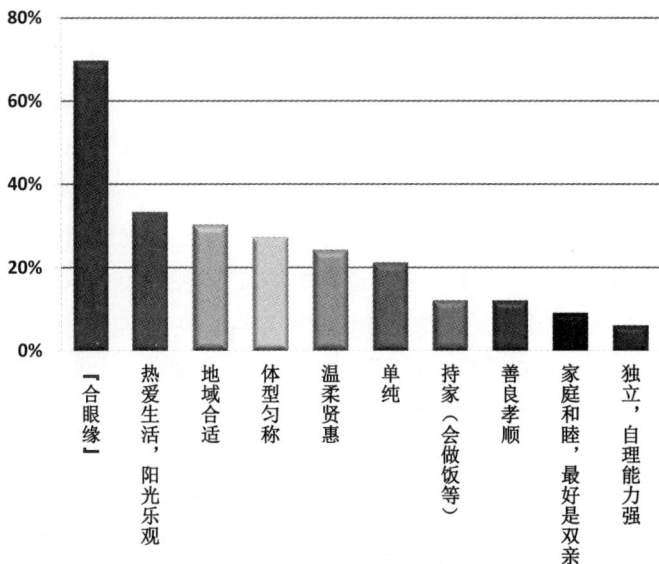

十大最受欢迎的女生特质

而身材仅列第四位。除了"合眼缘"，最吸引男生的女生特质前三名分别是："乐观开朗，热爱生活"和"地域合适"。这里给出"最受女生欢迎的十大男生特质"和"最受男生欢迎的十大女生特质"。

最受欢迎的男生特质多少有些令人意外。"有上进心"，一个女生在列举完其他4条要求之后这样说，"最重要的是喜欢读书，思想深刻，能引领我进步。"不过，联想到校园里众多追求上进的"学霸"，这样的要求倒也在情理之中。最受欢迎的女生特质并不出人意料——"合眼缘"。不过，这是一个比"有上进心"更难以量化的标准。

通过数据，我们发现了许多有趣的现象——这种"有趣"正是促使我们完成这一调研的动力。有一位浙大管理学院大四的女生这样写道："最好175厘米以上（最好而已哦，要是头圆的话可以适当放宽）；浙江人最好了（不是也没关系，要是头圆的话）；爱干净（这个没得商量，头再圆也没用）。"我们纳闷了很久才明白，原来，此"头圆"乃是指"投缘"。

恋爱及格线

在66位被调查者中，被期待的男生平均年龄为25.1岁，平均身高为173.3厘米。由于年龄和身高比较重要，为了调查更加准确，我们在此专项中扩大了样本数目，在更大样本（88位被调查者）的统计中，这两个数据得到了进一步的确认。数据显示，被期待的男生的平均年龄为25.1岁，平均身高为173.4厘米。身高要求略有上升，年龄要求不变。在66位被调查者中，被期待的女生平均身高为160.5厘米，身高维持在160厘米左右，这也和大家的直观感受差不多。有趣的是，不少男生设置了对女生身高的预期"上限"，约为175厘米左右，大概是希望女生不要太高。至于年龄，女生基本要求男生的年龄比他们大2~3岁或者更多，也有不少人表示可以接受"姐弟恋"；至于男生们，则清一色要求女生比他们小1~3岁。

至此，"恋爱及格线"新鲜出炉：男生身高173.4厘米，女生身高160.5厘米。但是，这个标准只是"预期"线，并不绝对且并非真实的"及格线"。正如本排行榜所显示的，身高从来都不是寻缘者的第一标准，更非否决性标准。透露一个好消息：这里的身高要求大都不是裸高，换言之，高跟鞋和内增高鞋是可以派上用场的。最后，顺便传播一点科学知识：身高是由遗传和环境共同决定的，只有在骨骼线闭合以后身高才会停止生长。这意味着一些尚未"及格"的学子，还有很大的上升空间。靠谱的研究表明：遗传对身高的影响只占30%左右，营养占30%，运动占20%，环境占20%。

最美身高差

还是关心一下女生对男生的要求吧。数据显示，女生期待男生与自己身高差的最大值仅为16厘米，平均期待的身高差为9.3厘米。有不少姑娘甚至只要求男生"比自己高就好"。有趣的是，身高在157厘米和165厘米左右的姑娘们，对小伙子身高差的要求较大，通常都在13厘米以上；而160厘米和170厘米的姑娘们，则要求略低，往往只有6厘米左右。当然，要求再低我们也没有看到哪个姑娘期待男生比自己矮，虽然校园里偶尔能见到这种情况。尊重现实，可以认为，9.3厘米的身高差就是"最美身高差"。我们认为，身高差完全没有必要达到网传那么不科学的20厘米，20厘米的身高差明显不协调。

对于一些身高低于"平均线"的学子，也不必过于忧心。很多学生表示，"身高不是问题"。还有专门寻找低于170厘米男生的姑娘。"求170（厘米）的哥哥们不要自卑，不要羞涩，身高不是全部，比这个重要的多了去了"，有女生这样表示。

关于异地恋

大学生都希望能与理想恋人在一起而不是异地，他们祝福所有异地恋情，然而轮到自己，却千方百计地拒绝。这体现在大学生对潜在有缘人的地域要求上，要么是"出身"，要么是去向，尤以去向为重，总要在一起才好。甚至浙大紫金港校区的学生更期待在"本港"而不是遥远的之江校区遇到有缘人。此前校园中似乎存在一个"温州人只嫁温州人"甚至"鹿城人只娶鹿城人"的流行说法，但现实中此说法不攻自破：有温州女生希望寻觅"杭州的哥哥或者毕业后有意留在杭州的哥哥"，认为"以后能在一个城市发展最为重要"。青春的心总是渴望每天都能在一起的。

异军突起的理工男

我们发现一个显著特点是，浙江大学理工科男生是非常抢手的。不少女生特别强调，"理工科男生优先"，或者是"干净利落有加分，明事达理有加分，理工男有加分"，再或者，"私下觉得理工科男生比较靠谱，理工科优先吧"。学科身份也成了加分项，让不少非理工科的男生羡慕不已。不过也要指出，这样一种标签式的划分并不科学。首先范围的界定就是问题，边缘的农、医学科算不算"理工"？交叉学科的科创专业怎么分？

当然，这一倾向的背后有着深刻的原因。理工科男生对于秩序的追求与对于定量的偏爱，以及实干精神、乐观态度塑造了相当正面的理工男群体形象——这实在值得其他一些学科的男生学习和借鉴。《2013中国数理化(理科)基础教育白皮书》或许也能给出一个侧面的说明：毕业生薪酬排行榜的前10名中，理科专业占7席。

并不绝对的标准

尽管求缘者大都对预期的有缘人提出了如身高、体重等一些具体的"指标"，但我们发现，这些指标往往只是"偏好"而非决定性的，许多学生在列出具体的指标之后都会强调，几乎所有指标都不是绝对的，比如，有人认为"心动的感觉最重要。遇到对的人，其他条件都是浮云"，又如，"当然啦，最重要的还是投缘"。也有人说，"缘分才是最重要的，遇见你之后，我过去的一切原则都是毫无用处的"，等等。不难理解，这里的标准表达的是大学生对未来理想恋人的憧憬。

爱情是人生中最真挚和热烈的情感之一，在爱情越来越为经济、家庭出身、地域等影响，越来越物质化和功利化的当下，一份纯真美好的校园爱情是非常难能可贵的情感馈赠和人生经历，愿青年学子都能收获幸福的爱情。

（通讯员：良格 林蓉 子敏）

【青春观察】

青春"必修课"：基本靠谱的爱情定律

"甜蜜的怪圈"定律

你喜欢的人不喜欢你，喜欢你的人，你不喜欢。

靠谱率：95%

这是如此普遍的一个现象，以至于你的第一段情感经历，很可能陷在这样一个"甜蜜的怪圈"里。甜蜜的怪圈，无论男女，都极有可能落入。

【镜头故事】中国传媒大学学生覃小喵就是其中之一。她说："我觉得爱情这个圈没有这么诡异。不过，现实刚好是，我爱的人也在被他爱的人不爱着，而我也有爱我的人但我即使努力也没办法爱上。你小心翼翼对待的那个人，他在忽视你的同时，又在小心翼翼对待着别人，而同时必有一个人在小心翼翼对待着你。"

"以前觉得，这是一件多么讽刺、多么无奈的事。但总会有一天，你会遇到一个人，你爱他如同爱你自己，而他也刚好爱你如己。而现在的你，要做的只是感恩，谢谢你爱的人和爱你的人，因为我们总在爱别人和被别人爱当中，学会爱自己的方式。"覃小喵说。

"最美的年华"定律

你会在最美的年华里遇到最爱的人。

靠谱率：90%

你一定会在最美的年华里遇到最爱你的人。一方面，是你会在最美的年华里发现自己的最爱；另一方面却是，只有这个最爱你的人才能让你拥有最美的年华。

【镜头故事】香港中文大学的袁同学对此深有体会："遇见那个来自温州的可爱女孩，我才发现，我的青春和生活，原来可以如此不同！"他们一起已经走过了3年，还准备继续走下一个3年、30年和更多年。因为女孩姓梁他姓袁，朋友们都羡慕地称他们为"金玉梁袁"。

"同桌/表妹"定律

在你一生的某个阶段，你一定会对你的同桌，或者你表妹暗生情愫。

靠谱率：80%

喜欢了就喜欢了，还有什么不敢承认吗？况且这已成为过去式。同桌当然也可以是前后排的姑娘和小子，表妹当然可以是表姐、表哥或者更加常见的，邻家小妹对你而言是有着地域优势的某位特定异性。

【镜头故事】刚刚从英国华威大学硕士毕业回国的赵同学就遭遇过"同桌定律"。在大一军训结束后不久，她惊喜地发现，语言教室里同桌那个略显木讷、不擅说话的男生正是她所欣赏的类型，她悄悄地记录了他的各种"呆萌"，记录了自己的心动，甚至拿手机偷拍了他午间趴在课桌上睡觉时"可爱的样子"。如今的她坦承："好吧，我确实喜欢过同桌。这都被你发现了。"

"有缘终将得见"定律

有缘终将得见。

靠谱率：100%

有缘终将得见。当然，缘分也需要努力，有时只保证你们"得见"而非"再见"，别太奢望。

【镜头故事】佳佳在那个开满樱花的校园里爱上了他。佳佳面容清秀，很多男生追她，可是她只喜欢他。午餐的时候，她一定会去他常去的那个食堂，只为了多看他一眼。晚饭后，一定要去一圈一圈地逛操场，只为了和去散心的他擦肩而过。感谢"天赐"和"人造"的缘分，他们在一起了。有人看到他们一起在图书馆自习，男孩认真地写实验报告，女孩抬头甜蜜地看他，又低头去做英语题。看来，只要有缘终将得见。

"爱情让生活更美好"定律

爱情会让一个人的生活变得更美好。

靠谱率：100%

爱情会让一个人的生活变得更美好——如果不是，请你相信，你所经历的，绝非爱情。爱情会让你更阳光、温暖，更相信美好事物的存在并理解和珍惜，会让你关心路边的小猫咪，偶尔也会害你对着天空傻笑。爱情还将让你更加尊重其他人的生活方式并理解和接纳与你不同的价值观。爱情也会让你充满活力和创造力，创造力迸发的狂喜简直令人迷醉。总之，爱情会让你更美好，它拥有向善和向上的巨大能量。如果以上这些你都不曾体验，请你深信：你所经历的并非爱情。

【镜头故事】有爸爸呵护的幸福生活在她18岁的时候结束了——爸爸去了天堂。已经在浙江大学读大一的茵茵特别难过，她的眼泪只能留给自己。后来，她遇见了一个善良的小伙子。他起初只是陪她自习、跑步，后来，茵茵会把家里的事情告诉他，他会默默地听茵茵诉说，再后来，他们在一起了。这个踏实、积极的男孩给了茵茵前行的动力。茵茵说："谢谢他一直陪着我。但爱情不仅仅是陪伴，更应是相互扶持，一起成长！"

（通讯员：李昂）

【专家视点】

去爱吧，莫负青春好光景

这样的"及格线"和"爱情定律"，对校园的学子到底意味着什么？我们邀请了两位资深心理专家朱婉儿、何俊杰对此进行解读。访谈由浙江大学学生记者贾良格博士主持。

主持人：

贾良格博士　浙江大学学生记者

嘉宾：

朱婉儿　浙江大学心理健康教育与咨询中心主任

何俊杰　国家二级心理咨询师

主持人：两位老师好！您二位如何看待"及格线"中的"十大特质"所反映出来的当代青年学生的恋爱倾向？

婉儿：无论是传统还是现代，男性都被寄予要支撑一个家、一个团体、一个社会的期望，所以有上进心、不断进取就成了女生对男生的"第一要求"。同时，因为与女性相比，男性在择偶时更注重视觉效果，所以"合眼缘"就成了男生对女生的"第一要求"。"十大特质"似乎既符合传统意义上对男女性别的期待，又体现了当代社会男女恋爱中各自性别的要求。

何俊杰："上进心"成为女生对男生的第一要求，反映了女性选择恋爱对象的社会化倾向。"上进心"意味着男性以后有更好的事业发展，符合女性对于经济和婚姻生活的预期。而男生的第一要求"合眼缘"，更多的是指以外貌和气质为主的要求，反映了男性对于女性的预期没考虑太多的社会因素。

主持人：身高似乎在校园恋爱中也发挥了重要影响，您二位如何看待这一现象？对那些身高没"达标"的学生，有什么好的建议？

朱婉儿：本质上，各种高度都与恋爱中的女生所需要和渴望的"安全感"有关，而这些"安全感"在一定程度上是可以替代的，所以，建议"未达标"的学生根本不用去在意这个外在的"高度"，而是应该把功夫下在自己的内在"高度"（各种修养和能力）如何增加上。

何俊杰：我非常同意朱老师的观点，朱老师主要讲了社会因素的影响，我就谈谈生理方面的吧。生理上，高大反映出某些基因优势，身高要求反映了女性内心的安全感需求，女性把自己视为需要被保护的对象。但现代社会并不像传统社会那样需要"身高马大"。身高"不达标"的男性可以用更为优异的表现，有策略地去打破一些"陈规"。

主持人：恋爱是否是"青春必修课"？

何俊杰：我认同这一说法。在人的成长中，爱别人的教育是非常重要的一环，是人格健全的重要方面，投入的恋爱一定是一场爱与被爱的训练，是理解对方，体谅对方，期望把自己最好的东西与对方分享的经历，不是单靠看几本书、上几节课就能领会的，需要实践。弄清自己真正需要和适合的那一半是什么样子的，也是自我实现和发展的过程。

朱婉儿：何老师讲得已经很好了，我只从"需求"的角度补充一下。无论是生理还是心理的需要，个体发育到了青春期，都必须修这门课。主要是为了满足亲密关系的需要，这是一种自然而合理的需求。

主持人：如何看待"校园异地恋"？

朱婉儿：感情的培养和磨合是需要有共同经历的，也就是说只有共同经历过一些事情，才能真正了解一个人，才会知道彼此是否合适。理论上讲，异地减少的就是"在一起经历一些事"的机会。但如果双方能充分意识到这一点，并且尽量争取在一起的机会，那异地恋也许更能创造一些浪漫的回忆。

何俊杰：异地恋的关键是两个人是否有智慧来增进感情，比如能保持定期或"意外"的相见，双方有明确的对未来的预期，体谅彼此，有真诚和顺畅的沟通，感情也能历久弥新。需要注意，异地恋结束后，一起相处要克服的困难也许比异地阶段更多。

（原载于2014年4月7日《中国教育报》第12版，通讯员：良格 林蓉 子敏）

两本结婚证书

毕业时带走什么？毕业证？学位证？各种奖状和荣誉证书？这些当然得都有。不过，对于将要毕业的浙江大学传媒与国际文化学院研究生李丹娜而言，她还有本特殊的证：结婚证！她和同为浙大学生的谢奕，在今年的3月19日领取了结婚证书。

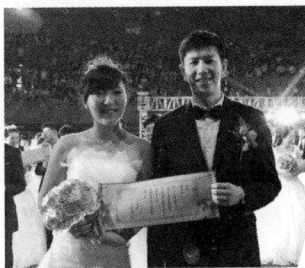

李丹娜和谢奕在学校集体婚礼现场

相遇于新生夏令营

李丹娜和谢奕，一个是美丽的"湘妹子"，一个是阳光的"鄂汉子"。他们就像两条平行线，但浙大让他们不再"平行"：这两条线相交于2008年7月31号"领跑"新生夏令营开始的那一天。他们被分在了夏令营的同一个班中。她对他的第一印象是"阳光爽朗"，他对她的第一印象是"与众不同"。就这样，缘分的种子在此时发芽。

后来，尚是普通朋友的他们，相约去看烟花大会。不巧的是，他们由于没有提前买票而被"拒之门外"。正当不知如何是好的时候，他们意外地遇到了一位家住附近的老爷爷。简单交谈之后，他们谈起了看烟花的心愿。"哦，你们是浙大的。"浙大学生的身份让老爷爷增加了几分信任。但如何才能证明他们的身份呢？浙江大学学生证！他们刚好带在了身上。老爷爷不再疑虑，热情地邀请他们到自己家阳台看烟花。令人欣喜的是，老爷爷家的阳台与会场一样，是欣赏烟花的绝佳位置！而且，老爷爷的儿子也曾是浙大的学生。

本以为与烟花大会无缘，但浙江大学学生证却成为两人欣赏烟花的"通行证"。灿烂烟火下的他们，冥冥中感觉到了一种"妙不可言的缘分"。

毕业季的考验

大四毕业了，是继续深造、找工作，还是出国？这些成为毕业生要面临的大问题，空气中夹杂着迷惘和悬而未决的紧张。两个人的感情也在这样的气氛中遭遇了前所未有的危机。

尽管两人都以优异的成绩分别获得了传媒与国际文化学院的保研资格和信息与电子工程学系的直博资格，但对自我要求颇高的他们却感觉不够满意。李丹娜说："当时我觉得两个人在一起束缚了对方，而且学术上也没有什么提高。"她甚至想要回老家工作。两个人的感情降到了冰点。

但是，四年的相知相守，让他们对彼此产生了难以割舍的情感；四年的成长历练，让他们双方都成熟了许多。"我们冷静思考了两个多月，想了很多，终于决定继续走下去。"

来自浙大的祝福

谈及谢奕的求婚，李丹娜记忆犹新。那天，谢奕提议带李丹娜和她的妈妈一起去看电影。电影播放了几分钟之后，突然黑屏了。李丹娜正纳闷着，随后屏幕出现了谢奕的求婚视频，这让她感动得措手不及。灯光亮起，谢奕带着她走到了前场。这时候丹娜更加意外地发现，在座的不是陌生人，都是两人的亲朋好友！"我当时就有点呆住了，又惊讶又感动"，李丹娜甜蜜地回忆说。这场"蓄谋已久的意外"，谢奕策划了半个多月。

是什么促使这两个年仅24岁，尚未毕业的年轻人结婚呢？原来，李丹娜将在毕业后到德国柏林自由大学攻读博士学位，而谢奕则留校直博。于是，趁着李丹娜还未出国，两人决定先结婚。当然，在这时候结婚还有另一个原因，那就是为了参加今年的校友集体婚礼。5月17号这天，他们也成了200多对幸福新人中的一对。

对于李丹娜来说，她是许多毕业生之中特别幸运的：不仅找到了相爱的终生伴侣，而且比其他同学多了两本结婚证书。没错，是两本证书：一本来自民政局；另一本，则是从学校老师手里接过的，承载着母校以及众多校友满满祝福的

"浙大定制版"丝绸结婚证书！

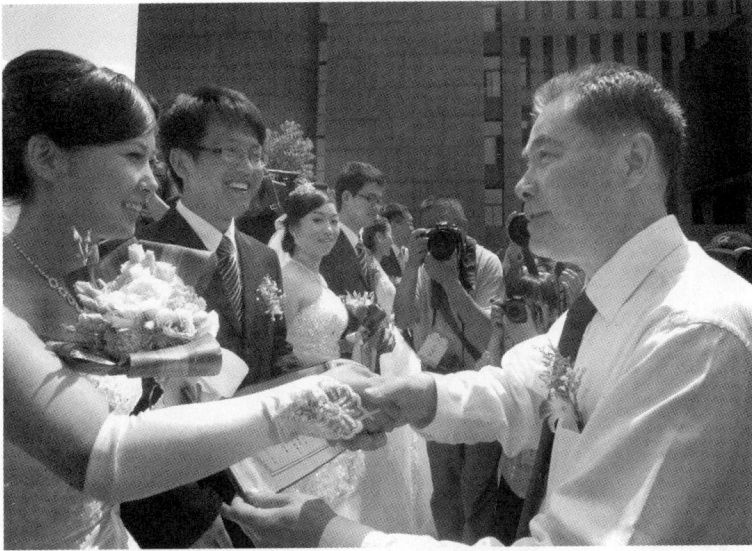

校党委书记金德水为参加"缘定浙大"校友集体婚礼的新人颁发活动纪念
证书　　　　　　　　　　　　　　　　　　　　　卢绍庆　摄

（原载于2014年5月30日《浙江大学报》第3版，作者：林蓉　良格）

从喜爱到开步走

每一个青春意气的少年都有一腔热血，每一个热血青年都曾有过一个文艺的梦想。在我们浙大校园里，有那么一群微电影爱好者，他们迷恋着、享受着那镜头捕捉下的片段。其中之一就是陈骁强。

在我的想象中，陈骁强应该是一个瘦瘦高高、发型酷炫、戴着黑框眼镜、穿着非主流式衣服，看起来很难让人接近的艺术生，然而见面后，发现他丝毫没有冷冰冰的气质，更像是一个性格敦厚的普通工科男。

"我很小就对拍摄和导演有一种天生的喜爱，但真正萌生想玩微电影的念头是在高中时代。"从高中校电视台到浙大电视台，陈骁强的专业与微电影毫不相干，但因为对微电影的喜爱，借助学校电视台的平台，他自学了写剧本、拍摄、导演、后期剪辑、音效、调色、特效……到了大二，他有了第一部独立制作的科幻微电影：《困境18：13》。这部作品将只有一个面和一个边界的莫比乌斯环理论作为时空结构，讲述了主人公试图在校园一处受限空间中，运用自己所学破解谜团的故事。

"创意的灵感，往往来自不经意间。"有一次，陈骁强走在校园里，路过两根外形一样的电线杆时，广播里恰巧传出了同样的话语，仿佛他一直站在原地。刹那间，他想到了科幻小说中读到的莫比乌斯环，灵感顿现。他花了好几天在寝室撕纸片、用笔在纸上画线，不断设想。后来，这个过程就成了影片中男主角在草坪上做纸环的桥段。

校园实景拍摄的《困境18：13》，成本几乎为零：拍摄所用器材由学校电视台无偿提供，道具多为生活用品，演员也是零片酬出演。这部微电影上传到网络后，点击量数以万计，网友们疯狂转发、评论，让陈骁强也有些没想到。有的网友还将它与好莱坞大片《一日囚》《恐怖游轮》等作对比，还有不少网友认真地解读起影片内容。浙江大学数学系2008级学生史旭鹏就写了一篇题为《关于〈困境18：13〉的我的一些解释》的影评，来详细解释影片中的莫比乌斯环原理是如何与男主角的行为结合在一起的。

"爆红"的处女作让陈骁强信心倍增。随后还拍出短片《你是我做过最美的梦》《奥运效应》《死亡倒计时》《没有星期天的人》，好作品连连。

拍摄是有趣的，但也是辛苦的。陈骁强经常来不及吃饭就赶去拍戏，拍完后又要赶着制作出来。有一次他连续通宵工作了3天，其中两天都没有顾上好好吃顿饭。"在影片拍摄过程中我会灌注我全部的热情和心血，注意力高度集中，在拍摄过程中我是不会病倒的。"然而每次制作完一部剧，陈骁强都会病上一场。

在浙大宣传片《LipdubZJU》里，有一个情人坡上百余人的场景，那是陈骁强在热气球上拍摄的。"那天风比较大，热气球不受控制地乱飘，最厉害的时候已经成45度角倾斜了，但是没有办法，只能忍着害怕好好地把它拍完。当时真的很害怕。"功夫不负有心人，视频制作播出后，被网友评为"最好玩、最'给力'的校园宣传片"。陈骁强说："每次完成了新作品我都很开心、很自豪，这种高兴远超过那些我曾遇到的艰辛带给我的不快。"

一路走来，陈骁强已经拥有了十余部自己独立制作的微电影，并曾多次获得各种奖项。陈骁强同时还是一位独立音乐人，自己作词、作曲、编曲，他的原创歌曲在网络上最高已有近7万的点击量。

本科期间，陈骁强就跟朋友在浙大校内创办了影视传媒工作室。陈骁强曾说："工作室不是一间屋子，我自己加上我的设备就是我的工作室。"现在，在读研究生的他跟朋友一起成立了一家文化创意有限公司，让我们期待他未来创造出更好的作品。

（原载于2014年6月20日《浙江大学报》第4版，作者：洪雅文）

五千余人的爱心挽救一条生命

11月26日上午9时许，一篇名为"伸出手来，一起为'老韩'生命接力"的帖子在浙大师生的微信朋友圈之间迅速传播开来，故事的主角"老韩"——浙大哲学系硕士生韩臣才瞬间成了大家关注的焦点。而微信上公布的账户从那时起就一直忙碌着——不论是支付宝账户还是银行卡账户，大大小小金额不等的捐款"飞奔"而来——仅3个小时，捐款金额就超过了30万元的医疗费缺口，截至12月2日，韩臣才共计收到5465人次的善款790653.97元。

一个普通又受人瞩目的哲学硕士生，一次光速而温暖人心的大众捐款，究竟是什么成就了这个奇迹？我们深入地了解了整个温暖的过程。

决定：将目光转向自媒体

在刚确认30万元的医疗费缺口之初，韩臣才的本科室友周辰最先想到的是求助媒体。什么媒体合适呢？

韩臣才的本科同学、在媒体工作的朱海洋几经询问、请教和打探，最终和周辰等同学决定在自媒体上发帖，求助大家！"现在年轻人使用微信比较多，我们觉得可能会有帮助，而且对我们来说发布信息也没有什么门槛。"

几位同学认真地梳理出韩臣才的病情、家庭状况、目前的资金缺口等相关情况，并拟定了募捐帖。反复斟酌后，帖子终于在26日上午发了出去。帖子就像是一块沉重的石头，掀起了阵阵爱的涟漪，很多人在看到之后就在第一时间转发，朋友圈、微信群、QQ群、微博……凭借真实性与感染力，帖子在云端迅速传播。

30万元捐款凑齐后，几位同学及时叫停："所得款项已超起初的缺口，请大家暂时不要转钱。"正如新华社的评论，及时喊停"回报了信任"，也"对得起好心人"。

直至现在，几位密友仍在韩臣才的微博上公布着捐款明细，保证每一笔钱的公开，也随时直播韩臣才的病情与近况。

撰文：最诚恳的心与最细致的情

　　除了靠熟人传播，帖子中一系列官方的证明是博得大家信任的最主要凭证。早在准备发布求助信息的时候，周辰等同学就已经找到了哲学系、研究生会、人文学院等单位，开出了权威证明。

　　如果说学院证明是真实的代名词，那么朴实的用语就是诚恳的最好代表。韩臣才的真实情况、性格以及目前的状况都化作笔端缓缓流淌的文字。"近乎文盲的两老，在此之前，从未听过'急性重型再生障碍性贫血'。但他们现在知道，这病不但要花很多钱，还会要了病床上从小就懂事、成绩优异的小儿的性命。每次见到医生，二老都会操着一口方言，求医生救救孩子。"在文字之中，韩臣才父母的爱子深情、经济困境让每一个读者为之动容。

　　此外，正如朱海洋本人所说，细节也是帖子得到大家认可和愿意捐助的重要原因。他表述韩臣才面对病痛的场景："一个月来，眼泪从来都是在夜幕中，悄悄掉落"，"悄悄掉落"四个字，是他对韩臣才性格的理解。

　　"我从没有像现在这样走进'老韩'的世界。与很多稿子不同，这次的文章，我用'心'写了。稿件不到一小时就完成了，1300多个字。"

值得，所以愿意相助

　　帖子自上午9时左右发出开始，到了10时，捐款迎来了高峰期；3个小时，金额总数就已经超过了30万元的缺口。由于转发量的强大和网络信息的延迟，及时喊停也未能起效，善款依然不停地涌入韩臣才的

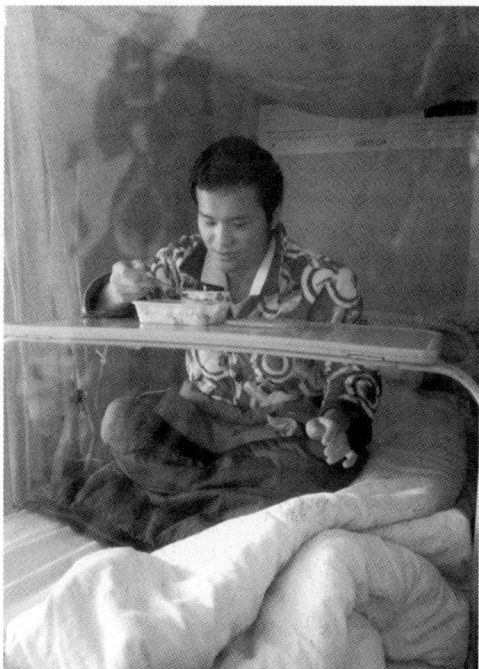

韩臣才尽量多吃饭，加强营养（吴雅兰 摄）

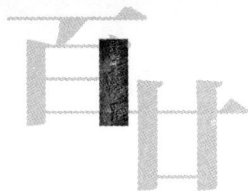

账户，更有老师和同学在支付宝转账的同时，用捎话功能为老韩送去了温暖和祝福。

几位同学细细统计了下，捐款金额有的上万元，大部分是几百元、几十元甚至有几元的善款。郝同学（化名）在看到消息之后，二话没说，捐出了自己三分之一个月的生活费。捐完之后，他还开玩笑说："这个月剩下这些天要靠泡面度过了"。更有热心的阿姨在得知"喊停"后执意继续捐钱："这病后期的恢复还要很大一笔药费，我这钱是给小韩出院之后用的。"

"真没想到会有这么多好心人。"不只是韩臣才，每一个亲眼看见、亲身参与的人都没想到能这么快速地募集到这么多捐款。爱心接力的奇迹，确实给大家带来太多震撼和感动。韩臣才的家人更是在微博上公开发表了感谢信，表示"相信师友同学们的友善之力一定能挽回臣才的健康"，"特别感谢领导们、师友们、同学们和社会各界人士的热切关心和大力支持"，更表达了对几位同学辛勤付出的感谢。

（原载于2014年12月5日《浙江大学报》第3版，作者：许冬晴 朱海洋）

一起读书的时光

【编者按】人文学院章雪富老师曾撰文提到，在如火烧的一样夏日里，他每周三次赶路一个多小时往返于紫金港校区和西溪校区之间，跟一位学生研读《九章集》。这位女生叫黄唯婷，这个新学期已去了中国人民大学攻读研究生。到底是什么原因吸引她参加读书会，为什么她如此执着于读书，读书究竟让她收获了些什么呢？让我们听听她讲述的读书故事吧。

　　第一次跟章雪富老师读书，还是大一的冬天。我裹着半厚的棉袄，冒着淅淅沥沥的恼人的冬雨，也不记得当时是不是有些后悔参加这夜晚的读书会了。直至走进读书会的教室，才发现这读书会比想象中还热闹一些，十几个同学围坐着，或是埋头沉默地看着文本，或是三两人小声交谈着近况，气氛正好。

　　读书会开始，章老师照例先介绍作者和文本背景以及文本可能涉及的一般性哲学问题。由于当时的我全然是个哲学门外汉，便懵懵懂懂地听老师讲，许多内容只能化成笔记，回去再慢慢整理和理解。

　　而我仍然记得的是，我们第一次念的文本就是柏拉图的《苏格拉底的申辩》。日后我渐渐迈入专业学习的门槛，方知道这文本乃可以说是整个西方思想传统的根系，苏格拉底之死对希腊和西方世界所投下的阴影是任何一个哲学家都不得不思考和回应的问题。当时尚幼稚的我听老师谈论每一个在世的人如何面向死亡、而哲人之死对于城邦和西方思想到底意味着什么这样一些高深却本质的问题，虽是似懂非懂，却也深刻地感受到了哲学的魅力。

　　由于当时读书会的主要成员都是大一、大二的同学，老师并没有挑选很艰深的哲学文本，更多的是一些带有规训性质的文章，比如斯多亚学派有关道德和情感处理的相关文本。希腊哲学向来注重哲学对于青年的教化作用，这种教化并非是如今专业化的教育所要赋予青年的专业知识和技能，而是为年轻的、渴求知识和善的灵魂提供多种对于世界、自我和存在的可能的思考途径。

　　苏格拉底说，未经反思的生活是不值得过的；而亚里士多德则告诉我们，最高的生活乃是一种沉思的生活。处在忙碌而热闹的大学生活中，我们可能很难如哲学家们所想的一样，把自己的整个生命投入到一种宁静的沉思之中。但老师的读书会，至少给我们提供了这样一种可能：面向自我，面向那些生命和世界的最根本的问题，作或深或浅的思考和反思。

然而，老师的读书会，并不是每一次都如我上面所提到的那样热闹。大学的后两年，我跟着老师念普罗提诺的《九章集》，由于文本的语言相对晦涩迂回，讨论的问题也更加深邃难解，所以读书会总是人丁稀少，最多的时候，也不过三四个人。甚至在极其长的一段时间内，只有老师和我对坐着，两人一起读书。我一度甚至在心底里暗自猜测，老师会不会在什么时候取消这过于冷清的读书会。

但老师对读《九章集》这件事，却从来没有一点犹豫和放弃。在他看来，普罗提诺是牵涉整个古典思想和现代思想范式转换的重要哲学家，在某种程度上，他意味着古典的结束和现代的开始。老师总是说，对于这样一个人物，我们却一直缺乏足够的关注和了解，这是十分遗憾的。而古今思想范式转换的源头和具体纠结，也一直是老师近年来所关注的焦点之一。老师一直说，只要还有学生想读，就得把书读下去。老师一直还愿意把《九章集》读书会进行下去的另一个原因，可能也在于作为学生的我，始终还是对普罗提诺抱有浓厚的兴趣。

然而，为了读《九章集》，老师总是得在早晨上班高峰期的时候骑着那辆半旧的电动车，从紫金港一路赶到西溪校区；又时常因为下午有课，吃了午饭就急匆匆赶回紫金港去上课。或许这事情偶尔为之对谁而言都不算什么困难之事，但令我感动和敬佩的是，两年来，除了极其特殊的情况，老师每个礼拜不管风雨寒暑，都会为这读书会而特意跑上一趟。这样的持之以恒，没有内在的自我规训和强烈的责任感，是做不到的。

有趣的是，因着《九章集》，读书会一直持续到了今年的7月底，于是我"真正"从浙江大学离开和毕业的时间似乎也因此推迟了将近一个月。以至于7月初许多同学挥泪告别学校的那种感伤情绪，我是迟了一个月才后知后觉地品尝出其中的酸涩和不舍。这时候才知道，那些每周三天下午往紫金港跑的日子，那些流淌下来的汗水和挥之不去的辛劳，那一些我的或是幼稚或是尖锐的提问和老师的或是深刻的或是开放的回答，都是章老师最后的馈赠。

及至离开，老师感慨地说，你终于毕业啦！那一刻，真有种热泪往眼睛里冲的感觉。所有的不舍、所有的感激和所有的念念不忘，终于在杭州最热的那段日子里，画下了一个句号。

　　时隔两个月，我北上"帝都"开始新的学习和研究生活，才发觉，和章老师慢慢读书的那些时光是真正离我远去了。但几日前，重新在书中读到康德所说，"我们的责任不是制作书本，而是制作人格；我们要赢得的不是战役与疆土，而是我们行为间的秩序与安宁。真正的大师杰作是一个合宜的生活方式"，不由自主便想到了章老师。以此纪念大学时期的读书生活，并聊以自勉！

（原载于2015年6月8日《浙江大学报》第7版，作者：黄唯婷）

今当远离

大概是夏秋之际，经过刘老师的推介，我开始建立起每周末固定读书的生活模式。刘老师是我所认识的第一奇人，虽为同学，实有老师般的学识和视野。

记得当时正在读《定之方中》，自己完全不懂，等浸淫的时间久长之后，方才慢慢窥见古典世界的辉煌壮丽和迷人之处。这也全赖多位老师的引导和呈现。许老师满身浩然正气，于义理精微之处辨析甚切，把握牢靠。李老师不乏诗人气质和浪漫情怀，总能诗兴大发。陈老师心思细腻，视角独特，会带给我们不一样的启示。风行老师超脱淡泊，以释道旁击，阐发教外别旨。

各家交锋讨论，宛如华山论剑。我就在这样的阅读和讨论过程中，领略思想带给人的欣喜和力量。廓清迷雾，勘破假象，直寻真我。不仅我一人，我的同学大概都有这样的体会，只因我最鲁钝，所以进步也小，是以一直读了两年左右都没多少起色。直到后来我开始参与准备读书会，梳理文意，才稍微有些领悟。

三年来，《诗经》已读完了《国风》和《大雅》，如今开始进入《小雅》。《论语》则刚读过了一半，现在到了《先进》篇。不可谓不慢。然而对于一个从2002年开始继嗣至今日的读书会而言，十四载的光阴如川东逝，三年不过弹指一瞬，一切又都是那么迅速。

每周读完书之后，我们总要和老师一起吃饭，在饭桌上饮酒聊天，谈论古今，不可谓不愉快。重阳节、端午节，我们一起去登山读诗，还去西湖边举行纪念活动；秋日里，两度前往杭州文庙祭孔；在两个暑假里举行过《庄子》和《大学》的会读会讲。日积月累，情不一一。

四时风物不同，而皆有所赏。印象深刻的是冬日曾一起往植物园赏梅，夜色清幽，月上枝头，细雨湿道，我们就慢慢地走。一边说着话，一边看花，不知何等自在。几多烦恼忧愁、荣辱得失于此翛然遣散，彼时我虽暂未涉世事，也能有所同感。而今将面对苍茫人事，诚怀念不已。

古人游学于某某先生门下的经历，我在此算是有一段小小的感同身受的体验，而如今也将要出师门。见过了许多人来，又见了许多人往，自己即将离开，个中滋味实难道也。留恋不舍最是强烈，更有一份惶恐不安。

　　我素来认为自己运气不错，所拜的都是极好的老师，所遇的都是极好的朋友。负笈杭州四年，遇见不少良师益友，或在学校里，或在学校外，指点切磋，诗酒互酬。还有好多值得怀念的事和人，然而下笔成篇则损失殆尽，还是不说的好。静则读书，动则出游，似此岁月何其静穆可亲。唯遗憾的是，没有姑娘。而前路漫漫，吉凶未卜，只有期望一切依旧美好。

　　　　　　　（原载于2016年7月1日《浙江大学报》第4版，作者：于客）

第四章

热血青春

阅读提示：人才辈出的求是园总是不乏优秀学子的先进故事。"中国青年五四奖章"的获得者，就是诸多优秀学子中的佼佼者。踏实做人、踏实做事的博士邓水光，对科研孜孜以求，对学生尽心尽力；守护一方好山水的绿色卫士忻皓，发起民间环保组织，开发环境监督平台。他们将激情与智慧投入到自己热爱的事业中，并为祖国贡献着自己的力量。

踏实做事 锐意进取
——访第十一届"中国青年五四奖章"获得者邓水光

就在我们身边，有这样一个男孩子，活力四射，热爱运动。他经常参加学院的各种社团活动，篮球、羽毛球、乒乓球是他的最爱；作为篮球运动员，他连续两年参加了浙江大学"三好杯"篮球赛，司职主力控球后卫。

同时，他还是：第十一届"中国青年五四奖章"获得者，"微软学者"奖学金获得者（全亚洲共40人获奖），"百人会"英才奖获得者（大中华地区共24人获奖）。

2002年获得浙江大学工学学士学位的他，同年免试推荐直接攻读计算机博士学位。在校期间，他还获得了浙江大学最高荣誉奖学金——竺可桢奖学金、浙江大学优秀研究生一等奖学金、浙江大学南都二等奖学金、浙江大学何志钧奖学金、浙江大学CCNT实验室八大优秀研究生、浙江大学暑期实践优秀研究生……

他叫邓水光，是浙江大学的一名博士研究生。

时光荏苒，转眼间邓水光已在美丽的求是园度过了近十年的光阴。

用一个词来形容自己：踏实

你觉得自己是一个什么样的人呢？如果用一个词来形容自己，那会是什么呢？当记者问到邓水光这个问题的时候，他的回答简单又真实：踏实。

"踏实做人，踏实做事。这些是我最基本的做人态度。"邓水光说。

这种踏实的态度从一开始就奠定了他大学生活的基调。风景如画的之江校区，是他梦想开始的地方，而西湖岸边、老和山下的玉泉校区则是他梦想实现的起点。本科四年的生活，可谓是紧张、充实而愉快，他力图做到生活与学习兼顾，勤奋苦读，掌握牢固的理论知识。

幸运的是，邓水光从一开始就找到了自己前进的方向：他知道自己的兴趣在于科研。他喜欢做学术，喜欢做研究。

为了更好地理解和应用理论知识，他在大二的第一学期就加入了由国家863软件重大专项专家组成员——年轻的博士生导师吴朝晖教授领导的先进计算与系统实验室。在实验室这个大家庭里，他得到了导师和师兄、师姐们的悉心照顾和全面指导，逐渐领悟到计算机科学领域的精髓与内涵，他认识到计算机工程与应用在计算机学科发展中的重要地位和作用，不断学习新的工程开发技能和应用实践方法。经过不断的学习和实际项目的磨炼，他对专业知识的理解和对专业技能的掌握都得到了长足的进步，从一个实验室新人不断成长为实验室项目研发的主干。

本科四年的理论基础学习和实际项目的开发经历，为邓水光在研究生阶段进行理论研究和创新奠定了基础。2002年他被评为浙江大学优秀毕业生，同时以优异的成绩被免试推荐直接攻读博士学位。

"从一开始就能知道自己想要什么，知道自己的兴趣是什么，知道要朝哪个方向去努力，是非常幸运的。"邓水光坦言。

无论是在网上还是在生活中，都有很多人对邓水光表示羡慕并想获知他的成功经验，邓水光表示，本科生应该找准自己的定位与方向，如果以后想从事科研，就要踏踏实实和老师做研究，扎实基础知识；如果以后想进企业，就要在搞好学习的同时注重团队协作、动手能力与人际关系方面。对于研究生，邓水光谈到，作为一名研究生，学术修养很重要。而邓水光自己作为一名博士生，一直都告诉自己，要在学术上做点东西，踏实去做。

科研，不断的追求

邓水光对于科研的追求永远是孜孜不倦的，他是导师的得力助手，全身心投入到科研工作中，每天早出晚归，坚持阅读文献，跟踪国内外领域最新进展。他多次撰写国家基金和项目的申请报告，帮助导师承担并圆满完成了2项国家高技术研究发展计划（863计划）和2项浙江省重大基础科研项目的研发工作。

在这些课题的研发过程中，邓水光作为课题组组长协助导师做好项目整体规划、进度调控和组织协调工作，带领课题组成员进行基础调研、理论研究和技术创新。在工作流、面向服务的计算等领域提出了一些新的理论，模型和方法。迄今为止，邓水光在国内外著名期刊和国际会议上发表论文10余篇（其中被SCI检索6篇，被EI检索8篇），还多次被邀请参加国际会议并做学术报告。

在课题组，他还协助导师指导本科生和硕士研究生进行毕业设计，所指导的毕业论文多次被评定为优秀毕业论文。这几年的科研经历使得他具备了良好的独立的科研能力、解决问题的能力、团队组织和管理、人员协调能力。

担任班主任，给学生创造最多的机会

邓水光总是在不断探索，在生活中不断发现自己新的坐标。

2002年9月至2006年6月间，邓水光担任了学院2002级本科六班的班主任一职。从40多名同学踏入大学校园开始，他就对他们的生活和学习进行悉心照顾和全面指导。为了更好地了解同学们的心声，他和同学们打成一片，形成了相互信任的朋友关系，以自己的经历向他们传授自己对大学生活的理解，并且定期邀请高年级同学和他们进行座谈，向他们介绍学习生活的经验，避免他们走弯路、走错路。为了让同学们尽早进入实验室锻炼，邓水光推荐学生进入不同的实验室和课题组。辛勤劳动终有回报，他所带的班级成绩在全年级名列前茅，拔尖学生数量众多，这些同学参加了各类学术、编程大赛并多次获奖；并有多名同学去香港和新加坡等大学进行交流。

在担任班主任的同时，邓水光还担任了本科生的第四支部的支部书记一职，配合学院总支部进行党建、日常教育和管理工作，不断吸收年级中学习成绩优异，思想政治过硬，具有模范带头作用的优秀学生加入到党组织中。

邓水光还经常与支部党员交流，他们支部的本科生在考研、工作和出国的选择上，对前途和人生的把握上有了更深刻的认识。

得奖之后：压力更大，科研继续

得知自己荣获"中国青年五四奖章"之后，"当然非常高兴"，邓水光坦言自己是个很幸运的人。面对自己一夜之间被大家热议并广为推崇的事实，邓水光略带无奈地说，在这个网络发达的时代，这些热议多少让人有点措手不及，但是，他会积极面对这些。邓水光同时承认，这些评论给了他很大的压力，压力大的同时，动力也更大。他说这能鼓励自己要更加努力地做好分内的事情，做好自己的学术、科研，让自己变得更加优秀。

今年6月，邓水光即将毕业。像其他即将面临毕业的学生一样，站在人生的一个十字路口，他也要做出自己的选择。面对两个方向：进企业还是继续钟情于自己的学术，经过一番斟酌以后邓水光终于还是辞掉了一个公司的OFFER，决定留下来，继续从事自己热爱的研究工作。

就像邓水光说的一样，知道自己要什么，是一种幸福。

（原载于2007年5月11日《浙江大学报》第3版，作者：刘敏）

绿色浙江追梦人

记"中国青年五四奖章"获得者忻皓

"让人们生活在碧水蓝天间，还原绿色浙江。"15年前，当忻皓还是浙江大学环境科学系大一新生时，这个梦想便深植心间。

从创建我省首家民间环保组织"绿色浙江"，到开发环境监督举报网络平台"钱塘江水地图"，他将青春的激情与智慧都用来守护我省的山山水水。

守护一方好山水

"绿色浙江"环保组织秘书长，这是忻皓名片上的头衔。其实，他还有更多身份：水资源管理联盟国际标准制定委员会委员、浙江省节水大使、省环保厅政风行风监督员……在浙江省环保界，34岁的忻皓已是一位名人。有趣的是，他的环保人生发端于一次骑行旅游。

2000年，忻皓与校友黄金海结伴骑行浙江。在这次2000余公里的旅途中，不少垃圾成堆、污水直排的景象深深刺痛了他。虽然当时已有不少草根的环保力量在萌发，但如何才能把这些分散的力量凝聚起来？忻皓看了一路，想了一路。

回校后，在老师阮俊华的鼓励下，两人共同发起、建立了民间环保组织"绿色浙江"。从此，动员学生参与、组织志愿活动、宣传环保知识，几乎占据了忻皓所有的闲暇时光。

毕业后，忻皓选择成为"天天"青年中心的专职志愿者，且继续主持"绿色浙江"的各项工作，生活变得异常忙碌。"环保是件很有意义的事，也是我的梦想。'绿色浙江'一直是我在负责，筹谋它的发展是我的责任。"这是忻皓给出的理由。

15年来，忻皓为"绿色浙江"筹款总计800多万元，并积极推动开展"浙江省青少年绿色营""迎绿色奥运"系列活动、"同一条钱塘江"保护母亲河活动、东亚气候论坛等公众宣传教育和环境参与活动，多次荣获全国、省一级表彰。在他的带领下，"绿色浙江"已从校园社团发展为拥有200名会员、10万名志愿者的5A级民间环保组织。

环保也有"国际范"

2008年，忻皓收到了一份国际"环保大礼"——由国际奖学金资助赴美国读研。为了追寻环保梦想，忻皓选择前往美国克拉克大学攻读环境科学与政策方向研究生，获得环境科学与政策、地理信息科学两个硕士学位。而他第2个学位的毕业论文，正是有关开发钱塘江水地图平台的。基于这一平台，市民可通过网站或手机应用进行污染实时举报、获取预警信息，同时也便于执法机构举证和找寻污染源。

钱塘江水地图平台开发成功后，"绿色浙江"成立志愿者监督团队，并通过与省环境执法稽查总队合作，对公众举报的污染源进行查处。2011年至今，"绿色浙江"共巡护河道8万余公里，利用这一新模式协助政府查处污染事件百余起。这一国际领先的环保项目，先后斩获了联合国环境规划署生态和平领导项目"生态城市最佳项目奖""芯世界"公益创新奖技术应用奖等。这个手机应用的升级版本"环境观察"也于去年4月开通。

利用在美求学的机会，忻皓积极加强"绿色浙江"与国际环保组织间的联系和交流。5年前，他推动"绿色浙江"建立钱塘江护水者项目，并成为全球护水者联盟的正式成员。2012年5月，忻皓经补选，成为水资源管理联盟国际标准制定委员会委员，为中国等发展中国家争取更多权益。在他的推动下，原本立足省内的"绿色浙江"在过去几年中，接纳了来自21个国家的40多位实习生，并派出志愿者赴国外短期交换。

手持河道地图，寻找废水排放口，取水样、测指标，对河道流域进行环保监测……这是忻皓的日常工作。自2012年3月，被省水利厅等8个部门聘请为浙江省节水大使后，忻皓肩头保护好家乡山水的担子更沉了几分。他推动"寻找可游泳的河"大型新闻行动、"横渡钱塘江，畅游母亲河"、电视问政"问水面对面"等一系列治水新闻行动，有效推动公众参与水保护行动，助力我省"五水共治"。

收获"中国青年五四奖章"的忻皓，不曾停下青春奋进的脚步。为了这方青山绿水，他要做的还有很多。他给自己定下新的目标：将"绿色浙江"带向全国、带向世界。

（原载于2015年5月4日《浙江日报》第2版，记者：丁谨之）

【校园回忆】

我学会了精、气、神！

对于忻皓而言，浙大是一个平台，其海纳百川的包容气概给了他实现自我的机缘和挑战，砥砺担当的大气风范给了他做人做事的气质。"在浙大，我学会了精、气、神！"忻皓说。

竺校长说："你们要做将来的领袖"。

"你们要做将来的领袖，不是求得一点专门的知识就足够，必须具有清醒而富有理智的头脑，明辨是非而不徇利害的气概，沉思远虑，不肯盲从的习惯，而同时还要有健全的体格，肯吃苦耐劳，牺牲自己努力为公的精神。这几点是做领袖所不可缺乏的条件。"忻皓刚到大学不久，就在读书时偶然看到竺可桢校长的这句话，从此以后，这句话成了他的座右铭。

"做将来的领袖"是忻皓一直以来对自己的要求。在大学期间，忻皓身体力行，努力践行着这句话。他坚持努力学习，每晚六点半到十点半的自习"雷打不动"。他曾是排球队的主攻，带领球队多次拿到冠军；他不会踢足球，却是足球队的守门员——作为球队里唯一一个戴眼镜的球员，"每次球飞过来，我先护眼睛，生怕眼镜被碰碎了。"

不徇利害，不盲从的"浙大"气质在忻皓身上的体现就是，有了自己的想法和思考，做事情就总带着点"由着性子来"的血气方刚。

大一的时候，忻皓在回校大巴上与邻座的同学聊到暑期规划，忻皓头脑一热："要不我们去环游浙江吧。"两个人一拍即合，说干就干。忻皓是学环境的，自然想到以环保为主题策划他们的骑行。为了筹齐路上的费用，他们四处拉赞助，却很不顺利：去找校门口的小店，吃了闭门羹；去找大酒店，销售经理对他们说："想法很好，你们等消息吧。"他们却并没有等到消息。

2000年6月初，时任校党委书记张浚生要做一场"青年成才"的演讲。得知消息后，两人赶紧买了纯白T恤，"砰砰"印上校徽，在演讲后找到了张浚生。张浚生被他们的勇敢和执着打动，说动校团委支持了8000元，还为他们题字"千年环保世纪行"。他们就此在《杭州日报》上发了篇报道，得到了一家企业的4万元现金和价值4万元物资的赞助。

36天的骑行，他看到垃圾遍地、河流污染，小桥流水被化学物质破坏，田园牧歌也早已不在。对污染的痛心让他对环保有了更深的认识。回校后，他与阮俊华老师发起了浙江第一家民间环保组织——"绿色浙江"。

只要你肯做，一定能够做好

给忻皓影响最大的，是他的恩师阮俊华。

与阮老师结缘，也是因一次"任性"之为。他在当班级团支书的时候，为了一次活动的署名问题，联合了八个班的团支书去找环境与资源学院团委理论。阮俊华老师当时在院团委工作，派了代表和他在宿舍楼下"谈判"，却没能说服他，双方不欢而散。所谓"不打不相识"，在那次争吵过后，阮老师不但没有因此而对他心生不满，反而将他推荐到院团委工作，并从此成为他人生中的良师益友。

在之后的学习工作中，阮老师的包容气质更是给了忻皓莫大的启发。有时候，阮老师不会告诉他应该怎么做，而是给他足够的自由，足够大的空间去发挥。很多时候他与阮老师意见相左，却从未因此影响过他们的师生情。阮老师对人才不拘一格的培养方式，使他的身边聚集了很多不同性格的优秀同学，这也让忻皓认识了不同的人，学到了更多不同的思维方式。

植根于忻皓心中的，还有阮老师敢想敢做的气魄。"绿色浙江"刚刚成立不久，他们准备在吴山广场搞我省历史上第一次民间环保义演，并已经初步设计好了节目。有一位在群艺圈里待了多年的老师不客气地说："你们所设想的这样一台晚会，没有几个月的时间，没15万、20万元是搞不出来的，你们还是趁早打消念头吧。"当天晚上，阮老师即召集几位学生骨干，要求大家分头行动，三天之内联系到各学校进行联合义演，当时离演出当天只有22天。

因为他们的激情和努力，这次活动最终得到了更多人的支持，一切准备就绪。演出前一天，杭州却下起了大雨。演还是不演？他们决定根据第二天中午11点的天气状况再做决定。第二天一大早忻皓看到雨还在一直下，以为演出肯定不能进行了。当他在11点忐忑地点开他们的网站时，却看到了清晰的蓝底黄字——"春风化雨，风雨无阻。今晚的吴山广场环保义演照常进行！"阮老师毫不动摇地坚持自己的决定。他们立即冒雨直奔广场，忙活开来。幸运的是，在演出前，天气突然放晴，整个晚上都没下过一滴雨，演出也非常成功。忻皓从中懂得了，只要你肯做，一定能够做好。

现在，已经毕业12年的忻皓依然与阮老师保持着密切的联系。

"我一直告诉自己，我是浙大毕业的，浙大人应该有一股傲气。"而这股傲气，是一种拥有独立人格的骨气，是一种不趋炎附势的清高，更是一种勇于追求理想的骄傲。在"绿色浙江"，忻皓一直坚持公立平等。他从不给任何"关系户"签实习证明，任何人都必须认真做过实事才能得到他的认可；他坚持"绿色浙江"是一家独立的社会组织，代表老百姓的利益，在这一点上，忻皓没有过动摇。

"人的一生其实没有多少选择的机会，而能决定人生的机会更是少之又少。我很幸运，浙大，改变了我的人生轨迹。"

【个人感悟】

选择做自己喜欢的事，否则生活是一场煎熬。如果能随时在生活中找到快乐，就不觉得世事艰难，生存不易了。如果没有找到一项热爱的事业呢？不妨找一个自己佩服的人，去追随、去超越。

作为一个浙大人，要传承母校的精神，最主要的就是做好自己。如果我们每个人都能努力做好自己，追求卓越，便是对母校最大的回报。

（原载于2015年5月22日《浙江大学报》第3版，作者：余瑛 卫璇）

阅读提示：求是园中有很多科研创新的人才，如获得中国青少年科技创新奖的陈圆和钱锦远。他们一个是数学建模"达人"，一个是节能减排"怪才"。相似的是，他们都拥有尽力而为的态度和饱满的激情，他们是中国新青年当之无愧的榜样。

在投入中体验成功
——访第三届全国青少年科技创新奖获得者陈圆

对记者来说，竺可桢学院混合班2003级本科生陈圆是张熟悉的面孔。2006年她曾获得美国数学建模竞赛国际一等奖。如今，第三届全国青少年科技创新奖的评选又有好消息传来。

"一件事，喜欢它才去做"

陈圆对数学一直颇有兴趣。她回忆，在大一上数学分析的时候，通过不断的学习，她越发感到这门课并不像许多同学想象中那样枯燥。"老师在课堂讲过的东西，如果你课后不加思考、不加练习，很快你就会将它忘记，这样当然会觉得这些知识枯燥无味。只有不断练习、不断思考，你才有可能真正掌握这些知识。"

正是通过用心看书，课后思考，陈圆一步步地提高自己对数学的兴趣。在兴趣的基础上，她参加了校级的数学建模竞赛，并一举取得了一等奖的好成绩。随后，陈圆代表学校参加了全国数学建模竞赛，同样摘得桂冠。她和她所在的小组以全国竞赛一等奖的成绩出征美国数学建模竞赛，通过大家的共同努力，取得国际一等奖的殊荣。

在陈圆眼里，数学建模竞赛并不像电子设计大赛等那样需要很多的专业知识，相反，数学建模没有很高的门槛，多学科的交叉也许对模型的构建有更多的好处。如今，随着数学建模课程的开展，将会有越来越多的同学加入数学建模的这个活动中来。她建议大家，不要为了成绩而去比赛，最好是喜欢它才去做。这样，才能在过程中体验快乐。

"既然参与，当然要尽力做好"

陈圆是一个对自己要求很高的人。在生活中，她总是将事情提前安排好，一切都是井井有条的。同样的，她也将生活中的"秩序"带到学习中来。在准备校级的数学建模竞赛的一周中，她和组员抓住有限的时间进行讨论，并没有耽误正常的学习生活；在比赛后期时间紧迫的情况下，他们明确了分工，发挥了个人长处，通过最终的确定协调完成了整个设计。

当时虽然取得了校赛的一等奖，但陈圆对自己的设计还是没什么把握，压力之下曾经想过退出比赛。通过队友的大力说服和自己的仔细思考，最终她摆正了自己的位子，将比赛看成兴趣的一种延伸。其后的美国赛，由于要用英文来进行论文的撰写，对自己的英文水平不是很满意的陈圆在赛前花了大量的时间，阅读了以往国际比赛的精彩论文，并通过不断的练习来学英文论文的写作。

"无论做什么事情都要投入感情"

对自己取得的成绩，陈圆整体上是满意的，不过她已经把目光投注在更远的将来。

在整个采访过程中，陈圆同学提到最多的一个词就是——投入。

在参加比赛的时候要投入兴趣，在论文修改的时候要投入精力，在投入中收获，在投入中进步……

她把自己获得这些荣誉的主要原因归于自己做事情比较投入。"做任何事情都让自己投入其中，这是每一次成功的必要因素。投入，就是要投入感情，投入自己的兴趣，投入自己的所有精力。这样，才会在快乐与充实中不断前行。"正是这种凡事要求尽力做好的精神推动着陈圆以及她所在的建模小组不断攀登高峰，获取累累硕果。

（原载于2006年9月22日《浙江大学报》第3版，作者：王莹）

科研达人初长成

　　他是节能减排的"怪才"、拿奖学金的"高手"，更是个科研"达人"，他就是钱锦远，浙大化工机械研究所的一名直博生。这个活力十足的年轻人，刚刚从北京人民大会堂捧回了"第七届中国青少年科技创新奖"。

　　2007年8月，毕业于浙江省宁波市慈溪中学的钱锦远收到了浙江大学的录取通知书，成为浙大竺可桢学院过程装备与控制工程200701班的一名新生。

　　初来乍到的钱锦远，最先被吸引的是浙大琳琅满目的社团。在同学的鼓动下，他加入了一个名叫"绿色地棋"的社团。"我的节能减排意识就是在这个社团里开始发芽的，"钱锦远说。"因为这个社团让我开始关注全球的环境问题和能源问题，并且一发不可收拾，我几乎每天都在想，我能否改变现状？"

　　大一快结束的一天，钱锦远撞进了研究所副所长金志江老师的办公室。他问金老师："我能做些什么？""当时金老师对我说，如果你真的有兴趣往这个方向发展的话，那暑假就来实验室。我们最近正在做节能阀门方面的相关研究。"钱锦远说，"节能阀门"这一个词，自此深深印入他的脑海，至今已将近两年时间。

　　2009至2010年期间，作为浙大大学生科研训练计划项目的负责人，钱锦远在金老师指导下，创新设计了2款新型节能型截止阀，显著降低了原有大阀门的驱动能耗，具有四两拨千斤的效果。该项目也从全国近1600项作品中脱颖而出，一举夺得全国节能

钱锦远

减排竞赛二等奖，并获得了2项发明专利。

在钱锦远读大三时，他在无意间和能源系的一名同学聊到空调外风机的散热问题。为了弄清楚散热结构到底是怎么回事，他和同学兴冲冲地跑到一家旧货交易市场，买回来一台旧空调，连饭都顾不上吃就兴奋地拆开了空调。"当时才发现偌大一个空调外机，原来就这么些东西。空调外机做这么大是为了让更多的自然风进入，然后带走热量。"钱锦远说。

能不能换成用液体冷却，既节约能源又可以淘汰掉空调外机箱？钱锦远将这个想法付诸行动后，才发现难度不是一般的大，"因为它不但要用到机械工程学科方面的知识，还涉及能源工程等学科，幸好，浙大提倡的是交叉学科学习。所以，我又去找了能源系热工教研室主任胡亚才教授，向他学习传热原理，我们前后累计投入了将近该学期近一半的时间在计算、论证和实物搭建"。

终于，在那个特别炎热的夏天，钱锦远自己搭的空调吹出了凉爽的风。通过实验测定，该空调将原有空调的能效比从2.49提高到3.45，能耗降低了19.2%。

借着学科竞赛，钱锦远的科研之路，也越走越顺畅。2007年到2011年间，他承担了6项学生科研项目，发表4篇学术论文，获得3项发明专利，并且获得了包括第七届"挑战杯"中国大学生创业计划大赛在内的14项学科竞赛的奖项……几年的学习中，他还拿下了学校所有类别的奖学金。"未来，我想通过高科技来创业。"钱锦远说，他要用科技走出一条节能减排的路。

（原载于2011年9月7日《浙江日报》第14版，通讯员：潘怡蒙）

阅读提示：除了国家级荣誉获得者，受到省级表彰的学子们也同样是浙大的骄傲。浙江省青少年英才奖获得者陈炯便是其中一位。偶然与植物病毒"结缘"，从此废寝忘食，致力于研究。这名献身科学的年轻人，真正诠释了热爱科学的意义。

医科学生迷上植物病毒
——记省青少年英才奖一等奖获得者陈炯

"他发现和命名大蒜E病毒等4种线状植物病毒；他参与完成欧共体、'863'计划等各类项目9个；他在省级以上学报发表论文36篇，其中SCI论文11篇；他作为第二完成人获得省科技进步一等奖、国家科技进步二等奖各一项。"

看到上面这段文字时，很多人都会以为这是一位从事植物病毒研究的"老"科研人员所取得的成就。但看完这份材料，才发现这些成就的主人是一位26岁的浙大在读博士生，并且他的本科专业是生物医学工程。医科学生为何搞起了植物病毒研究？怀着好奇，笔者采访了这位省青少年英才奖一等奖获得者陈炯。

陈炯说，他与植物病毒结缘纯属偶然。1996年，就读于浙江大学生物科学与技术学院的陈炯为到哪里进行本科实习犯愁。一天，他在翻看省农科院85周年纪念册时，无意中看到一张植物病毒专家陈剑平博士做实验的照片。陈炯看得心驰神往。在他心目中，科学家就是这个样子。于是他萌发了到省真菌传植物病毒重点实验室实习的念头。

陈炯的想法在常人看来很不现实。但陈剑平知道此事后，让陈炯先做个简单的分子实验试试看。虽然此事已过去5年多，但陈剑平提起此事仍高兴地说："这个实验本科生一般不会做，可陈炯一次就完成了整个实验。"就是这次分子实验让陈炯与植物病毒结下了不解之缘，并继而成为陈剑平的硕士生、博士生。

5年来，陈炯基本上没有节假日。2001年年初，在甘蔗病毒基因组测序快结束时，陈炯发现有两种非常相似的病毒复合侵染在同一植株里，虽然这个实验已

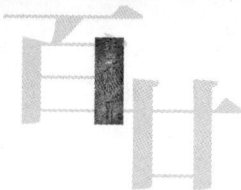

经花去3个月的时间，但他还是决定把所有样品和相关内容全部复验一遍。整个春节，他都在实验室里度过。在随后的半年时间里，他几乎每天都工作到凌晨两三点钟。功夫不负有心人，他终于在国际上首次测定出甘蔗线状植物病毒基因组全序列和分子变异。

陈炯的导师之一、省农科院副院长陈剑平博士对自己的学生赞赏有加："他是一位献身科学的年轻人，很棒！"

（原载于2002年1月4日《浙江日报》第8版，记者：张冬素　通讯员：李幼飞）

阅读提示：投身科研，最终是为了能服务人民、造福社会。浙江省"十佳大学生"吴迪站在国家能源安全的战略高度，将自己的科研目标定为中国生物质产油原料的高效、低成本、大量、稳定供应。面对荣誉，他不骄不躁，面对生活，他积极乐观。无论做人做事，吴迪都是青年人的榜样。

"服务人民，造福社会"
——访浙江省"十佳大学生"、共产党员吴迪

　　历时近半年的第二届浙江省"十佳大学生"评选终于在近日揭晓榜单。经初评、在校大学生投票、网络及社会各界投票、专家投票等程序，我校生物系统工程和食品科学学院博士生、共产党员吴迪从72所高校上报的104位候选人中脱颖而出，最终以唯一的博士生身份入围十佳榜单。

只要努力，一切皆有可能

　　"我于2002年考入浙江大学，就读的是生物系统工程专业。"出生在杭州的吴迪当年毅然填报了一直憧憬的浙江大学。进了浙大以后，吴迪才发现和身边的同学相比，自己的高考分数在系里比较靠后。但是这一初期排名并没有影响到吴迪："等大一学期结束后，我已获得全系第三名的成绩。"从靠后名次到入围前三甲，这是他不断地努力学习换来的结果。在接下来的本科就读期间，吴迪的成绩一直稳居全系第一，获得了宝钢奖学金、圣雄奖学金、一等奖学金、三好学生等荣誉。

　　面对种种荣誉，吴迪并不沾沾自喜，相反，他认为这些荣誉就像一步步台阶，

而自己则需要攀着这些台阶，不断努力向上。"当我获得了一个很好的成绩时候，我把它当成是对过去的肯定，更把它当成是未来的一种动力。"

2008年，一个重量级的奖项降临到了吴迪身上，这个奖就是让所有浙大人为之仰慕和向往的竺可桢奖学金，这也是浙江大学学生最高荣誉奖。"拿到这个奖的时候，我才刚开始自己直博的第三年，相当于研究生三年级。"出色的他从此被载入了竺可桢奖学金的史册。

求是人肩上的责任

"吴迪，恭喜你获得省十佳大学生，感谢你为学校争了光。"打电话过来的是时任校党委研工部副部长王苑。一时间，吴迪这个名字在求是园内广为传播。

其实，在2010年吴迪就已获得了浙江大学"十佳大学生"荣誉称号，然后在今年代表浙江大学参加了第二届浙江省"十佳大学生"的评选。"在参选前准备材料时，我想只要把自己最优秀的一面展现出来，无论成败，能够参选就已经是对自己的最大肯定。"

颁奖典礼当晚，吴迪第一个上台领奖，而给他颁奖的是省人大常委会副主任吴国华。吴主任曾在浙大任教，作为校友的他第一时间向吴迪获奖表示祝贺："我也是来自浙大的，恭喜你。"面对校友的祝贺，吴迪感到作为一代浙大求是人肩上的责任重大，"不管今后在何处发展，我会始终记得自己是浙大人，承载着浙大的荣誉，也承载着为浙大争取荣誉的责任。"

"我目前主要从事数字农业领域的研究工作，数字农业也就是将工程、信息、计算机和控制等领域的知识应用到农业、生物、环境和食品等领域中，从而提高生产效率、保护环境、降低生产成本以及增加经济收入。"在颁奖典礼当晚，每个入围大学生有一段视频，而在这短短一分钟时间内，吴迪却用三分之一的时间来介绍自己的专业。

吴迪说这样的介绍很有意义，他想借这个平台向社会传递数字农业的概念，让全社会关注数字农业，让更多的有志青年投入到建设我国农业现代化的伟大事业中。

快乐科研，热诚生活

科学研究的突破往往需要独到见解的睿智和原创性的思维，它让实践于其中的吴迪成长了许多，也收获了很多。迄今为止，他已发表SCI期刊论文28篇，其中以第一作者发表SCI期刊论文18篇。同时他还获得授权专利5项，其中发明专利2项。基于所取得的学术成果，吴迪获得了2010年浙江大学争创优秀博士学位论文资助。

在攻读博士期间，吴迪明确了研究主攻方向，即站在国家能源安全的战略高度，立足于我国"不与粮争地、不与人争粮"的国情，研究探索富油能源藻类养殖过程生长信息快速检测机理与方法，致力于我国生物质产油原料的高效、低成本、大量、稳定供应，为使我国在生物质能源的开发与利用领域走在国际前沿做出自己应有的贡献。

"到了博士这个阶段，我认为更多的应该是有自主创新的精神。"在导师的指导和关心下，吴迪凭借自己不懈的努力与不断的探索，成了这个领域在国内乃至国际都非常出色的博士生。科研上，吴迪一直奉行"快乐科研"的原则，他认为做学问应该是巧做学问，要以兴趣为前提，以努力为根本，这样才能在自己的领域里有所收获，在科研的海洋中畅快遨游。

实验室不是吴迪的全部，性格开朗的他一旦走出实验室，便与普通男孩一样，热衷于参加各种社会活动。他曾担任学院第五党支部书记、学院学生会副主席、班级团支书等职，积极参加校、院的各项集体活动。

吴迪在朋友圈中"人气"极高。生活上他待人极为热诚和谦虚，尽己所能帮助他人。踏实肯干、细致耐心、乐于助人、强烈的集体荣誉感和工作责任心，这就是大家眼中的吴迪。

博士毕业后，吴迪即将踏上远赴国外继续深造的征程，从事博士后研究工作。"未来学成以后，我希望能回来为国效力，用自己的知识服务人民、造福社会。"

（原载于2011年7月1日《浙江大学报》第3版，作者：朱海洋）

阅读提示：浙大学子不仅有卓越的学术成果，更有高尚的品德和志向。带着播撒知识、回馈社会的愿望，支教志愿者们在祖国的西部奉献着自己的青春。教书育人，结对扶贫，他们在孩子心中种下希望的种子，也在社会各地掀起献爱心的风尚。

东风吹开索玛花
——记西部支教志愿者纪玉滨

记得在美丽的西子湖边，我曾问那个从四川大凉山地区走出来的女孩古瓦阿甲："西湖美吗？""美！""昭觉美吗？""美！"听了她的回答，看着她笑脸如花可爱的样子，我想到了索玛花，这是大凉山地区一种特有的花，每年四五月份，索玛花会在整个大凉山漫山绽放，满坡的粉红、满城的花香。在大凉山深处每一个彝族孩子心中，都有一朵含苞欲放的索玛花，那是他们渴望知识、憧憬未来的美好希望。

大学生志愿者的事业，就是让这些含苞欲放的索玛花，得到千万人的支持，让他们尽情绽放……

这几天，浙江大学第八届研究生支教团成员纪玉滨，作为"在西部基层工作的优秀大学毕业生事迹报告团"一员，正在全国各地巡回演讲。5月15日，他回到杭州，也就有了和记者的相遇。

25岁的纪玉滨，一米八的个子，浓眉大眼，典型的山东汉子。如果不是事先对他的事有所耳闻，记者很难想象眼前这个还像个大孩子一样的男孩，会有那么一颗柔软的心。

2006年8月，刚从浙大电子信息工程专业毕业的他，为圆去西部看看的梦想，加入了浙大研究生支教团，前往四川大凉山地区进行为期一年的支教服务。

初一女孩不上学，因为她要嫁人了

2006年8月31日，纪玉滨和其他9人来到了昭觉。9月1日，纪玉滨被安排到昭觉民族中学教10个班的计算机。

初一（1）班是他教的其中一个班。开学第一天，他环视了教室，发现整个教室坐得满满的，一共56个人。

一个星期后，纪玉滨又来到初一（1）班，却发现教室里空出一个位置。纪玉滨问学生："这个学生怎么不来上学？""不知道，她昨天就没来了。"过了几天，纪玉滨发现这个同学还是不在，这时有个学生告诉他，她回家嫁人去了。

这让纪玉滨目瞪口呆。那天，纪玉滨回到办公室向当地的老师了解情况。老师告诉他，当地流行娃娃亲，孩子很小就会定亲，定亲后还能上学，但一旦结婚，女孩便不能再上学。

很多还在上初一的女孩，就失去了改变她们一生的学习机会。

女童希望班断了资助，我们来帮着圆梦

这件事一直震荡着纪玉滨的心。他暗下决心：要做一些力所能及的事情，让大凉山的女孩继续上学。

一次走访中，他发现瓦洛基点学校有一个班级全是女孩。校长告诉他，这是女童希望班，班里所有学生的教杂费全免，由一些企业资助。学校和家长有协议，不能退学，否则要罚款，为的就是让女孩子能顺利上学。可现在，她们的资助断了，这学期的费用还是校长自己出的。

不知哪里来的勇气，纪玉滨当场就向校长承诺：这些女孩的资助由我们接上。

10月底的一次例会，同在昭觉的其他志愿者也谈到班级少人的事。"要不我们来个圆梦行动？"纪玉滨提议。"对，我们让百人圆梦吧。"大家纷纷点头。女童班的赞助也正好可以融入其中。

例会后，支教团成员分头行动，由各班主任推荐品学兼优的学生，由志愿者进行审核。那段时间，只要一有空，纪玉滨就拿出资料，找这些学生聊天了解情况，并给每人拍一张照片。

经过整整一个月，163名学生的资料整理出来了。"原本我们想通过各自的亲戚朋友搞定的，可找尽所有人，只认领了70个。那时心里很焦虑，消息早出去了，钱哪里来呢？"

寒假回到杭州，他们继续想着这件事。"要不找媒体，让杭州和大凉山来个对接？"有人提议。他们连夜将事情告知媒体。第二天，报纸刊登了消息。"报纸的热线电话被打爆了，我超级激动，真是说不出的兴奋。"纪玉滨说。接下来，他们给600多位热心市民一一回电，确定资助事宜，并签订协议，进行一到四年的资助；有些没有认领到需要资助的孩子，也向他们表示感谢。

今年3月1日，支教团带着市民捐助来的33000多元回到学校。"见到孩子那一刻，我心里觉得特别轻松。"在校长和班主任老师的监督下，志愿者亲手将钱和协议书交给学生。

除了每年100元的资助外，最让纪玉滨自豪的是，他们将为女童班每个孩子制作一套班服。"这班服是我们支教团的人自己设计的，嘿嘿，现正在紧张制作中，争取六一节让她们穿上。"他开心地说。

带学生游西湖，杭州的美丽印心中

每一个去支教的志愿者，都会跟孩子们说，杭州有西湖、有浙大，西湖很美，浙大很大……可是，没有一个孩子真正见过杭州，他们的大眼睛里写满憧憬。

今年3月初，纪玉滨与某公司会面，言语中，他委婉透露："我想让那里的孩子来杭州。"也许是投缘，该公司也正有此想法，一拍即合。他立即从百人圆梦中挑出了古瓦阿甲和瓦其日体两个孩子。

4月2日，是两名孩子从昭觉出发的日子。"孩子别提有多兴奋了，我的心也一直扑通扑通跳着，一是一直以来的愿望终于实现了，二是担心着孩子旅途能否顺利。"纪玉滨说，"在机场，孩子指着飞机告诉我，我以为人是坐在翅膀上的，原来是坐在中间的啊。"

在杭州莫干山路与文三路口，两名孩子仰头数起了高楼；西湖边，两人睁大眼睛，合不拢嘴，足足在原地停留了30秒钟；到了浙江大学，两人又如来到另一个世界，怎么转也转不完……

　　三天后，他们要离开杭州了，女孩古瓦阿甲眼泪吧嗒吧嗒地流下来："以后一定要考到杭州来……"

　　（原载于2007年5月18日《钱江晚报》A6版，通讯员：何丽娜 记者：陈伟利 ）

杭州青年西部支教致青春

【人物名片】

王承超，男，1986年出生，第九届中国青年志愿者优秀个人。

【人物故事】

贵州湄潭，对浙大来说并不陌生：抗战时期，浙大曾西迁到湄潭继续坚持办学7年之久；同时也很陌生：1000多公里外的遥远土地，全然不同的风土人情。

2010年，在杭州生活多年的王承超作为浙江大学第十一届研究生支教团负责人，带着团队踏上了湄潭这块土地。

初到湄潭，县里分管教育的领导提出让王承超留在政府挂职工作，但他婉拒了。他选择从县城乘大巴、然后挤农用车，再坐摩托车，最后徒步爬山来到深山中的学校，直面那一双双求知的眼睛。

看到众多品学兼优、家庭贫困的孩子，王承超和支教团团员们想方设法筹资助学。

第一次站上讲台，第一次被叫老师，第一次收到学生亲手做的礼物，这些都带给了王承超无数的感动。现在，他教过的学生中，有的已考入了大学。

看到湄潭县鱼泉镇新石村村民出行不便，王承超又萌生了修路的念头。一开始，当地人根本不敢相信，支教的大学生，还能修成路？四处奔波下，王承超筹集到5万多元资金，又争取到当地的财政支持。如今，当地群众把这条新路命名为"求是春晖路"。

王承超公益的脚步没有停止。他坚持每年至少去一次西部，云南、贵州、四川……不仅带去筹集的经费，还有志愿精神和青春梦想。

去年暑假，王承超又带着13个杭州孩子到湄潭支教。两周的支教时间，让这些生活优渥的孩子们看到了不同世界，有了不一样的感触。

回到湄潭，王承超也看到了欣喜的变化。"一度濒临撤并的洗马乡群丰小学，现在设施崭新，也有年轻老师愿意留下来。"今年6月，一所王承超参与援建的希望小学就要落成，他说，到时一定会回去看看。

【人物感言】

把自己想做的事情坚持做下去，就会有更多的沉淀，也会收获更多的成长。

（原载于2014年2月17日《浙江日报》第1版，记者：沈吟）

阅读提示：求是园是各类人才成长的港湾。这里有"石榴男孩"自立自强，有"献血状元"引领爱心接力，有"铿锵玫瑰"冲刺从军梦。学子们在这里把自己的特长发挥到无限大，也将青春的画卷描绘得无比精彩。

连续4个暑假卖石榴赚学费、助他人
"石榴男孩"

卢顺才又准备卖石榴了。从2007年起，他每个暑假都靠卖石榴赚学费，今年已是第4年。

卢顺才是浙江大学能源与环境系统工程专业2006级学生，今年6月读完本科后保送本校研究生。因为家境贫寒，懂事的卢顺才读大学后没有再向家里要过一分钱，靠暑期卖石榴和平时兼职打工完成学业，还陆续往家里寄钱，并且尽己所能帮助其他困难学生。

被浙大学生称为"石榴男孩"的卢顺才，老家在四川凉山彝族自治州会理县，父母都是农民，家中有4个孩子，一个哥哥、一个姐姐、一个弟弟。因为贫穷，哥哥姐姐早早便放下了书包，卢顺才是目前家里唯一的大学生。

大一到学校报到的那天，卢顺才口袋里只有70元钱，靠申请贷款和助学金才交齐学费。在浙大的第一个寒假，他没有回家过年，打了3份工，挣了2000多元，还往家里寄了1000元钱。

大一的那个暑假，卢顺才琢磨，除了打工，在暑期还有什么办法能多挣点钱，解决学费和生活费？他想起自家种的石榴。

会理是全国五大石榴产区之一，当地农户普遍以种植石榴为生。当年8月，卢顺才先后两次从家乡拉出7吨石榴，运到杭州秋涛路水果批发市场。听说一个浙大学生要来卖水果，市场负责人开始有点不相信，但在了解卢顺才的情况后，市场免去了他的摊位费。当年，他用卖石榴的收入补足学费，还替家里还了一部分债。

大二、大三的两个暑假，卢顺才继续在水果市场卖石榴。大四新学期刚开始，卢顺才做了一件让老师和同学刮目相看的事：他主动申请取消"经济困难生"资格，不再接受每年数千元的助学金。"我要把机会让给其他更困难的同学。"卢顺才给了那些规劝他的老师和同学一个坚决的回答。

更让人意外的是，除了主动申请"脱贫"，卢顺才还捐出了5000元，委托浙大学工部资助另外两位和他一样家庭贫困但学习勤奋的校友。

今年，本科毕业的卢顺才被保送读研。这不，暑期到了，他又要为下学期的学费而忙碌了。"今年，我继续吆喝。"卢顺才告诉记者，除了为自己赚学费和生活费，他还想为乡亲们多出点力，"争取把会理石榴打入杭州超市，乡亲们种石榴不易，如果能帮他们找到更好的销路，多赚点钱，我累一点也值得。"

刚放暑假，他就联系了物美、家乐福、世纪联华等超市的采购部门，尝试与他们合作。卢顺才说，会理石榴大概8月上旬上市，他得在这之前多跑跑。"如果可行的话，我还准备注册一个品牌，就叫'顺才石榴'。"卢顺才干劲十足。

除为自己挣学费、帮乡亲们卖石榴，卢顺才还有一个愿望，希望给身边的困难同学更多帮助。"我接受过别人的帮助，知道那是一种温暖的力量，希望把这种温暖传递给别人。"卢顺才憨笑道，"我想做一个有价值的人，自立自强，同时尽己所能帮助那些需要帮助的人。"

农历大暑那天，记者和卢顺才一起冒着高温酷暑跑了杭州几家超市，结果却碰了几个不大不小的"钉子"。卢顺才笑笑说："没关系，我碰到过比这大得多的困难，我相信有志者事竟成。"

话虽如此，但卢顺才内心深处，依然期盼有热心人或商家助他一臂之力，帮助会理石榴走进超市，"帮老乡们卖个好价钱"。

（原载于2010年8月3日《浙江日报》第11版，记者：应建勇　实习生：吴姗）

流淌在血液里的感动
——记浙江省高校无偿献血状元鲍坚东

每个男孩都曾流过血——淘气时摔跤磕破了膝盖，爬树时蹭破了手臂，甚至是玩弄小刀时割破了手指。在浙大，有一位大男孩，他也和众多男孩一样在孩提时流过鲜血。如今，他却分外珍惜自己的血液，因为他知道他的鲜血很可能将挽救生命。他就是鲍坚东，浙江大学2005级生命科学学院博士。在浙大就读的九年来，曾多次无偿献血，至2010年，累计献血34200毫升，成为全省高校献血状元。

献血九载，让爱在血液中流淌

2001年9月，刚刚进入求是园的鲍坚东，在华家池校区第一次接触到了无偿献血。回想起这个"第一次"，鲍坚东坦言，当初看到针头时心里还是有些紧张，可是当他的鲜血成功地流入血袋，为无偿献血出了一份力之后，他突然萌生了成就感。"想到自己的血液能够帮助病患，就会有一种自豪感油然而生。"从此，无偿献血成了他生活中重要的一部分。

2006年，在坚持献血五年后，一次偶然的机会，他在献血中心得知了可以献成分血。这种通过分离机分离出所需要的某一种血液成分（如血小板）同时将其他血液成分输还给献血者的献血形式，周期短至28天，恢复更快，对身体的影响也更小。从那时起，鲍坚东开始献成分血，从最开始血液中心打电话联系他，到后来自己主动前往，他一直坚持着无偿献血。在和血液中心工作人员的交流过程中，他也慢慢了解到浙江省的血液供应时常很紧张，常有病人临时手术急需用血，发布紧急求助，这使他进一步认识到了无偿献血的重要性和迫切性。

做好事，献爱心并不难，难的是坚持。"献血是让身体和精神都受益很大的活动，能获得很大的荣誉感和满足感。"鲍坚东说，"几年来，参加献血已经成为我的习惯，目前我已经是血液中心的固定献血者。我把自己看成一个流动的血库，所以平时非常注意锻炼身体，保持良好的饮食生活习惯。这是一份责任。"

爱心接力让爱在传递中扩大

在访谈中，鲍坚东还向记者提起，正是因为他的父亲参加过无偿献血，所以当父亲曾经因手术需要用血时，医院优先供应。当听说献血大于1000毫升就可以终身免费用血，5年内家属可以双倍报销血费的消息后，他更加坚定了坚持献血的想法。从那时起，他开始向周围的同学和亲友推广无偿献血。

几年来，在他的影响与带动下，室友、同窗以及许多原本对无偿献血抱有成见的同学，都有了至少一次无偿献血的经历。这种奉献精神，已经通过他完成了一次爱心的接力，传播到了更多人的心中。他也用自己的努力，为他人树立了一个奉献的榜样。"个人的能量有限，但如同无数条涓涓细流就能够汇成大江大河那样，集体的温度能够温暖所有有需要的人。"在鲍坚东的感召下，走向无偿献血的人会越来越多，在焦急中等待的无助病患会越来越少。

正如国内许多调查机构的结果显示，近几年国内许多地方出现不同程度的"血荒"，而在应对"血荒"的过程中，大学生一直充当着献血的主力军。他们年轻、有爱心，不受旧观念影响。例如武汉市2010年上半年共有6.65万人次参加无偿献血，其中超过50%为武汉高校学生，献血量达到20.8吨。正是一批批像鲍坚东这样的大学生，用他们强烈的责任心和真诚的爱心，默默地为国家的献血事业做出贡献。

无私奉献让爱在坚持中延续

鲍坚东还告诉我们，他至今依旧坚持献血。只要身体健康合格，有机会的话他就会继续坚持下去。他也坦言，献血健康有益论和有害论都在社会上热议纷纷，他想通过自己的行动去寻找结果，而不在乎别人的看法。鲍坚东表示，大量失血肯定不利于健康。由于人体自身血液的新陈代谢很快，因此一个健康的人在献血后可以很快补充回来。因此不必要在献血后大量补充营养，但是需要补充水分。鲍坚东表示，献血后，心理上的虚弱感大于身体实际的感觉，关键是对献血行为要有正确的认知。

尽管贡献良多，生性低调的鲍坚东并不愿意居功，在荣誉面前，他不愿意戴上太多的光环。谈及自己，他只是谦虚地表示，自己仅仅是广大无偿献血队伍中最平凡的一员，在真正无私奉献的队伍里，还有许多做好事不留名的前辈更值得我们学习。淡泊的态度，谦虚的作风，善良的人品，让我们看到了一个可爱的博士生形象。

采访最后，鲍坚东呼吁广大求是学子、浙江省内高校大学生，乃至全国高校的同学们都能一起参与到光荣的无偿献血中来，为美好明天贡献自己的一分爱心。

也许，一个人的力量是微薄的，但一个人却可以通过自己的行动鼓励无数人。鲍坚东以自己九年的坚持，为那些有需要的病患，为那些等待输血的生命默默贡献自己的一分力量。他的事迹告诉我们的既是信念与奉献，也是责任与态度。也许鲍坚东的高度我们难以企及，但面对当前我国用血紧张的现实，我们可以从现在开始，投入到无偿献血的队伍中去，出一份力，献一份爱心。

（原载于2010年12月17日《浙江大学报》第7版，作者：陈嘉龙 郑亦真）

选择和被选择

A先生：邱懿武（2014届工业设计学硕士毕业生）

B小姐：俞立颖（2012届社会学本科毕业生）

A先生：如果现在，我还是高中时代的我，眼前这个姑娘，一定是我很鄙视的类型——年级第一名，总是在代表大会上发言，老师最喜欢表扬的学生，当然还是个班长。我一定会不屑地走过她身边，哼一声："只会读书的傻子。"

B小姐：如果现在，我还是高中时代的我，眼前这个男生，一定是我很鄙视的类型——贪玩，早恋，不学无术，调皮捣蛋，说实话我真的不能理解怎么有人能总分比我少两百多呢。我每次走过他身边的时候，一定在心里面叱责："对人生不负责的失败者。"

A先生：高三的时候，我决定学美术考艺术类招生。为了学得更快，老师建议我看点理论，偶尔有空的周末我就泡在了新华书店的艺术专柜。我成了画室老师眼中进步最快的学生。就这样，我超级幸运地考上了浙大。那年，我成了整个城镇考上最好大学的人，在我们镇的历史上，能考上浙大及更好大学的人，屈指可数。

B小姐：尽管我不太想承认，但我对自己的期待一直是考北京大学。高三那年经历了很多波折，高考前一个月还遭遇了5·12地震，我成了灾区考生。就这样，我"考砸"到了浙大。我读的是四川最好的高中，高考620分，那是一个对我来说多么不堪回首的分数。

A先生：我的大学是从人文学院开始的。室友是满腹经纶的人文（法律、历史、古典文献）才子，跟他们聊起来时，才发现自己的知识和眼界是多么欠缺。被应试教育磨损的对社会科学的兴趣，却在室友们滔滔不绝地谈论历史与政治时重新被点燃。原来人文科学是如此的有趣而深奥。学设计的我，在那个时候开始看一些设计类的书。一天，室友随手翻了翻我桌上的《设计中的设计》，他用半天时间，看完了我花三天才能看完的书，问我："这本书看了我很感动，原来设计是如此人文。你觉得，第一个设计指的是什么？第二个设计，指的又是什么？"我哑口无言，瞬间觉得有些挫败感。那时候，我决心要好好看书，好好补充自己的知识。

B小姐：我实在不觉得我的大学有一个人文的开端。我完全无法想象，绝大多数班上的同学没有读书、看杂志的习惯，无法想象晚上不是打游戏，就是抱着高数或者微积分看的生活。我完全无法接受敷衍了事、毫无深度的导论课。我的大一，绝大多数时候是蹲在图书馆里的孤独，看柏拉图和尼采，看富勒和边沁，看曼昆和斯蒂格利茨，看汤因比和柯林伍德，最后遇到了冲入我灵魂的人物——米德。于是，我义无反顾地投入了冷门的社会学的怀抱。

A先生：有一本书，对我的影响和冲击很大，也变成了我最喜欢送给别人的书：《让天赋自由》。在工业设计，我真正**找**到了天赋自由飞翔的感觉。与高中时候啃课本做题的感觉完全不同，我感到所学的知识是如此有趣，而自己通过钻研竟然能做得比别人都更好。在高分的世界里，原来设计对他们而言是一个渴望的梦想。那时候，我忽然觉得生命被激活了，我知道，我想努力学得更多，钻研得更深，做得更多。我开始变得如此热情，对我的专业，对我的班级。那时候，冬天，还有万恶的晨跑刷卡，我总是最晚一个睡觉，最早一个到教室开门开暖气，经常是我一个人坐在教室的第一排，跟老师聊会天，等待着同学们陆陆续续地到来。我不断地摸索、总结，着力发展出我自己的一套设计思维。大二的时候，拿了第一个红点（奖）。那时，我开始学雅思，想去国外看看，他们在思考的问题，在做的设计应该是什么样？

B小姐：大一的暑假，我在UCLA疯狂地读书，疯狂地看社会学的论文，疯狂地锻炼自己英语的听说读写。在社会学的学术里，我找到了灵魂深度的共鸣。那般清醒的自我观照，那般坦诚直面人性的勇气，让我深深陷入了社会学，不可自拔。因为喜欢，所以不满足于做简单的文献梳理，不满足于拼贴已有的研究成果，我总是在想，怎么样能够把一个问题理解得更透彻，从什么样的角度来做研究，更有实际的意义和价值。后来，我更痴迷于发现这一领域里具有突破性和前瞻性的研究问题。我不再去上课，不再买教材，很长一段时间里我的学习材料是Springer和JSTOR上的论文们。那时，我觉得也许我会去跟着Manuel Castel，做他的博士。

A先生：失败让我积累了许多竞赛的经验，我开始疯狂地拿奖。那个时候我们开了设计创新班，在这里接触到了来自不同学科却都对设计有兴趣有想法的同学。我开始以更开阔的思路认识创新，认识设计。设计不在于风格，在于创造的价值，不然永远不要寄希望被人持续重视。多年来，我们的确设计了许许多多的有创造性的新产品，但还都停留在实验室demo（小样）阶段，没有真正实现商业化，变成产品进入千家万户，那么这样的创新也是不具备突破性的意义的。我开始把目光投向如何将设计产品实现产业化。我深入到各种工厂和企业打交道，又接触了许多对产品感兴趣的风投资本家。我开始看更多的商业类的书籍，读《世界是平的》，读凯文·凯利（Kevin Kelly），读商业模式，读李宗南，对创业产生了更浓厚的兴趣。我从2008年开始关注乔布斯，那时候书城里面就只有两本他的传记，读他的故事，我尤其赞同乔布斯关于创新的理解："创造力就是整合事物的能力。"在大公司的实习，也让我渐渐明白，许多人所羡慕的，五百强企业里设计师的职业，并不是我想要的。

B小姐：渐渐地，停留在纸面上的理论研究，尽管能带来智力上的快感，却让我不断地反思：它们究竟能为社会产生什么样的价值？我能为社会产生什么样的价值？读论文的同时，我和几个朋友一起开始做了一个电子商务的公司。在这过程中，我被商业的高效、动态与无限可能性吸引，更迷恋那种投入于为社会创造些什么的过程。后来，我加入了创新与创业管理强化班（ITP），在创业这条不归路上，越走越远。我找到了那个点，把创业管理与我的社会学背景结合起来——社会学给了我更深刻的洞察力，关于人性、用户习惯和市场，而创业管理带给我将理论转化为实践的能量。我享受着这种融会贯通的状态，更在某天阅读《哈佛商业评论》时，被迈克尔波特关于"创造共向价值"的大创想激动得想对着全宇宙大喊："是的！我找到了！我的命业。"创造社会价值和经济价值的双赢，打破传统非营利组织和盈利企业之间的界限，比社会企业的模式更整合的商业视角。

旁白：

在此之前，A先生和B小姐的人生轨迹毫不相同，似乎是不可能交叉的。A先生在他人生的某一个点，做了一个勇敢的决定，如同顺着一根笔直的藤条向上攀，像是跨上了一个很陡的坡。一个上大学以前成绩从来没有好过的学生，居然在上了大学以后门门专业课成绩都达到90分以上，最后还拿了第一名，有些"奇蕴"，有些不可思议。却真正是，让自己的天赋自由之后的美妙境遇。B小姐一直在攀登，就像是一个台阶一个台阶爬山的人，到大学之后，也未曾驻足。只是不再满足于社会选择的最"正确"的那条路，她决定走一条泥泞无人的小径，决定去听从自己内心的声音，不再理会社会强加的那个叫作"优秀"的标签。

A先生和B小姐，因为对创业的热爱而相遇。

A先生跟B小姐讲他的设计哲学，讲创游美人，讲设计里的真善美。A先生眼里的设计，不是PS或者Illustrator的运用技术，而是更多地去了解人性，了解用户真正的需求，了解社会发展的趋势，再去整合商业的供应、销售渠道，有效的模式。他喜欢讲一个LED灯的故事，同样的功能和技术在飞利浦的用户需求、情感化设计、商业渠道和品牌的作用下价值翻了N倍，他喜欢讲乔布斯的整合创新，他喜欢讲亚马逊如何做过程创新，宝洁如何做用户情感体验的创新，以及无印良品和宜家在做的功能创新。

B小姐跟A先生说，社会学的方法里，用移情的方式去真正了解深刻的用户需求；讲她看过的IDEO公司的方式，怎样去真正识别最重要的问题，并且确保设计在解决最重要的问题；讲Kopernik等新兴的商业模式怎样可能帮助推广实验室里创新的产品，讲"哈佛商业评论"，讲企业家精神，讲MBTI的人格类型和她自己创造的识别人和定位人的方法。

旁白：

后面的故事，不用多说。

A先生是ENFJ型人格，是感觉型的画面记忆者。他脑海里的知识是画面感式存在的，他善于提取出的是感觉，并且用图形和色彩表达出感觉。配合他的演讲，他的PPT就特别漂亮。B小姐是ENTJ型人格，是思考和表达型的文字工作者，脑海里的知识是高度整合的知识树，以语言和文字来表达。

A先生和B小姐打破了一句谣言："单词量不一样，怎么在一起。"B小姐嘲笑A先生居然学过雅思，B小姐说："我从来没想过我会找个英语这么差的男朋友。"A先生说："我从没想过我会找个英语这么好的女朋友。"假设浙大人的英语水平是符合正态分布曲线的，那么A先生和B小姐一定是两个对称的点。

A先生和B小姐一起看东西是件很麻烦的事情，A先生读图快，读文字慢，B小姐读文字极快，读图慢。于是看新闻的时候，A先生看图，B小姐看字。更多

时候他们还是各看各的，A先生最近
看完了《改变中国的密码》，B小姐看
完了《四步创业法》。A先生更好地理
解了创投在商业社会的重要作用，B
小姐更深刻地认识了客户主导的创业
思维。

邱懿武

　　A先生的生活习惯很差，昼夜颠
倒，三餐不规律，不运动，经常脖子
疼肩膀疼。B小姐大学期间从不熬夜，
11点睡，6点起并晨练瑜伽。

　　写到这里，B小姐问A先生："怎么结尾呢？"A先生说："从上述故事，我们
可以看……"A先生想，B小姐是不会容忍这样没有文学水平的结尾的，因为B小
姐现在是一个语文老师。至于A先生么，他曾经做过老师，不过现在，已经金盆
洗手不做老师了。

　　不过说到底，A先生和B小姐还是一致同意，这是一个关于教育的故事。

　　因为他们相信，教育是一个选择和被选择的过程。我们选择去真正地为世界
做点什么，解决一点问题，还是选择遵从规则，一生安稳确定。前者，意味着冒
险；后者，意味着走大路，但你永远做不了修路的那个人。

（原载于2014年12月19日《浙江大学报》第3版，作者：邱懿武）

铿锵玫瑰 绽放校园
——记浙江大学优秀国防生刘丽雅

几乎每天清晨，在浙江大学紫金港校区的操场上，都能看见一个晨跑的清秀身影。一头短发、身高1.72米的她，一举一动都显得格外利落，这是从部队里带回来的习惯。

她叫刘丽雅，浙江大学国防生、遥感与信息技术应用专业硕士研究生。

这个出生于1989年7月的川妹子，不爱红装爱武装。7年里5次冲刺，两圆从军梦。她是一名学生，更是一名军人。

五次冲刺，七年两圆从军梦

"军人"两字，对刘丽雅有着强大的吸引力。

家在四川省雅安市的刘丽雅，从小听着红色故事长大。她的爷爷曾跟着贺龙的部队南下解放到大西南，父亲也当了8年兵。从爷爷、父亲到堂兄，祖孙三代7个男儿5个兵。耳濡目染下，刘丽雅的心中早早埋下了军旅梦的种子。而发生在2008年5月12日的汶川大地震，让这颗种子生根发芽。

那天，就读于四川省绵阳中学"宏志班"的刘丽雅正在紧张备战高考。校舍在地震中开裂，是解放军的身影，让慌乱的学生们安定下来。刘丽雅看到，在灾难面前，人民子弟兵挺身而出。"真想穿上和他们一样的军装。"

当年的高考，刘丽雅考得不错。凭借她的分数，本可以从容选报多所985大学，但她义无反顾地填报了唯一一所招收女生的军事院校。可是，该院校的招生名额只有一人，刘丽雅很遗憾地与军校失之交臂。

向军旅发起的第一次冲刺并没有成功，但刘丽雅心中的军旅梦并未破碎。到四川农业大学就读3个月后，刘丽雅就光荣入伍。

如愿入伍的刘丽雅，成了第二炮兵某基地通信团的一名女话务兵。刘丽雅回忆说，2008年前，她对部队的热爱是一种单纯的狂热，但去了部队两年后，变成了一种理性的热爱。

女话务兵服役的最长时间只有5年，刘丽雅并不满足。"报考军校吧。"正当她十分沮丧时，班长的话让她重燃激情。可是女兵的录取名额只有一名，总分列第二名的她再次与军校失之交臂。成绩公布那天，极少流泪的刘丽雅痛哭了一场。

两年后退伍返校，刘丽雅用3年时间修完了4年的本科课程，原想就读军校研究生，无奈专业不对口。2013年9月，她以专业第一名的成绩保送浙江大学攻读硕士研究生。

"不能从军，就用自己的所学报效国家。"来到千里之外的浙江求学，刘丽雅的心慢慢平静了下来。但她一直未曾忘却自己的军旅梦。当她得知浙大可以在校选拔国防生时，刘丽雅的心中重新燃起了希望，每天都去学校大操场等候组织国防生训练的选培干部，一等就是一个多星期。去年5月，她的从军志向打动了南京军区在校国防生选拔联合考核组。

2014年9月22日，对于刘丽雅来说，是个难忘的日子。这天上午，她向驻校选培办递交了国防生培养协议书。7年里两度入伍，刘丽雅再次圆了从军梦。

百炼成钢，巾帼从不让须眉

"艰难多吓不倒，条件差难不倒，任务重压不倒。"这是写在刘丽雅笔记本上的一段话。

在训练场上，刘丽雅是一名永不服输的"女汉子"。从一名地方大学生到一名战士，再从一名普通高校研究生到国防生，刘丽雅的训练成绩始终出类拔萃。她说，武艺练不精，就不配做新一代革命军人。

去年8月，南昌陆军学院里，高校国防生正在进行暑期基地化集训。浙江大学地球科学系的2013级本科生戴泽源清楚地记得，一场大雨后，训练场上一片泥泞，有的地方被雨水冲刷后，还露出了地底下尖锐的石头。在进行战术训练的时候，大伙站在铁丝网前不敢趴。此时，刘丽雅毫不犹豫地第一个趴了下去，率先爬完全程。见状，其他同学也一个接一个地爬了过去。

一次30公里野营拉练，集训队成立"尖刀班"，连队干部动员男生加入，谁知刘丽雅主动请缨。就这样，她成了"尖刀班"里唯一的女生，和男生们一起冲在队伍最前列。

去年11月，在解放军理工大学举办的"精武——2014"国际军事项目对抗演练中，刘丽雅是26支参赛队里唯一的女生。"在那个环境里，队员只有一壶水、一盒压缩饼干，但要在24小时里连续完成翻越障碍、野外行军、操舟等多个科目的对抗演练。"解放军驻浙江大学后备军官选拔培训工作办公室主任薛东说，以当时的对抗强度来说，即使是男兵都很难坚持全程，他为此多做了一手准备：悄悄叫了一名替补男生，必要时顶替刘丽雅。"但无论我们怎么喊，她就是不肯下来，咬牙坚持到最后。"薛东至今仍对刘丽雅的拼劲记忆犹新。

同学们都说，这个川妹子浑身有一股不服输的力量。

报国无悔，青春更应有担当

"只有为人民奉献了青春，才会留下充实、温暖、无悔的青春回忆。"在求学的道路上，刘丽雅也不曾放松对自己的要求。

刘丽雅的导师、浙江大学遥感与信息技术应用研究所所长史舟教授记得，刘丽雅的实验桌是所有学生中最干净的，器材摆放也是最整齐的，"她把部队一丝不苟的作风带到了这里，这也是我们科研所需要的。"

刘丽雅的师兄、师姐，除了出国深造外，基本上是到政府机关、高等院校和大型企业工作，但面对众多人生选择，刘丽雅却始终坚持自己心中的梦想，把目标锁定在从军报国上。

2014年9月，刘丽雅作为浙江大学优秀学生代表参加中国遥感大会做分组报告，赢得现场的阵阵掌声。其实，在就读研究生时，刘丽雅的心中就有了一个小小"私心"：她的本科专业是土地资源管理，但读

刘丽雅

研究生时她选了遥感专业。她知道，未来打的是信息战、空间战，遥感专业人才对部队更有用。

"若从经济收入的角度来说，选择从军显然不是一条很好的路，但刘丽雅还是选择了走这条路，这是一种坚定的理想信念在支撑着她。"浙江大学环境与资源学院党委书记姚信说。

进入浙江大学后，刘丽雅先后被评为校"优秀学生干部""国防生暑期基地化集训先进个人""井冈山革命传统教育实践活动优秀学员"等，并担任学校"润莘社"副社长，她多次组织和参加感恩社会的公益活动。

尽管家境贫寒，但刘丽雅用自己的奖学金资助了3名品学兼优的困难学生，并与川藏兵站部一名因公牺牲军官的子女结对帮扶。刘丽雅的家离川藏兵站部不到500米，很小的时候，她就经常听爸爸讲关于雪域高原官兵默默奉献的故事。

"我无法给予别人一个幸福的人生，但只要能给别人一段快乐的时光，哪怕是开心的一天，我都愿意竭尽全力去做。"刘丽雅说。

明年，刘丽雅将告别浙大校园，再次踏入军营。铿锵玫瑰，将在军营继续绽放。

（原载于2015年4月8日《浙江日报》第1版，记者：沈吟）

阅读提示：在求是园里，还有一些值得我们关注的残疾学生。虽然他们的身体有所残缺，然而，在攀登学术高峰的路上，他们却是那样坚毅勇敢。在求是园的大家庭里，他们收获着爱和尊重，并用自己的努力，开启了别样人生。

浙大无手硕士考上北大博士
——我要争取自己的一片天

"每个人来到人世间，都是不公平的。所以，对不能够改变的现实，我要去适应，然后努力在现实中成长。"周月峰说。

他是一位特殊的硕士研究生。他的特殊，在于身体残疾——没有双手；但更重要的，是他的优秀。他身材挺拔，脸上闪着阳光和帅气。他是浙江大学近现代史专业硕士研究生。几天前，周月峰接到北京大学博士研究生录取通知，他将在北京继续钻研自己喜爱的历史专业。

30份简历石沉大海

考上北大的博士，无疑是一个好消息。对热爱历史专业的周月峰来说，更是一个难得的深造机会。但周月峰有点无奈地笑了笑："就业形势太残酷。"

他说得没错。在北大的考试结果出来以前，周月峰一门心思想找工作。他在校园里拥有班长、历史系分团委书记助理、党支部副书记等"头衔"，活跃于演讲、辩论等多个社团，老师对他的评价是"能力很强"。这不是每一个学生都能够做到的，周月峰不仅做到了，他的亲和力也得到了同学、老师的认同。

两年前，他以专业第一名保送本校读研，是好学生的样本，他的导师汪林茂喜欢这个很有学术敏锐感的学生，指导他出色地完成了硕士研究生的学业。"所有帮助过我的老师和朋友，我都深深地感谢。"小周说。

"我从小喜爱历史专业，对于职业最大的期望就是搞科研，或者去图书馆、博物馆也行，只要和历史有关系，我都喜欢。"在多数毕业生的眼中，这是没什么出息的工作，但周月峰很醉心于此。可理想碰触到现实，让人措手不及。"招聘会跑了不下10次，对方一看我的样子，就直接说我不合适。比较客气的，让我把简历留下再说。"

起码30份简历投出，都石沉大海。唯一一次接到面试通知，是同寝室的好兄弟蒋峥嵘帮忙投的简历，周月峰却因为当时人在北京错过了考试。

我并不需要别人照顾

只要能抓住的机会，都不要放过。这是周月峰对自己的要求。

"我知道招聘人员担心我不能胜任工作。"周月峰一边熟练地用断臂准确地敲击键盘、打字，一边对记者说。

熟悉周月峰的人都知道，他从初三开始住校，过自理的生活已经有10年。虽然两只袖管下面是空荡荡的，可他不但能够自己穿衣服、洗澡，考试时他用嘴衔笔写字，还能够发短信、打字聊天，速度比一般人还要快。

人在不得不做的时候，聪明才智就出来了。周月峰这样评价自己的能力。而在这种聪明才智背后，记者看到的是一种自强不息的力量。

但这些能力，招聘人员没办法一下子看到，周月峰觉得很"吃亏"。屡次碰壁之后，周月峰想到，能不能自己找一个展示自己能力的舞台？

"我会做专业的课件，也能熟练地操作电脑，我希望自己上一次公开课，只要用人单位能够看到，我就有机会。"周月峰说自己基本上不用准备，因为在读研期间，他多次被请回母校海宁高级中学讲课，每次都有上百学生来听。"我去了解过，多数高校和中学在春季之前就招好了人，这意味着我已经没有多少就业机会了。"

全部的自信来自困难

考上了博士，周月峰的求学之路可算是一路通畅。在他的脸上，总是洋溢着自信的光彩，让人不由自主地受到感染。

"小时候的意外，我已经没有什么印象了。我读书比一般的小孩晚两年，这两年时间，我学会了用嘴衔笔写字。"周月峰重大的转折，是在初二那年的暑假。周月峰就读的村中学只到初二，读初三要到镇上住校。当时周月峰的生活要父母帮助打理，住校对他来说完全不可能。

犹豫不决中，学校校长专门去了小周的家：你成绩好，以后很可能考上不错的高中，继续读书吧！就是校长的一句话，本来想要退缩的小周把心一横：去了再说！总会学会的！

住校以后，小周在同学的帮助下克服了生活上的种种困难。一年以后，他生活上就完全能够自理了。周月峰笑着说，唯一不能独立完成的是系鞋带。

这是生活上的脱胎换骨。小周说，他此后全部的自信都是从这时开始的，从一天都不能离开妈妈到自己能面对一切，这种自信是什么都换不来的。

现在，周月峰又有了自己新的打算。"北大的导师要求非常严格，我已经下决心苦读四年了。"周月峰说。以前他给自己规定每天看书3~5小时，每天至少精读100页书，几年下来，在宿舍里他比别人多了整整一书架的书，也比别人多了很多科研上的成果。"去北京坚定了我走学术这条路的决心，以后的路，一定会走得更坚实。"

（原载于2006年5月16日《钱江晚报》A13版，见习记者：王蕊）

昨天是"国际残疾人日"，记者走进浙江大学，感受"无臂博士"的酸甜苦辣

无臂博士勇"攀"高峰

1.75米的个头，清秀的脸上架着一副深度眼镜，肩背挎包，一身的休闲服，笑意写在脸上。今天上午10点，当记者在浙江大学玉泉校区博士楼下见到王争伸出手后，才突然意识到王争两只空荡荡的衣袖。

"这是小时候太调皮的结果。"意外失去双手的不幸，对于王争来说仿佛就发生在昨天。那时他9岁，读小学三年级，放学后到妈妈厂里玩。趁着大人不注意，他偷偷溜进了忘记上锁的变压房，结果不小心碰上了高压电。

失去双手后，父亲买来《钢铁是怎样炼成的》一书，告诉王争必须学会坚强。那时每天起床后他第一件事就是像舞蹈演员一样压腿，因为必须有一双足够柔韧的腿，才能帮助他穿衣、洗脸、刷牙、吃饭。父亲还要求他学习脚趾的控制力，要让10个脚趾和别人的10个手指一样灵活。

最难的还是写字，父亲教王争用嘴和脚趾写字，规定每天要用嘴写200多个毛笔字，一开始他很不习惯，往往字没有写两个，口水就打湿了作业本。5年多时间，他终于能用嘴写一手漂亮的书法，家里的笔杆上都留下了他深深的牙印。

王争的宿舍在6楼，有3个室友，房间里收拾得很干净。王争的书桌靠近门口，打开电脑，里面是一篇有关国家重点课题项目的申报资料。记者发现，王争将电脑键盘放到了书桌下，边上还放着一盏台灯。说话间，王争脱下了鞋子坐到凳子上用脚熟练敲打起键盘，让人惊讶的是，他打字的速度一点也不逊色于记者。

"我是高中毕业后，开始学电脑，很快就学会了用脚上网。过去最怕冬天，由于脚经常露在外面，脚面上总会生满冻疮。自从有了五趾袜，再加上用灯光取暖，现在情况好多了。"王争一边敲打键盘一边说。

室友陈叶烽告诉记者："第一次见到王争时，我总想着怎样去帮助他，因为他没有手，肯定干什么都不方便，但后来发现自己错了，王争什么都自己干，而且为人还特别热心，尤其是在学习方面，他成了大家的榜样。"上个月，王争成为

经济学院唯一获得浙大"竺可桢奖学金"的博士研究生。读博一年时间，他已有两篇论文在国内权威期刊《经济研究》期刊上发表，特别是今年年初，他应邀去英国诺丁汉大学"留英中国经济学学会年会"上宣读了自己的论文，这份学术成就也成了浙大在读博士生的骄傲。

谈话间，桌上手机突然响了，王争熟练地低头从桌上叼起一支笔，用笔尖按下接听键，然后俯身用肩膀和下巴夹起手机接听电话。电话是省残疾人福利基金会的同志打来的，祝贺他荣获了今年"康恩贝自强奖学金"的特等奖。"其实，我要感谢全社会对我的帮助，是他们的支持让我不断取得成功。"王争动情地说。

就在记者离开时，巧遇经济学院研究生处范良辉老师，他毫不吝啬对王争的溢美之词："王争虽然不幸失去了双手，但同样成了生活的强者。在校期间，没有向学校提过任何特殊照顾的要求，和同学住同样的寝室，吃在同一个食堂，做一样的试卷和论文，他以自己杰出的成绩赢得了师生们的尊重。"

（原载于2007年12月4日《浙江日报》第2版，记者：汪成明 通讯员：廖小清 田庆）

走自己的"长征"

已经中午11点30分了，中国社会科学院研究员党圣元教授的讲座仍在进行，当天他就"微信：文艺与舆情研究的新领域"开展讲演。浙江大学人文学院2013级直博生叶沈俏不停地看着手表。

党老师与同学们正在热烈交流，似乎并没有很快结束的意思。

这位荣获"2016年中国大学生年度人物"称号的叶沈俏默默地给母亲发出短信，请她不用再等自己下课了，以免耽误下午出去做工。然而当12点多叶沈俏出教室的时候，第一眼就看到顶着饥饿在门外驻守的母亲。

20年来，母亲总是在门外默默等待着她下课……

母亲背上的学业

2009年，叶沈俏参加高考，得知成绩后，她开始担忧自己在大学的生活是否方便。因为7岁时的一场车祸，让她永远失去了双腿。

抱着试试看的心情，她给浙大招生办打了个电话，说明了自身的情况。"招生办老师非常友善，说学校能帮助我如期完成学业，给了我很多信心。"与此同时，叶沈俏也给北京、上海的高校打了电话，但电话里反馈平平。

如愿被浙大录取后，那年初秋，叶妈妈就开始背着叶沈俏穿梭在浙大紫金港校区各个教室上课。遇到东西教学区换课，是母女俩最难忘的。骑车、推轮椅、背进阶梯教室，叶妈妈才安心地离开教室。

从接受完治疗的8岁开始，叶妈妈就这样背着叶沈俏上学。上小学的路上，有一条小溪横亘。夏日里，叶妈妈背着她渡河上学，冬天河水干了则是徒步走过去。久而久之，这3里地距离走出了印迹。叶妈妈说："我对她的关心，超过了对自己的关心。"

随着年级越读越高，学校越来越远。

叶妈妈开始骑自行车，乡间道路崎岖不平，两人常常摔跤，但她总是第一时间照看叶沈俏，即使自己摔出了血，也浑然不知。

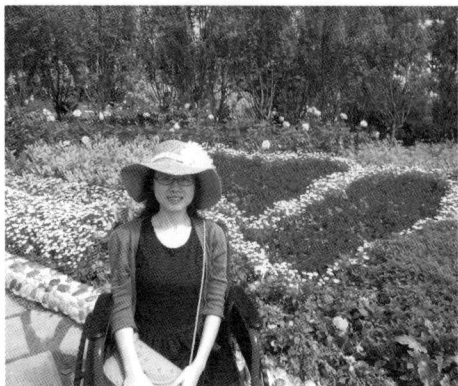

叶沈俏

"我妈妈是我勇敢的榜样，身体力行地告诉我：我可以依靠自己的努力做一个独立、有价值的人。"叶沈俏说。

2010年的一次期末考试后，天空正在下雪，而且越来越大，别的同学早已急匆匆地考完试回家。地滑路湿，叶妈妈便穿上雨衣推着轮椅慢慢走在浙大校园里。叶沈俏说："那一刻我觉得自己是最幸福的人，我不能放弃，而要更加努力。"

"科研是我最大的兴趣"

竺可桢奖学金是浙江大学最高层次的奖学金，要通过本人申请，学院（系）推荐，校奖学金评审委员会评定，每次评选，全校研究生只有12个名额。在10月公布的获奖者中，叶沈俏名列其中。

"自己算比较幸运的，还能看书，可以打字。"叶沈俏说，"同学和老师还是很关爱，努力学习、认真科研是向他们表达感谢的方法，也是我最大的兴趣。"

发表于一级学刊《中国现代文学研究丛刊》的《京剧"样板戏"〈沙家浜〉版本分析》，是叶沈俏角逐竺奖的重要支撑之一。这源于2013年，她与毕业论文指导教师在讨论时确定的选题。

开展研究这项万里长征的第一步，是寻找版本。

虽然电子数据库日益发展，但《沙家浜》的版本不可能在网络资源里一网打尽。"因为特殊的创作背景，《沙家浜》的一些版本可能散见于报纸，可能刊印在非公开杂志上。"叶沈俏说。

去图书馆的故纸堆里寻找，是较为准确的方法，并且通过点点滴滴的线索，可以还原《沙家浜》的最初版本。

这以后，西溪图书馆的过刊库里，叶沈俏成了常客。她花了一个多月的时间，寻找到7个版本。有的报刊架太高，叶沈俏无法触及，图书馆的王晓军老师常常会帮助她，有的时候因为文献在其他校区图书馆，这位老师还帮她取来复印件。

"我认为学术的背后都是由一位位科研人员对某个领域长时间的投入组成的。"叶沈俏说，"我做好了面对很多枯燥研究的准备，不断付出才能有所回报。"

在集体中感受爱、奉献爱

一个明媚阳光的日子，记者去采访叶沈俏。而在这之前，她刚送走了一位与她聊最近工作中遇到的烦恼事的好友。叶沈俏说，她比较善于倾听，在与朋友交流的过程中常以一个陪伴者的身份，分担他们不开心的事情。

"虽然我与同学们并不住在同一个宿舍楼，但是我很愿意参加集体生活。"采访中，叶沈俏的辅导员段园园也告诉记者，不论是郊游或是学习会，班级里组织的活动，叶沈俏总会克服种种困难争取参加。

"身在大家庭，不会感觉到孤独。"2011年叶沈俏加入中国共产党，在积极参加支部党员活动的同时，她做好表率，学习生活上以更高的标准要求自己。

叶沈俏不但是这么说的，也是这么做的。每当有空余的时间，她总愿意去帮助有需要的人。她加入了学园学长组，为新同学开展网上解答。她参加手语课，做一些力所能及的公益服务。

2012年暑期，叶沈俏去建德市残疾人联合会实习。看到有的残疾人申报补助，一遍又一遍跑到市残联来，她看在眼里，记在心中。在接受咨询时，她总会尽可能地把政策中的注意点和细节讲明、讲透，帮助残疾人更好地享受自己的权益和保障，帮助他们重拾起对生活的热爱。

面对生活，叶沈俏常常想起自己读过的凡·高自传《渴望生活》。书中，凡·高对绘画投入了全部的热爱，即使不吃不喝也要作画，为了画好吃土豆的一家人，精准地抓住每人面部的表情特征，凡·高几乎把全村的村民都画了一遍，再撕掉再重画。叶沈俏也学习着这份专注，她说自己虽然有比较多的局限，但总能专注到所做的事中，聚焦到能做好、可超越的事情上。

"只要有爱与坚持，没有什么过不去的坎。"叶沈俏说。

（原载于2016年11月11日《浙江大学报》第3版，记者：柯溢能 学生记者：蒋天铮）

后　记

　　如果说这本书作为浙江大学"百廿求是丛书"之一，是献给浙江大学120周年校庆的礼物，那我想这是不是也能算作我自己——一个在"浙"里读书六年、至今又刚好在"浙"里工作满六年的普通浙大人——对母校的一份心意呢？

　　一日浙大人，终生求是魂，真的是这样。能以自己的一点点工作为母校祝寿，这是多么大的一份荣耀，又是领导对我的多么大的信任。心中唯有感谢、感激、感恩。

　　本书所选编作品都是四校合并以来至今近20年中发表在各家媒体上的，以浙大学生为主角的报道。文章选编主要参照三条标准：一是能彰显浙大学生的家国情怀和浙大培养人的国际水准；二是报道对象不仅仅是那些传统意义上的"优等生"，而是尽可能地覆盖各类学生，从学习科研、发明创新、社会实践、对外交流、公益活动、文体爱好乃至大学生活的方方面面来展现浙大学子风采；三是文章本身质量较高。

　　由于篇幅所限，在不同媒体上所发表的同一题材的文章，有时我们只能选择其中的一篇，因此有许多佳作不得不忍痛割爱。而且由于时间仓促和资料收集范围所限，可能还有些优秀的报道也未能收录其中。这些作品的缺席给本书留下了些许遗憾。另有一些主题，虽然在媒体上没有较为全面地报道过，但我们觉得能够反映浙大学子的精神风貌和风采，应该纳入本书篇目中，我们便专门组织了力量采访写作并请相关老师指导把关。

　　书中近100篇报道可以说是对浙江大学学生风采的全方位素描，我们希望通过一个个人物、一个个故事和细节，展现出丰富多彩的求是人生活；对非浙大人的读者来说，也能借此书来一次浙大校园的初体验。这些内容是以往有关浙大的书籍较少涉及的，相信能给大家带来耳目一新的感觉，也有助于提升社会公众对浙大的了解。

编者

2016年12月